Vegetarianos con más ciencia

Últimos títulos publicados

Lucía Martínez

Vegetarianos con más ciencia

GUÍA PARA UNA ALIMENTACIÓN SALUDABLE 100% VEGETAL

Ilustraciones de Xim Martínez

PAIDÓS

1.ª edición, mayo de 2022

© Lucía Martínez Argüelles, 2022
© de todas las ediciones en castellano,
   Editorial Planeta, S. A., 2022
   Avda. Diagonal, 662-664
   08034 Barcelona, España

Paidós es un sello editorial de Editorial Planeta, S. A.
www.paidos.com
www.planetadelibros.com

Imágenes de interior: © Xim Martínez
Maquetación interior: Sacajugo.com

ISBN: 978-84-493-3934-9
Depósito legal: B. 6.341-2022

Impreso en España – *Printed in Spain*

A las activistas veganas que luchan en todos los frentes.

A las que cuidan animales en santuarios, a las que comunican,
a las que nos dejan montones de recetas, a las que gestionan
actos y organizaciones, a las que educan, a las que asumen
riesgos legales, a las que dan consejo nutricional, a las que
fotografían para que otros vean y a las que regalan su tiempo
libre y su trabajo por un mundo más justo también para ti.

Para ellas, y contra quienes les quitan la voz.

SUMARIO

DISCLAIMER

Este libro está escrito usando en muchas ocasiones el masculino genérico para hacer fluida la lectura y acogerme a las normas (quizá obsoletas y con necesidad urgente de ser revisadas) del idioma en el que escribo. Y sabed que por mi parte soy consciente de cada masculino genérico empleado y de cómo invisibiliza a parte de la sociedad, que por mi parte en él estáis todas incluidas de manera consciente y que lo mantengo por cuestiones pragmáticas.

Del mismo modo, en muchas ocasiones he usado un lenguaje especista, tanto por facilitar la comprensión a las personas poco familiarizados con el tema, como por cuestiones de estilo y de terminología de uso habitual en nutrición. No obstante, en el último capítulo tenéis un texto interesantísimo de Catia Faria que reflexiona sobre este punto.

PRÓLOGO
de Aitor Sánchez

Hay muy pocas personas que se pueden permitir cambiar el paradigma de toda una disciplina. Lucía Martínez ha sido una de estas profesionales, de las que marca un antes y un después en la nutrición de nuestra década.

En el prólogo de *Vegetarianos con ciencia,* me atreví a sentenciar que «era el mejor libro que se podía leer en castellano sobre alimentación vegetariana». Esa frase, gracias al libro que tienes entre manos, ya forma parte del pasado, porque esta nueva obra le toma el más que merecido relevo. ¡Vaya libro! Y eso que *Vegetarianos con ciencia* era tan completo y conciso que durante muchos años le permitió a Lucía decir semana tras semana «Yo ahora tengo que dedicarme a otra cosa, todo lo que tenía que decir ya lo he dicho en mis libros. Tarea completada». Esta frase tan lapidaria, muy al estilo de Lucía, escondía una parte de verdad y una parte no tan cierta.

Lo cierto es que por un lado ella tenía razón: Lucía había realizado un trabajo tan excelente y tan impecable que ya justificaba un antes y un después, lo cual ha permitido que *Vegetarianos con ciencia* sea un *longseller* de su categoría. Es un libro que además ha envejecido muy bien, dado que conserva la mayoría de contenidos sobre los que aún hoy, tenemos que hacer hincapié día a día. Además, ha conservado toda su rigurosidad y aplicabilidad, puesto que la gran mayoría de esas ideas se siguen recordando hoy en día.

También hay que reconocer que ella estaba en lo cierto con lo de «ya está todo dicho», su argumentario ya estaba compartido y era completamente público y accesible. Era cuestión de darle tiempo para que pudiera asentarse en más generaciones de dietistas-nutricionistas, activistas y otras profesiones sanitarias. En su momento era una temática muy de vanguardia y generaba muchas fricciones con las viejas escrituras de la nutrición. Es posible que la sociedad y la profesión todavía no estuvieran preparadas del todo para esas verdades tan incómodas y tan disonantes. Como muchas veces se dice, «Las personas veganas vienen del futuro».

¿Dejar de recomendar tres lácteos al día? ¿Concebir un menú semanal sin carne? ¿Hablar del Omega 3 sin nombrar necesariamente al pescado? Eran ideas impensables hace unos años y desgraciadamente todavía a día de hoy esas creencias siguen instaladas en la mente de parte del personal sanitario, generando una cascada de confusión que al final acaba confundiendo a la población general.

Como me gusta recordar, antes que sanitarias somos personas... y fallamos. Fallamos mucho. El ego de algunas personas a veces es tan grande y complicado de tragar que empuja a mantener ideas arcaicas, a no actualizarnos, a no darle una oportunidad a lo que no es normativo. Y toda esta actitud, con la arrogancia de incluso no habernos actualizado sobre el tema en cuestión ni haberle dedicado más de una hora de lectura. ¡Qué osadía tenemos a veces el personal sanitario! Más cuando la información es accesible a golpe de clic.

Te preguntarás. ¿Y cuál es la parte en la que Lucía se equivoca? (Algo que por cierto no sucede casi nunca, únicamente a razón de 1 a 10 en nuestras discusiones.) Pues ni todo estaba dicho, ni tampoco podríamos habernos permitirnos el lujo de prescindir de ella en nutrición. Imaginaos que se retirase, sería una catástrofe para la profesión, el veganismo y para los animales. Lucía es, a día de hoy, la dietista-nutricionista más autorizada para hablar de alimentación vegana en habla latina (y, bueno, también en catalán y mallorquín).

Ella no solo ha contribuido con su trabajo directo: su divulgación, sus libros, todos sus años de trabajo en el blog «Dime qué comes», los innumerables artículos y posts que ha escrito o sus apariciones en medios de comunicación. El trabajo de Lucía está presente en la gran mayoría de nutricionistas que a día de hoy tienen una visión actualizada sobre la dieta vegetariana y vegana:

– Detrás de cada *post* en Instagram que insiste sobre la suplementación de B12,

– Detrás de las diapositivas de un curso de formación que actualiza a profesionales sobre dietas veganas.

– Detrás de conferencias y tablas comparativas sobre calcio o aminogramas vegetales.

Detrás de todo ello, hay un pedazo del trabajo de Lucía.

Porque, además, su abnegación y su desapego material muchas veces la han hecho ayudar a decenas de personas para que el mensaje pudiera llegar más lejos todavía. La he visto ayudar a matizar mensajes de compañeras, regalar sus diapositivas a ponentes, mandar capítulos y *posts* en archivo editable para que la gente pudiera componer sus propios materiales, regalar libros a alumnas y santuarios y, por supuesto, dedicar innumerables horas de su trabajo a que los mensajes estuviesen bien dichos, a pesar de que ella no fuese el altavoz que los pronunciaba.

Creo que nunca he conocido a una persona que le diese tanto a su entorno sin pedirle nada a cambio. Habría sido una gran *scout*. ☺

Esto es algo que sabemos muy bien quienes hemos tenido el privilegio de trabajar con ella. Desde siempre nos ha hecho mejores. ¿Es un poco seca y borde? Bueno, vale, no se puede tener todo.

A mí concretamente me ha hecho mucho mejor. Mejor persona y mejor profesional. Yo el día que conocí a Lucía cené solomillo, incluso años después de conocerla era tan cretino que me pedí una *pizza* con *foie* delante de ella. Incluso, en su día, ella me traía a la Península sobrasada de Mallorca… Se puede decir sin lugar a dudas que tiene paciencia y que quiso apostar al largo plazo. Aquí estoy hoy de nuevo, reescribiendo encantado este prólogo, esta vez como activista en pañales y haciendo mía la que ha sido siempre su lucha y la de muchas más.

¿Qué vais a encontrar de nuevo en este libro? Más del 60 % del contenido es nuevo y los capítulos ya publicados pero que sigue siendo necesario mantener están actualizados. Esto es importantísimo, porque, además, la epidemiología y las investigaciones en nutrición 100 % vegetal han tenido un alto volumen de publicación en los últimos años.

Hemos tenido importantes revisiones acerca de suplementaciones, en nutrientes claves como el DHA o las proteínas, en la relación con el cáncer, la diabetes tipo 2 o la osteoporosis. Además, la actualidad de consumo y los mensajes que inundan las redes sociales justifican incorporar los mensajes que están a pie de calle: la desinformación alrededor de los antinutrientes, la irrupción en el mercado internacional de carnes vegetales, las nuevas legislaciones y nomenclaturas de bebidas vegetales, la marea de ultraprocesados veganos que se están lanzando e incluso los ataques machistas y *fake news* que se arrojan para mantener la explotación a los animales como parte del *statu quo*.

Todo ello está moldeando un contexto completamente diferente en el que ser una persona vegana en esta década no es igual que haberlo sido en la anterior...

Por supuesto, en el veganismo, los animales son quienes están siempre en el centro, pero sería injusto limitarnos estrictamente a los beneficios que tiene para las otras especies animales. También la salud y la sostenibilidad forman parte de la ecuación.

Especialmente en un contexto en el que llevamos una alimentación poco saludable, siendo el exceso de productos de origen animal uno de los pilares de la dieta occidentalizada, y estando además en el momento histórico de emergencia climática en el que nos encontramos.

El veganismo no solo es el camino para salvar a los animales: es el camino para salvarnos como humanidad. Es ese halo de luz y coherencia que mira al futuro.

Te deseo una enriquecedora lectura:

- Si sigues una alimentación 100 % vegetal o mayormente vegetal, que te permita desde ya nutrirte de los certeros consejos y pautas que encontrarás.

- Si trabajas en el ámbito sanitario, que te permita ayudar a muchas personas a hacerlo correctamente.

- Si estás dando tus primeros pasos hacia la empatía animal, que termine de darte los argumentos que necesitas para sumarte.

– Si eres activista, que te cargue de argumentos y de datos. La lucha y la hostilidad que hay ahí afuera requieren ir bien documentado.

Dejemos el mundo mejor de como lo encontramos.

Gracias, Lucía, porque tú ya lo haces día a día.

Aitor Sánchez, @MiDietaCojea
Dietista-nutricionista y tecnólogo alimentario

INTRODUCCIÓN
A ESTA NUEVA EDICIÓN
AMPLIADA Y ACTUALIZADA

Vegetarianos con ciencia es un libro que escribí entre 2015 y 2016 y en mayo de ese año salió a la venta. En julio de 2020 vio la luz su décima edición, va también por la cuarta de bolsillo y está a punto de salir a la venta la traducción al chino. Bueno, supongo que cuando tengáis estas páginas en vuestras manos, habrá salido ya.* Ojalá me consigan un ejemplar, me haría ilusión verlo.

Sé que son números poco impresionantes si tenemos en cuenta los apabullantes éxitos editoriales que han conseguido en los últimos años libros de otros compañeros míos también nutricionistas, pero dejad que lo contextualice brevemente.

Vegetarianos con ciencia fue de los primeros libros de nutrición vegetariana que se escribieron en España, cuando aún el tema no estaba para nada tan en auge como ahora. Es cierto que desde los años sesenta se han sucedido publicaciones, revistas, fanzines y algunos libros que se consumían sobre todo en círculos afines y que solían mezclar creencias, recetas, filosofía, estilo de vida y consejos de nutrición (en ocasiones bastante rocambolescos…), la mayoría de ellos publicados por editoriales alternativas o autoeditados. No me refiero a esos libros, sino a uno que hablara de nutrición y alimentación vegetariana y vegana desde el punto de vista científico y con afán de llegar «fuera del círculo». Y publicado por una editorial generalista.

Que un libro de esta temática, por entonces poco valorada, sin que las redes sociales la hubieran hecho explotar como el tremendo nicho de mercado

---

* La traducción al chino se publicó a finales de 2020 y, en 2021, por fin me llegaron cuatro ejemplares. Si quieres verla, hay un vídeo en mi Instagram, @dimequecomes.

que es ahora, de una editorial pequeña, que no hizo la menor inversión en *marketing* (ni siquiera llegué a hacer una presentación del libro), con una portada que no identifica para nada su contenido y que me da que pensar que ni se lo leyeron (¡cómo odio esa portada…!) y una maquetación tan pobre, se siga vendiendo más de seis años después y no esté descatalogado desde hace tiempo es mi pequeña proeza vital. Que haya servido de referencia a una generación de nutricionistas que aún salen de las universidades con conceptos obsoletos sobre alimentación vegetariana y vegana, y de ayuda a muchas de las personas que han venido a engrosar las filas del veganismo desde entonces, me hace sentir mucho más satisfecha que cualquier otro logro profesional o personal que haya podido tener. Tampoco es que haya tenido muchos, pero de verdad que no os exagero lo que para mí significa.

Además, *Vegetarianos con ciencia* abrió una puerta: desde entonces se han publicado en editoriales de primera línea montones de libros sobre alimentación vegetariana y veganismo, con maquetaciones ideales, fotos a todo color y campañas de *marketing* trabajadísimas. Muchos de ellos los firman compañeras también nutricionistas, como Carlota Bruna o Cristina Santiago; médicos o pediatras, como Miriam Martínez, Inmaculada Baeza y Elena de la Serna; o reconocidas creadoras de contenidos, como Marta Martínez o Jenny Rodríguez, y también un sinfín de *influencers* que han hecho trabajos más o menos presentables, muchos de ellos reuniendo recetarios, o contando su experiencia personal, o directamente chorradas (por elegancia, de estos últimos no voy a dar nombres), pero si las grandes editoriales publican libros chorra sobre un tema, es porque el tema interesa y se vende. De hecho, hace pocos meses ha salido a la venta un libro de nutrición infantil vegetariana, firmado por referentes de la nutrición en España como Julio Basulto, María Manera y María Blanquer (ya era hora, compañeras…) y me alegra sobremanera que hayan visto que ahora sí se puede publicar sobre esta temática sin someterse al juicio de otros profesionales ni ser denostados por ellos (sí, ese miedo existía cuando salió *Vegetarianos con ciencia*, os lo garantizo); al contrario, ahora es posible hacerlo obteniendo reconocimiento por el trabajo y el respeto de los pares. Hace unos años no sucedía, te arriesgabas a ser marginado y apartado del mundillo divulgador científico si te atrevías a posicionarte a favor del veganismo.

Que todo eso esté ahora en aparadores frontales de muchas librerías era impensable cuando *Vegetarianos con ciencia* salió de imprenta por primera vez con su cuqui portada de botes con lacitos de cuerda (sí, estoy obsesionada). En cambio, estoy segura de que hoy has cogido este libro de una mesa, un estante o una página web donde lo acompañaban varios otros de temática similar, y eso me alegra mucho.

Y qué decir de los libros de cocina, desde el *Cocina vegana,*** que en 2015 salió a la venta firmado por Virginia García y por mí (y que también se sigue vendiendo, aunque aquí el mérito es de Virginia), en un momento en que casi los únicos libros de cocina que podías encontrar en clave vegana eran traducciones de libros anglosajones y con cuentagotas. El crecimiento desde entonces ha sido exponencial y ahora hay un sinfín de libros de recetas veganas perfectamente situados en los lugares más visibles de las librerías, y se deben vender como churros, ya que si no, las editoriales no sacarían uno tras otro. De hecho, espero que todos tengáis ya el nuevo libro de Virginia, *Cocina vegana creativa,**** publicado también por esta casa, en la editorial Zenith. Precisamente en la presentación de esta obra en la Casa del Libro de Valencia, en junio de 2021, Virginia y yo nos subimos a cotillear la sección de gastronomía de la librería y descubrimos que había una balda etiquetada específicamente como «Cocina vegana» con un sinfín de libros. Una sección propia en una de las cadenas de librerías más importantes del país. Eso nos lo cuentan en 2015 y nos reímos las dos.

Así que el contexto en el que este libro va a ver la luz es muy diferente del de aquel mayo de 2016 en el que se puso a la venta su primera versión, y eso lo he tenido muy presente mientras lo escribía. Hoy, el veganismo inunda las redes sociales, casi cualquier nutricionista (*nutridinosaurios*, por desgracia, sigue habiendo, pero pronto se extinguirán) sabe ahora atender a un paciente con alimentación vegana (aunque no lo haya dado en la carrera) y las empresas están inmersas en un esprint por sacar productos veganos o versiones veganas de sus productos estrella y la hostelería por presentarnos opciones *vegan* en sus establecimientos. Y precisamente por este nuevo contexto creo que la información de calidad es aún más necesaria, porque cuanto más aumenta la oferta de productos veganos comestibles, más necesario es saber cuáles son las elecciones saludables y cómo organizarse sin caer en la tentación de hacerlo a base de

---

** García, V., Martínez, L., *Cocina vegana,* Madrid, Oberón, 2015.
*** García, V., *Cocina vegana creativa,* Barcelona, Zenith, 2021.

ultraprocesados. Y hablo de comida porque es mi campo profesional, pero asumo que a estas alturas todos sabéis que el veganismo no es una dieta, sino un movimiento político. Así que, del mismo modo, cuanto más abunda la comunicación sobre veganismo vana, vacía, consumista y centrada en el postureo superficial, más falta hace centrar de nuevo el foco. Pero eso lo hacen otras mucho mejor que yo, no voy a pretender tocar teclas que no me corresponden. Seguid a las activistas, leedlas, apoyadlas.

También en ciencia se ha avanzado, claro. En estos seis años la literatura científica ha sido muy prolífica, se han publicado muchísimos nuevos estudios relacionados con la alimentación vegetariana y vegana (¡incluso algunos españoles!), se han actualizado guías gubernamentales y modificado recomendaciones. Hay muchas cosas nuevas que contar. No tantas como me gustaría, al menos en lo patrio –aún seguimos a la cola–, pero sin duda se me ha acumulado el trabajo. La industria alimentaria va siempre veinte pasos por delante de las instituciones, eso sí, que en la Unión Europea aún están discutiendo si podemos llamar yogures o hamburguesas a cosas sin animales.

Y han ocurrido hechos insólitos: el 7 de julio de 2021 el Ministerio de Consumo lanzó una campaña enfocada en reducir el consumo de carne con el lema #MenosCarneMásVida y un vídeo informativo donde el propio ministro Alberto Garzón explicaba por qué había que reducir ese consumo, aludiendo a temas de salud y sostenibilidad. La campaña cosechó todo tipo de respuestas, gran parte de ellas bochornosas, entre las que destaca que tuviéramos que ver al presidente del Gobierno haciendo comentarios dignos del mejor de los cuñados en la cena de Navidad sobre cómo le gusta a él el chuletón y a otros políticos publicando fotos de sus parrilladas y platos de carne con lemas del tipo #Yocomocarne. Totalmente lamentable. La campaña fue bastante mejor recibida por parte de la comunidad científica (no por toda) y por el activismo antiespecista, aunque recordando al ministro que se había olvidado por completo de mencionar el maltrato animal. Siendo conscientes de que el mensaje de la campaña es más que insuficiente, el hecho de que por primera vez desde el Gobierno central se aludiera directamente a ese tema, no deja de ser un hito y un comienzo que veremos en qué culmina. De momento, no se han anunciado políticas específicas ni cambios legales que vayan a acompañar a esa campaña, pero quizá cuando tú tengas este libro en las manos, sí que haya avanzado algo.

Y, por supuesto, yo tampoco soy la misma que firmó el contrato de *Vegetarianos con ciencia* (ahora, por ejemplo, sé que puedo exigir que la portada tenga mi visto bueno). Tengo mucha más experiencia clínica en consulta y un camino de aprendizaje seis años más largo. Ahora sé más cosas y otras las sé mejor. Pero sigo sin ser maja y sin escribir para caerle bien a todo el mundo, tampoco os hagáis ilusiones.

Por eso, para ponerse a la altura del momento actual, ese libro que nació de mi trabajo de fin de grado tenía que ponerse al día. Esta revisión tiene alrededor de un 60 % de contenidos nuevos. Y todo el contenido anterior –que permanece en su mayor parte– ha sido ampliado, revisado y actualizado.

En un mundo donde la inmediatez y la actualización lo son todo, si *Vegetarianos con ciencia* milagrosamente se sigue leyendo, qué menos que hacerle un *reloaded*.

Eso sí, hay cosas que no han cambiado en estos años y quien hizo el prólogo a la primera versión sigue siendo la persona que elegiría hoy para ello. Y eso es mucho decir. Él, que escribió el prólogo a *Vegetarianos con ciencia* con jamón, atún, queso y huevos en la nevera, creo que escribe el de *Vegetarianos con más ciencia* sintiéndose parte de lo que se cuenta en este libro, no como el observador curioso y ajeno, aunque interesado, que escribió el anterior. Y eso también se merece un prólogo nuevo (y una muesca nueva en mi revólver).

Gracias, Aitor, por el segundo prólogo a este libro, por ser mi mayor altavoz y quien siempre confía en mí ciegamente y cree que estarán bien cosas que aún no he hecho. También por todo el camino que ambos hemos recorrido en estos años juntos, a veces más tortuoso que la carretera de Sa Calobra, pero igual que esa carretera, siempre con las mejores vistas, sabiendo que al final está la playa. A ver si llegamos ya.

Y gracias a Paidós y a mis editores, Elisabet y Sergi, por dejarme hacer el libro que yo quería. Y sí, este libro tiene ilustraciones, pero no ilustraciones cualquieras. Todas ellas han salido de las manos de mi hermano, Xim. Ilustraciones en las que aparecen los libros de mi mejor amigo o el puerto de mi pueblo de fondo. Tampoco se podía pedir más.

SÓLLER, VERANO DE 2021

CAPÍTULO 1
DE VEGETARIANOS Y VEGANOS. POLÍTICA, SALUD Y CIENCIA, AQUÍ Y AHORA

> Mucha gente pequeña, en lugares pequeños, haciendo cosas pequeñas, puede cambiar el mundo.
>
> EDUARDO GALEANO

Dicen que comer es un acto político. Y yo estoy de acuerdo.

Lo es aquí, en el Primer Mundo, donde solo tenemos que alargar la mano y coger del estante del supermercado o de la nevera de casa lo que más nos apetezca. Sin límites.

Lo es aquí, donde nunca hemos pasado hambre. Donde nunca ha sido nuestra mayor preocupación saber si tendremos algo que comer mañana.

Lo es aquí, donde el problema es que comemos de más, no de menos.

Lo es aquí, donde día tras día cada euro gastado en comida se convierte en un voto con el que manifestamos qué tipo de alimentos queremos y cómo queremos que se produzcan. «Esto sí lo quiero y pago por ello.» O «Esto no lo quiero y no lo compro». Aunque esté rico, sí, porque la palatabilidad no debería estar por encima de los principios.

Lo es aquí, donde de nuestro estilo de vida (del cual es un pilar básico la alimentación) depende el 80 % de nuestros futuros problemas de salud por enfermedades no transmisibles, o eso dijo la Organización Mundial de la Salud (OMS) en un informe del año 2010, y que en 2015 se sigue llevando las manos a la cabeza por lo poco que hemos avanzado en

prevención. Y no creáis que la OMS ha perdido en estos años la esperanza, no, que en 2018 continuó insistiendo:

> Una dieta saludable ayuda a protegernos de la malnutrición en todas sus for-
> mas, así como de las enfermedades no transmisibles, entre ellas, la diabetes,
> las cardiopatías, los accidentes cerebrovasculares y el cáncer.
>
> En todo el mundo, las dietas insalubres y la falta de actividad física están
> entre los principales factores de riesgo para la salud.

Malsano es la palabra que utiliza la máxima autoridad mundial en temas de salud para calificar el estilo de alimentación que está merman-
do la calidad de vida de toda la población de los países desarrollados.

Aquí y ahora, elegir qué queremos comer y qué no puede ser moda,
postureo o capricho. Pero también puede ser política, rebeldía, decisión
meditada, ética y conciencia.

Por lo primero, uno cuelga una foto del café que se está tomando en
Starbucks. Por lo segundo, hay gente que decide ser vegana.

¡Ah! ¿No hay personas que sigan una alimentación cien por cien vegetal
por moda o por esnobismo? Sí, por supuesto. Pero también esas personas están apoyando, quizá sin saberlo y sin que les importe, un movimiento que redunda en beneficios globales. Bienvenidos sean quienes,
cuando se hacen la foto con el café de Starbucks, lo han pedido con bebida de avena.

No hay decisión que pueda tomar la ciudadanía de a pie que tenga tanto impacto como decidir qué come y, sobre todo, qué no come. Porque
no hay nada que compremos con tanta frecuencia como comida: ningún
objeto de consumo necesita de tantas decisiones diarias ni es tan imprescindible. Pocas industrias son más poderosas, pocos *lobbies* manipulan
tanto y, en asuntos en los que sí se manejan otros hilos (económicos, far-
macéuticos), la gente de a pie tenemos muy poco que decir: se gestionan
en otras esferas. Pero la industria alimentaria, no. La industria alimentaria también se gestiona en la panadería de abajo, en el supermercado
de barrio y en el bar de menús al lado de tu trabajo.

La elección de alimentos que hacemos tiene un impacto directo en el
mundo: la deforestación, la contaminación de acuíferos, el avance del

cambio climático, la injusta distribución de alimentos y recursos, el aumento del gasto sanitario…, todo eso tiene una fuerte vinculación con la alimentación. Iremos ampliando esta idea a lo largo del libro.

Y aunque todas ellas son cuestiones urgentes y graves, hay otra razón que las hace palidecer y que justifica por sí sola el pasarse a una alimentación vegana: el horror de vida a la que sometemos a todos los animales de consumo. Podemos discutir si es lícito cazar para comer o no o si está bien o mal la cría de animales extensiva en la que pueden desarrollarse normalmente y ser «felices». Podemos discutirlo, puede que no estemos de acuerdo, pero podemos compartir argumentos. Pero lo que no admite discusión alguna es que someter a millones de seres sintientes a una vida de tortura continua: ni está bien, ni tenemos derecho a ello. Eso no es discutible. Y es exactamente lo que hacemos con los animales que viven en granjas industriales. Hay tres opciones para tolerar eso: la ignorancia, saberlo y mirar para otro lado o dejar de ser parte de ese sistema y –si es posible– combatirlo. Dejar de ser parte, en un contexto social como el nuestro, es bastante sencillo, así que mirar para otro lado es más perverso, si cabe.

Quizá muchos penséis que tampoco hace falta ser tan radical y que es suficiente con reducir el consumo, comer carne solo fuera de casa o cuando nos invitan o dejar un día de pescado en nuestro menú semanal. Estoy de acuerdo: es un gran paso. Y para vosotros también servirá este libro, para facilitaros elecciones alimentarias conscientes en los días en que decidáis tomarlas. Pero que conste que, aquí y ahora, con semejante panorama, no está el mundo para que, quienes podemos, no seamos radicales. En muchos de los posicionamientos éticos que podemos adoptar en nuestra vida diaria, el extremismo es una necesidad: no se puede ser solo un poquito racista pero no mucho, insultar a homosexuales y lesbianas un día a la semana o pegar a tu mujer de vez en cuando, porque en el punto medio, en este caso, no está la virtud.

Además, no solo cuenta nuestro propio impacto, sino también el que se desprende de nuestro ejemplo. Tenedlo en cuenta cuando con un grupo de treinta personas os comáis la hamburguesa como excepción, porque estáis fuera de casa y porque por un día no pasa nada: qué gran momento estáis perdiendo para enseñar que hay otras opciones, para normalizarlas. Cuando no insistís al restaurante de esa boda en que haga menú vegano, qué oportunidad perdida de dar visibilidad a la causa y ponérselo más fácil a los siguientes. Cuando os coméis la merluza o la pierna de cordero en Navidades, qué pena no haber aprovechado para modificar un poco el menú y enseñar nuevas opciones a vuestra familia o, al menos, a respetar vuestra decisión.

¡AH!, PERO LO DEL VEGANISMO ¿NO ERA POR SALUD?

En general, no. No sabemos hoy en día cuál es la dieta óptima para el ser humano. De hecho, es probable que no haya un solo modelo de dieta ideal, ya que somos una especie con una gran capacidad de adaptación que hemos sobrevivido en entornos con una oferta de alimentos muy diferente. Somos una especie que ha medrado en la sabana, en la selva tropical, en la cuenca mediterránea, en Siberia y en el desierto. Todo indica que hay modelos alimentarios muy variados que son igualmente saludables.

De entrada, ser vegetariano o vegano no es más saludable que no serlo. Lo que es saludable es llevar una alimentación adecuada y suficiente, sea cual sea nuestro estilo de vida y nuestra opción dietética.

Llevar una alimentación vegana implica un compromiso social, medioambiental, ético y político la mayor parte de las veces. La lucha no está en medirse con otras opciones dietéticas a ver cuál obtiene mejores marcadores de salud. La lucha estriba en conseguir que nuestra alimentación mejore el mundo. Olvidaos del reduccionismo al nutriente.

Aquí y ahora no hay ninguna dificultad para llevar una alimentación vegana tan saludable como la que más. Solo hace falta estar bien informado. Pero esto es aplicable a cualquier modelo de alimentación.

YO PENSABA QUE LOS VEGETARIANOS SÍ COMÍAN PESCADO... ¿QUÉ ES EXACTAMENTE UN VEGETARIANO?

Cada vez que decimos *pescetariano,* a alguien se le enrancia el humus en algún lugar del mundo.

Suelo empezar las charlas sobre alimentación vegetariana lanzando al público una pregunta sencilla: «¿Cuántos pensáis que hay vegetarianos que comen pescado?». Y me levantan la mano varios asistentes. Siempre. Incluso cuando el público está formado, en su mayoría, por dietistas, nutricionistas o estudiantes de Nutrición Humana y Dietética. Creedme: tengo testigos.

Ningún vegetariano come pescado, marisco, moluscos ni, por supuesto, carne. ¿Cómo se llaman entonces los que no comen carne, pero sí pescado? No se llaman, no se denominan de ninguna manera: podemos definir su dieta simplemente como «una dieta sin carne», pero no son vegetarianos. Y sé que a esta confusión ha contribuido en parte la literatura científica, que usa términos como *pescetarian* o *semivegetarian* o *flexitarian* con bastante ligereza, además de que coloquialmente se llame *vegetariano* a todo el que no come carne, incluso cuando en esa clasificación no se considere *carne* el jamón york. A los sándwiches vegetales me remito.

Por eso me parece buena idea acotar el término *vegetariano* antes de adentrarnos más en el tema.

La International Vegetarian Union nos da la siguiente definición de *vegetarianismo*: «*A diet of foods derived from plants, with or without dairy products, eggs and/or honey*». Es decir, una dieta compuesta por alimentos de origen vegetal con o sin lácteos, huevos o miel.

Pero no es baladí buscar una definición de *vegetarianismo* porque hay poco consenso al respecto. Es habitual que se defienda que el término *vegetariano* se refiere a una alimentación cien por cien vegetal, mientras que si se consumen lácteos, huevos o miel se debe especificar usando los prefijos *lacto-*, *ovo-* o *api-*, según corresponda. Pero lo cierto es que, a pie de calle, lo habitual es que al decir *vegetariano* englobemos a todos aquellos que simplemente no consumen productos de origen animal que impliquen necesariamente la muerte de este.

Y entonces, ¿qué tipos de vegetarianos hay? Pues, más o menos, estos:

	Huevos	Lácteos	Miel	Carne	Pescado y marisco	Lana, cuero, productos testados con animales...
Ovolactovegetarianos	SÍ	SÍ	–	NO	NO	–
Lactovegetarianos	NO	SÍ	–	NO	NO	–
Ovovegetarianos	SÍ	NO	–	NO	NO	–
Vegetarianos estrictos	NO	NO	NO	NO	NO	–
Veganos	NO	NO	NO	NO	NO	NO

La diferencia entre una persona vegetariana estricta y una vegana es que, al emplear el segundo término, no hablamos solo de una opción dietética, sino de un posicionamiento ético y político, de un estilo de vida que evita los productos de origen animal en todo ámbito de consumo que sea posible. Y digo «posible» porque no es fácil evitarlo siempre. Un gran ejemplo son los medicamentos, que siempre se testan en animales y de los que por desgracia no siempre se puede prescindir.

Por tanto, todos los veganos son vegetarianos estrictos, pero no todos los vegetarianos estrictos son veganos. A pesar de este matiz, es muy habitual a nivel coloquial referirse a quienes no comen ningún producto de origen animal como *veganos*, y así lo voy a hacer a lo largo de este libro.

Vemos que el producto de origen animal con el que probablemente hay más dudas es la miel. Su consumo, salvo en veganos y vegetarianos estrictos, queda un poco supeditado a las decisiones personales de cada uno. Ante la duda, no la incluyas, ya estemos hablando de una pauta dietética para un paciente o de una receta que van a consumir tus invitados. Si necesitas algo similar tienes muchas opciones: miel de caña, melaza, sirope de agave…

ENTONCES, ¿QUÉ SON LOS FLEXITARIANOS?

Pues no lo sabe nadie muy bien. Son gente que lleva una dieta tradicional que por algún motivo tiene un consumo de carne (quizá solo de carne, no de pescado ni de otros productos de origen animal) inferior a la media. Pero es que la media es muy alta. Muchos de quienes se autodenominan *flexitarianos* en realidad llevan una alimentación con un consumo cárnico acorde a las recomendaciones de dieta saludable (una o dos veces por semana). Solo que parece que, si no se come algún producto cárnico varias veces al día, ya «se come poca carne», porque el consumo diario es lo habitual en la población. Como decíamos, incluso es totalmente normal que se consuma más de una vez al día: fiambre en el desayuno o a media mañana, picoteo de embutido, algún plato de carne en la comida o en la cena o en ambas. Frente a esto, una persona que consuma carne una o dos veces a la semana puede llegar a pensar que come «poca carne» y denominarse *flexitariana*.

Cuando este término se usa en literatura científica, en informes o en ensayos académicos, por lo general los autores suelen definir en el mismo texto que han considerado *flexitariano,* es decir, cuál es la frecuencia de consumo que han admitido como flexitariana en ese trabajo en concreto. Otras veces no se indica nada. Lo cierto es que bajo esa nomenclatura podemos encontrar desde gente que lleva una alimentación vegana y un par de veces al año hace un consumo puntual de algún alimento de origen animal, hasta gente que –como decíamos– come carne «solo» una o dos veces a la semana y mantiene un consumo de pescado, lácteos y huevos similar al del resto de la población. La definición más habitual que encontramos es «gente que lleva una alimentación vegetariana con un consumo ocasional o puntual de carne», de hecho, la misma definición rara vez incluye el pescado, por lo que podemos asumir que se sigue consumiendo sin ninguna limitación.

No seas flexitariano: eso es ser una persona tibia y seguro que no quieres ser una persona tibia. Si comes productos de origen animal una o dos veces al año, di eso, que eres vegetariano, pero una o dos veces al año comes lo que sea que comas. Y si eres flexitariano de los de carne una vez a la semana y «el pescado no cuenta», pues no te llames nada, tu alimentación es básicamente la tradicional. No te tocan etiquetas de postureo, *sorry*.

¿Y LOS CRUDIVEGANOS?

Las personas que siguen una dieta crudivegana, además de lo señalado anteriormente para los veganos, añaden una condición más a su comida: que no haya sido cocinada con calor por encima de los cuarenta y dos o cuarenta y cinco grados centígrados, que es la temperatura máxima que se supone que puede alcanzar un alimento expuesto al sol. Es habitual que no se sea cien por cien crudivegano, sino que se siga este tipo de alimentación en gran parte de la dieta habitual, pero no siempre. Se puede ser un 80 % crudivegano, por ejemplo.

Es un error creer que los crudiveganos se alimentan solo de ensalada. En realidad, hay un sinfín de recetas muy elaboradas y atractivas. Y también utilizan técnicas como el remojo, la germinación o el fermentado para hacer comestibles productos que no lo son en su estado natural y que habitualmente sometemos a cocción, como las legumbres o los granos.

Esta corriente tuvo un auge hace unos años, allá por 2015-2017, y parece que ahora ha perdido protagonismo y ha quedado reducida a las etiquetas de algunos productos (seguro que te suena, lo suelen poner en inglés en productos procesados que llevan el sello *vegan* y la palabra *raw* –«crudo»– como el *summum* de lo *healthy* y que cuestan tres euros más que otro similar).

Pero ¿es el crudiveganismo una opción mejor o peor que otras? ¿Aporta alguna ventaja de salud extra? Hablaremos de ello más adelante.

LAS PERSONAS VEGETARIANAS, ¿SON MUCHAS O SON CUATRO GATOS?

Es una pregunta difícil de responder, porque no existen muchos datos y los que tenemos a menudo no son demasiado fiables y hay que hacer especulaciones o aproximaciones.

Si nos atenemos a la Encuesta Nacional de Ingesta Dietética Española (Enide), realizada por la Agencia Española de Seguridad Alimentaria y Nutrición (Aesan) entre los años 2009 y 2010 y publicada en 2011, podemos ver que el 1,5 % de los encuestados afirman no comer «ni carne ni pescado», por lo que los podemos considerar, al menos, ovolactovegetarianos. En números absolutos, este porcentaje supondría que son vegetarianas unas setecientas mil personas en nuestro país.

Y os extrañará, pero una década después seguimos sin tener datos oficiales del número de vegetarianos en España. Tenía algunas esperanzas puestas en la Encuesta Nacional de Alimentación en población adulta, mayores y embarazadas (Enalia 2), con información recogida en 2014 y 2015, pero ni siquiera nos sirve para actualizar ese dato, ya que, al darnos la información por cada alimento específico, es imposible saber cuántos de quienes no consumen carne y de quienes no consumen pescado son los mismos (vegetarianos, por tanto) o son personas diferentes (que sí comen carne, pero no pescado, o viceversa).

La Enide, por su parte, no ha sido actualizada y los datos que tenemos en 2021 siguen siendo los de 2011. Se lo toman con calma…

Otros trabajos que han tenido una amplia distribución mediática, como el estudio de Lantern, *The Green Revolution*, usan el término *veggie* para incluir también a los flexitarianos; al final, parece que vegana es solo un 0,2 % de la población española mayor de dieciocho años, y ovolactovegetariana, un 1,3 %, quedándonos de nuevo en ese 1,5 % que nos daba la ya obsoleta Enide hace diez años. Vamos, que no habríamos avanzado en nada más que en el postureo.

¿Y EN OTROS PAÍSES?

Nuestros vecinos de Portugal han multiplicado por 4 el número de vegetarianos en una década, según una encuesta realizada por Nielsen en 2017. La consultora calcula que hay unas ciento veinte mil personas vegetarianas en el país (eran treinta mil en 2007), de las cuales sesenta mil son veganas, lo que equivale al 0,6 % de la población. Además, el Estado luso aprobó en marzo de 2017 una ley que obliga a los comedores públicos (escuelas, universidades, hospitales, cárceles…) a incluir una opción vegetariana en su menú y dicha opción debe ser además saludable y estar valorada por profesionales. Lloro. Aquí aún hay muchas familias que deben pelearse por conseguir un menú vegetariano en el cole o a las que directamente se lo deniegan. No hay ninguna ley que obligue a ningún organismo a servir menú vegetariano, queda a criterio del órgano de gestión que coordina cada comedor o cantina. Pero sí que vemos algo de luz al final del túnel, ya que a finales de 2021, gracias a una enmienda presentada por Equo-Más País a los Presupuestos Generales, se abría la puerta a la posibilidad de que en todos los comedores dependientes de un organismo público español se pudiera encontrar una opción vegana.[1] Hablamos de comedores escolares, servicio de comidas en hospitales, centros penitenciarios o cantinas de la Administración Pública, entre otros. Veremos cómo se termina aplicando, ya que la enmienda no implica obligatoriedad si no solo «medidas dirigidas a fomentar».

Seguimos con nuestro repaso al número de personas vegetarianas por el mundo: en Estados Unidos, según datos de una encuesta realizada por Human Research Council, en 2014 el 1,9 % de la población era vegetariana o vegana, es decir, unos cinco millones de personas. Al parecer, esas cifras han aumentado considerablemente si atendemos a los resultados que en 2020 arrojó una encuesta de Ipsos Retail Performance. Según ese trabajo, habría en Estados Unidos 9,7 millones de personas veganas. Ojo, veganas. Sin incluir a las personas vegetarianas. Pero a pesar de la repercusión que tuvo en prensa, lo cierto es que no ofrece datos fiables en absoluto, ya que basa su afirmación en analizar en Google Trends el interés por el veganismo en distintos estados, así que ni remotamente podemos considerar esas cifras como fiables. Por su lado, la encuesta de Gallup nos da cifras en 2018: el 5 % de la población es vegetariana y el 3 % vegana, por lo que parece que sí se confirma el aumento.

En Reino Unido, en una encuesta realizada en 2009 por GfK Social Research, encargada por Food Standards Agency y titulada Public Attitudes to Food, aseguraban ser vegetarianos un 3 % de los encuestados, lo que se traduciría en alrededor de dos millones de personas. En 2016 se realiza una nueva encuesta, esta vez, por parte de la consultora Ipsos y auspiciada por la Vegan Society, que concluye que un 3,25 % de los habitantes de Reino Unido mayores de quince años no comen carne de ningún tipo ni pescado (son, por tanto, vegetarianos) y un 1,05 % son veganos (un 350 % más que hace una década, según la encuesta).

En Australia, según una encuesta de 2010 realizada por Newspoll, el 2 % de la población es vegetariana o, lo que es lo mismo, alrededor de medio millón de personas. En 2019 esta cifra sube a 2,5 millones de personas (un 12 % de la población aproximadamente).

Es difícil encontrar datos de otros países, pero cuando las cifras de individuos que siguen un determinado modelo dietético se cuentan por millones en naciones del Primer Mundo (totalmente industrializadas y con acceso a los servicios sanitarios por parte de la inmensa mayoría de la población), si existiera un riesgo real de salud pública por llevar una dieta vegetariana, como a veces se insinúa, obviamente lo sabríamos.

Aunque las encuestas son pocas, no oficiales y a menudo poco rigurosas, lo que sí podemos observar es que el interés por el veganismo y la oferta de productos con sello *vegan* no deja de crecer. Y no es que sean productos enfocados a ese colectivo, sino que en su mayoría se dirigen a toda la población, ya que existe una tendencia a considerarlos más sostenibles (y lo son en general) y más saludables (en este punto, ya habría más discrepancias) que los productos tradicionales de origen animal y, por ello, hay un segmento importante de población que los consume, aunque sigan comiendo también alimentos de origen animal. Sobre este punto ahondé mucho más en *Vegetarianos concienciados*.[2]

A pesar de que en España aún estamos lejos de llegar a la normalización que se vive en los países nórdicos y anglosajones, cada vez hay una mayor presencia de productos tradicionalmente consumidos por el colectivo en los supermercados. Cuando salió la primera impresión de este libro en 2016, a mí ya me parecía fascinante que hubiera en los supermercados bebidas vegetales y que alguna marca de lácteos hubiera sacado una línea de yogures de soja. Lo que podemos encontrar ahora en cualquier súper de barrio me habría parecido una quimera por aquel entonces o habría pensado que me habían teletransportado a Londres. Estamos hablando de que hoy hay líneas enteras de productos veganos de marca blanca. *Pizzas,* hamburguesas, quesos, yogures, helados, surtidos de tofu de distintos sabores, tortilla de patatas vegana, varios tipos de humus, croquetas, soja texturizada…, de que los lineales de bebidas vegetales ocupan lo mismo que la sección láctea y de que la variedad que podemos encontrar es abrumadora. Visitar el herbolario para conseguir determinados productos ya es innecesario y, por supuesto, la llegada de todo eso al comercio minorista y al gran consumo ha bajado los precios, acercando y popularizando esas opciones que ya no se contemplan como algo raro, inaccesible, elitista o solo al alcance de quienes viven en grandes ciudades y tienen un buen sueldo.

A esto hay que sumar la explosión de la I+D en los últimos años para conseguir productos lo más parecidos a la carne posible. A muchos os sonarán las hamburguesas estadounidenses Beyond o Impossible, casi indistinguibles de una de ternera. Pero tenemos ejemplos patrios alucinantes, como Heüra, la compañía catalana que ha revolucionado el sector de las imitaciones de la carne con sus productos, similares tanto al pollo como a la ternera. Y a ese carro de las imitaciones casi perfectas se está subiendo ya, faltaría más, la gran industria. Nestlé o Findus van duro a por ello.

También sucede en la oferta hostelera: no solo aumentan los restaurantes vegetarianos en España, sino que es probable que ya no haya casi ninguna capital de provincia que no cuente al menos con uno. Cada vez más establecimientos no vegetarianos empiezan a etiquetar los platos aptos en su carta o a anunciar que tienen opciones adecuadas para ellos. Y las grandes cadenas se suben al tren: hay hamburguesa vegana en Burguer King, Telepizza tiene tres opciones de *pizzas* veganas, Pans&Company sirve bocatas y ensaladas con Heüra, Starbucks tiene sándwich vegano y cada vez más opciones de bebidas vegetales, etcétera. Y se abren en las grandes ciudades pastelerías veganas, tiendas de dónuts veganos, heladerías y queserías veganas. *Amazing!*

Y fijándome más en mi gremio, el de dietistas-nutricionistas, en 2016 yo decía: «No hace mucho que la corriente general era la de tildar la alimentación vegetariana de carencial y poco saludable y desaconsejarla por ello», hoy puedo decir que –ahora sí– hace bastante que esa no es la tónica general y que esa corriente está prácticamente erradicada en las nuevas generaciones de nutricionistas. Hemos avanzado, la profesión se ha formado por delante (y a pesar) de sus propios planes de estudio. Y sí, aunque hoy los planes de estudio de Nutrición Humana y Dietética siguen sin dar una buena formación en el tema, si es que dan alguna, casi todas las dietistas-nutricionistas (y hablo en femenino porque aunque los más conocidos son hombres, en la profesión somos mujeres un 86 %, según el Instituto Nacional de Estadística en 2019, que es el último año del que aparecen datos publicados) atienden sin problemas a pacientes vegetarianos y veganos respetando su opción y habiéndose formado por su cuenta en este tipo de alimentación. Los aspectos básicos ya no se le escapan a ninguna dietista-nutricionista, sea cual sea su propia opción política o dietética. Así que permitidme dejar aquí un aplauso a todas mis compañeras y el compromiso de que seguiremos trabajando para que tengan la formación y la información que no reciben en las universidades.

Lo siguiente también lo escribí en 2015 y es lo que decía la versión anterior de este libro:

> En internet abundan los blogs de recetas vegetarianas y en las redes sociales cada vez son más numerosos los grupos o comunidades de personas que siguen este tipo de dieta. A diario veo promociones de cursos de cocina, de servicios diversos, de festivales, de locales nuevos en los que comer…, que se autodenominan vegetarianos o van enfocados a serlo. ¿Vosotros no?
>
> Así que permitidme ser optimista. Algo está cambiando. De hecho, que tengas este libro en tus manos porque una editorial ha decidido poner el tema en la calle es otra prueba de ello.

En 2021 vemos que claramente mi profecía se ha cumplido. Muchas cosas han cambiado. Ese auge no fue una moda pasajera, como sí ha pasado con otras corrientes dietéticas. ¿Se acuerda alguien de los paleo? El veganismo ha seguido creciendo y creciendo. Ya casi no hay blogs, la vida se ha mudado a Instagram –muy a mi pesar–, donde las cuentas de cocina vegana suman seguidores por miles, las mesas de novedades destacadas de cualquier librería tienen varios libros de cocina vegana e incluso de nutrición, y hemos avanzado mucho en la normalización (ya no nos miran tan raro). Hoy el contexto es totalmente diferente y los cambios han sido a mejor. Quiero que nos alegremos por ello.

PERO ¿QUÉ LES PASA A LOS SANITARIOS?

Un porcentaje bastante alto de mis pacientes son vegetarianos o veganos, mucho más alto del que suele ser habitual entre mis compañeras. Es natural, porque cuando una persona vegana busca a un profesional sanitario, es muy probable que antes se informe de si el profesional que la va a atender es *vegan friendly*. Puede que algunos os preguntéis qué sentido tiene eso, porque en principio lo que debería interesar es que sea un buen profesional y lo demás vendrá dado, ¿no? No nos van a atender de manera distinta porque seamos vegetarianos…

Pues sí.

Aquí confluyen varios factores que favorecen todo tipo de situaciones dantescas: por un lado, la casi nula presencia de formación en nutrición vegetariana en los planes de estudio oficiales de las profesiones sanitarias, incluyendo a las dietistas-nutricionistas; por otro, la ausencia de dietistas-nutricionistas en la sanidad pública de nuestro país, que si bien no suelen tener formación especializada en el tema, al menos son el único profesional sanitario, junto con los técnicos superiores en dietética, específicamente formado en Nutrición Humana, por lo que tenemos bastantes más papeletas de que al menos sepan de qué les hablamos y puedan ayudar, aconsejar y resolver dudas. Y, por último, el hecho de que se siga considerando la dieta vegetariana un capricho o una rareza particular de la que es lícito burlarse o que se puede juzgar, aun con la bata blanca puesta.

Esto último me pone de especial mal humor, porque denota realmente muy poca empatía por parte del profesional y también muy poco conocimiento de una realidad cada vez más común.

A ningún sanitario se le ocurriría burlarse o cuestionar a una persona musulmana que no quiere comer cerdo y que pide que su dieta sea halal. O *kosher,* si hablamos de personas judías. Ni le dirían a un católico que se deje de pamplinas, que no comer carne los viernes no está avalado por la menor evidencia científica ni hay estudio alguno que concluya que es mejor que no comerla los jueves.

Aún hoy, en un hospital, se moverá Roma con Santiago para evitar a un testigo de Jehová una transfusión de sangre y, sin embargo, somos incapaces de dar a un vegetariano una pauta de dieta blanda que no venga cuajada de jamón york y pescado hervido. No tiene sentido. Incluso las personas ateas pondrán especial cuidado en respetar las pautas religiosas de los demás…, pero no sus posicionamientos éticos. Es injusto.

Existen multitud de motivos por los cuales una persona es vegetariana y los hemos comentado al inicio de este capítulo, pero no he nombrado los motivos religiosos o filosóficos, como sucede en el caso de los jainistas o de ciertas ramas del budismo o del hinduismo, o de los miembros de la Iglesia adventista del séptimo día, que son cristianos protestantes. Muchos hindús son vegetarianos por un tema más cultural que religioso, especialmente si viven en países occidentales.

Recordemos de nuevo el resto de los motivos que hemos comentado antes: el principal, según casi todas las fuentes consultadas, es el sufrimiento animal. Pero hay más motivos: de tipo político, por sostenibilidad medioambiental y justicia social, por un reparto más justo de alimentos. O por todo a la vez.

En realidad, a los sanitarios no debería importarnos el motivo por el cual un paciente toma la decisión de llevar un determinado estilo de vida. No es de nuestra incumbencia y no es nuestro trabajo juzgar las decisiones personales del paciente. Sí lo es darle el mejor consejo del que dispongamos, respetando su estilo de vida hasta donde sea posible.

Si algún sanitario está leyendo esto y es de los que suelen esbozar una risita burlona o condescendiente cuando tienen delante a un paciente vegetariano, de los que se escandalizan y aluden a todo tipo de estados carenciales no prevenibles por no consumir carne y pescado o de los que se atreven a hacer juicios de moral sobre la decisión del paciente, que piense solo un momento si se atrevería a hacerle lo mismo a cualquiera de los ejemplos anteriores. Y ahora que me diga por qué cree que el estilo de vida y las consideraciones éticas de unos pacientes merecen más respeto que los de otros.

Si no se sabe dar consejo dentro de una alimentación vegetariana o vegana, no pasa nada. Se asume y se deriva o, mejor aún, se informa uno y se recicla, que es lo que los sanitarios debemos hacer continuamente. O se pide ayuda a una compañera. Pero nunca desprecies a quien está haciendo algo por un mundo mejor, por patético o inútil que te parezca. Es posible que, simplemente, estés mal informado o no sepas lo suficiente.

YA, BUENO..., PERO ¿QUÉ DICE LA CIENCIA?

La gran pregunta, ¿verdad? Bien. Voy a dejar que responda la Academy of Nutrition and Dietetics (AND) de Estados Unidos, que publicó en 2003 un documento de posicionamiento sobre la dieta vegetariana junto con la American Dietetic Association and Dietitians of Canada, y que lo reafirmó en 2009.[3] En 2016 salió la última versión de dicho documento, en el que se contemplaban también por primera vez aspectos de sostenibilidad, además de nutricionales:

> La postura de la AND es que las dietas vegetarianas adecuadamente planificadas, incluyendo las veganas, son saludables, nutricionalmente adecuadas y pueden proporcionar beneficios para la salud en la prevención y el tratamiento de ciertas enfermedades.
>
> Estas dietas son apropiadas para todas las etapas del ciclo vital, incluyendo el embarazo, la lactancia, la infancia, la niñez, la adolescencia y la vejez, así como para los atletas.
>
> Las dietas basadas en vegetales son más sostenibles medioambientalmente que las dietas ricas en productos de origen animal, porque usan menos recursos y están asociadas a un daño medioambiental mucho menor.[4]

El posicionamiento de la AND fue un bálsamo de alivio en un momento en el que la lucha contra los prejuicios arraigados era mucho peor que ahora. Que si el hierro, que si las proteínas, que si los niños se desnutren... fue un zas en toda la boca. *God bless you, AND!*

Pero es un error creer que con el documento de posicionamiento ya está todo hecho o que con ese único documento se puede trabajar y dar consejo. En absoluto. El posicionamiento de la AND solo dio legitimidad al tratamiento dietético y sentó las bases para que se respetara a las personas vegetarianas en el ámbito sanitario. Constituye un pequeño resumen de las publicaciones científicas más destacadas hasta la fecha y saca algunas conclusiones generales. Nada más. Aún hoy, cinco años después de la última revisión, podemos decir que ya tiene puntos obsoletos o que necesitan actualizarse, y que de ninguna manera se puede usar como única herramienta, ya que cualquier pauta dietética precisa de personalización y, además, en nuestro caso, de adaptación cultural y medioambiental, como veremos más adelante, porque no es lo mismo comer en Estados Unidos que en España.

En diciembre de 2017 la Società Italiana di Nutrizione Umana trajo un regalo de Navidad. Publicó también su posicionamiento sobre dietas vegetarianas:

> Las dietas vegetarianas bien planificadas que incluyan una amplia variedad de alimentos vegetales y una fuente fiable de vitamina B12 proporcionan una ingesta adecuada de nutrientes. Las agencias gubernamentales y las organizaciones de salud y nutrición deberían proporcionar más recursos educativos para ayudar a los italianos a consumir dietas vegetarianas nutricionalmente adecuadas.[5]

Coinciden con la AND en lo adecuado de las dietas vegetarianas bien planteadas e instan a los estamentos gubernamentales a ofrecer recursos y educación nutricional a la población italiana vegetariana. En este caso, hay que valorar, además, que por cercanía geográfica y por tipo de dieta y disponibilidad de alimentos, puede que los consejos ofrecidos a la población italiana sean más extrapolables a España que los estadounidenses. Desarrollan los consejos prácticos en una propuesta de menú mediterráneo con adaptaciones a los diferentes estadios del ciclo vital que también puede servir de referencia y como base a la hora de pautar dietas vegetarianas saludables.[6]

En lo que a literatura científica se refiere, la dieta vegetariana tiene un gran bagaje. Quienes creen que se trata de una opción dietética residual y «poco probada o estudiada» se equivocan de medio a medio. Ya hemos comentado las cifras de vegetarianos que se estiman en países del Primer Mundo y no he querido entrar en datos de países en desarrollo, sobre todo de Asia, porque la comparación no sería justa, tanto por las diferencias culturales como por el acceso a alimentos y a servicios sanitarios.

En el principal buscador de artículos científicos, PubMed, la búsqueda de los términos *vegetarian diet* arroja más de 4.522 resultados en febrero de 2021. A lo mejor no sabéis si eso es mucho o poco. Bien: pensad en una dieta muy estudiada, la dieta mediterránea. Si buscamos *mediterranean diet*, la web arroja unos 7.809 resultados. Y creo que es la única dieta que cuenta con más literatura científica que la vegetariana. *Ketogenic diet* nos da 3.483 resultados, por buscar la dieta de moda en la actualidad. Porque si nos vamos a otras dietas que vivieron su momento de gloria hace años, nos encontramos, por ejemplo, con que *macrobiotic diet* tiene 124 resultados, y *paleolithic diet,* 364, para que os hagáis una idea de qué volumen estamos hablando.

En esos resultados, los de todos los tipos de dieta, nos encontramos con muchos tipos de estudios: de buena calidad, de mala calidad, bien y mal diseñados, con muestras pequeñas, grandes, de intervención, epidemiológicos, metaanálisis, etcétera, que dan resultados favorables y que los dan desfavorables, con conflictos de intereses y sin ellos. Lo importante es que, si queremos dar un consejo o emitir una opinión basada en ciencia, tenemos de donde tirar hasta aburrirnos.

Estamos hablando de estudios indexados en revistas científicas, ojo. Así que, aunque aún queda mucho que estudiar, quien diga que la dieta vegetariana tiene poco respaldo en la ciencia, simplemente no sabe de qué habla, ni se ha molestado en cerciorarse de no estar metiendo la pata hasta el fondo. Yo, con esos, ya no discuto. No estoy para argumentar «tan abajo».

Aun así, como decía, falta muchísima investigación, en nutrición en general y en dieta vegetariana en particular. En nutrición, de todos modos, resulta complicado hacer estudios sólidos y que arrojen una evidencia más concluyente. Esos serían los estudios de intervención en humanos, es decir, aquellos en los que a un grupo de personas se les hace una modificación controlada y se compara con otro grupo donde no se ha realizado dicha modificación. Este tipo de estudios tiene que pasar por comités de ética para aprobarse y, evidentemente, no se aprueban aquellos en los que la intervención podría perjudicar a los individuos. Por ejemplo, si creemos que un tipo de dieta determinada favorece la aparición de cáncer, no podemos pretender que un grupo de personas la siga para confirmar la hipótesis.

Además, otro problema de los estudios de intervención sobre temas dietéticos es que normalmente se necesita que sean a muy largo plazo, ya que las conclusiones que podemos sacar de un cambio dietético mantenido unas pocas semanas o meses por lo general no son significativas: para extraer una conclusión correcta, necesitamos ver qué ocurre al cabo de años, en todas las etapas de la vida, cosa que es habitualmente inviable debido al tiempo, a los recursos económicos y a la implicación del grupo estudiado.

Tenemos estudios de intervención casi exclusivamente en pruebas de dietoterapia. Es decir, al usar un patrón dietético como dieta terapéutica para una patología concreta, se comprueba si en ese periodo (ya sean semanas o meses) hallamos una mejoría en dicha patología, en comparación con el grupo control. Veréis más adelante que con diabetes o con síndrome metabólico tenemos bastantes estudios de este tipo.

Pero, como os decía, en nutrición muy a menudo nos basamos en la epidemiología, es decir, en la rama de la medicina que estudia grupos de población sobre los que evaluar uno o varios parámetros de salud que se relacionan con una o más variables. Esos estudios son menos consistentes y la evidencia que arrojan es de nivel más bajo, porque no hay grupos controlados y aparecen multitud de variables que pueden afectar a los resultados que no podemos controlar. Eso intenta paliarse cogiendo muestras muy grandes, que hacen que la estadística sea más representativa e intentando depurar al máximo los posibles factores de confusión, pero el problema no deja de estar ahí.

No obstante, en ese sentido, sobre la población vegetariana occidental se han realizado trabajos epidemiológicos de gran calado. Hay dos grandes estudios epidemiológicos –probablemente los más relevantes–, de los cuales salen gran parte de los datos sobre mortalidad y salud en la población vegetariana:

– EPIC-Oxford: es un estudio prospectivo multicentro europeo sobre cáncer y nutrición coordinado por la Agencia Internacional de Investigación contra el Cáncer, perteneciente a la OMS. Se inició en 1993 en diez países europeos, entre los cuales se encuentra España. Incluye una cohorte de más de quinientos mil individuos y utiliza cuestionarios, muestras de sangre y medidas antropométricas. La envergadura de los datos recogidos ha permitido que sus conclusiones no se centraran solo en el cáncer, sino también en otras patologías. Es el mayor estudio que relaciona dieta y enfermedades realizado hasta la fecha. En el centro de Oxford se reclutó un subgrupo de 27.000 personas vegetarianas y veganas (Oxford Vegetarian Study) que ha producido dieciocho *papers*. Además, a todas las personas participantes se les pregunta explícitamente si comen carne, huevos, pescado y lácteos y se las clasifica en función de las respuestas permitiendo detectar a veganos, ovolactovegetarianos y a quienes consumen pescado, pero no carne, y extrapolar los resultados por tipo de dieta.

– Adventist Health Study (AHS), 1 y 2: son estudios realizados en la comunidad adventista de Estados Unidos y Canadá por la Universidad de Loma Linda (California). Se iniciaron en 1960 con una cohorte de casi veintitrés mil individuos que fueron seguidos durante veinticinco años valorando mortalidad (Adventist Mortality Study). Esta comunidad sigue una dieta vegetariana. De 1974 a 1988 se realizó el AHS-1 con 34.000 personas, incluyendo un análisis de su estilo de vida para relacionarlo con la menor mortalidad. Actualmente sigue en marcha el AHS-2, iniciado en 2002, que aspira a llegar a una muestra de 125.000 personas, aunque los últimos datos dan una cohorte de algo más de 96.000 individuos.

¿Por qué estos dos trabajos son tan relevantes cuando hablamos de población vegetariana?

Por varios motivos. A pesar de ser estudios observacionales y, por tanto, en principio, de evidencia baja, dentro de su categoría cumplen varios puntos que refuerzan sus resultados:

- **La muestra es muy grande**, lo cual diluye posibles errores estadísticos.

- **La muestra es de diferentes localizaciones** (varios países de Europa en un caso y todo Estados Unidos y Canadá, en el otro). Esto evita también que factores ambientales de una comunidad o localización concreta sesguen el resultado (para mal, por ejemplo, si todos viven en una gran ciudad contaminada o al lado de fábricas; para bien, si cogemos una comunidad que vive en un entorno rural, con un modo de vida muy activo y poco acceso a alimentos ultraprocesados).

- **El periodo de seguimiento es muy largo**. Hablamos de estudios iniciados en la década de 1990 o incluso de 1970, por tanto, el seguimiento de la cohorte da resultados en todas las etapas de la vida, con un estilo de vida mantenido a largo plazo.

Es difícil que podamos tener evidencia mejor en nutrición para hablar de modelos dietéticos sostenidos a largo plazo o de por vida, por las limitaciones que os comentaba antes.

En Europa, contamos también el Heildelberg Study, realizado en Alemania. En este caso, tanto el número de participantes como el tiempo de seguimiento son muy inferiores a los dos anteriores (once años y solo sesenta vegetarianos, un 3 % de la muestra), lo que hace que los resultados de este grupo no sean significativos estadísticamente, ni comparables a los ya mencionados.

Quiero que tengáis en mente el número de participantes, los años de estudio y la metodología de los trabajos derivados del EPIC-Oxford y del AHS y que pongáis en cuarentena afirmaciones categóricas que se hacen tomando como referencia estudios roñosísimos. Un ejemplo fue el revuelo en prensa (y en las cuentas de redes sociales de los *veganhaters*) que causó hace un tiempo el conocido como «estudio de Graz», que se convirtió en poco menos que en un jaque a los vegetarianos si atendíamos a los titulares. Este estudio concluye que los austriacos que siguen una dieta vegetariana son menos saludables (padecen más cáncer, más problemas mentales, más alergias…), tienen una menor calidad de vida y también requieren más tratamientos médicos que los no vegetarianos,[7] es decir, información totalmente contradictoria respecto a la que solíamos tener al estudiar a estas poblaciones. Insisto, no lo uso de ejemplo porque sea un estudio especialmente relevante, sino porque al ser de 2014 y haber tenido una gran repercusión en titulares de prensa, está siendo usado desde entonces continuamente en redes sociales y en divulgación para lanzar mensajes alarmistas sobre la alimentación vegetariana que estoy segura que habéis visto y puede que incluso compartido.

En primer lugar, hay que señalar que se trata de un estudio transversal, esto es, un estudio que compara hábitos alimentarios e índices de enfermedad en un grupo de personas y en un momento determinado. El EPIC-Oxford o el AHS son longitudinales, es decir, comparan en diferentes intervalos de tiempo.[8] Así, el estudio de Graz sería como una foto que solo nos muestra un momento concreto, mientras que los otros dos serían una película que nos muestra un montón de años. Un sesgo importante en este tipo de estudios (los transversales) es que no tienen en cuenta cuánto tiempo lleva una persona siguiendo una dieta vegetariana, es probable que haya cambiado hace poco su alimentación debido a problemas de salud (cosa muy habitual) y que esos problemas se deban a otro tipo de dieta que haya llevado gran parte de su vida. No es un diseño adecuado para las conclusiones que pretende extraer.

Por otro lado, la muestra del estudio es de tan solo 1.320 individuos, muy pequeña si la comparamos con las cohortes de los estudios anteriores, que además parten de una población sana. Además, se entrevistaron a 15.474 individuos de los que tan solo un 1 % eran vegetarianos, concretamente un 0,2 % veganos y un 0,8 % ovolactovegetarianos, el 1,2 % eran comedores de pescado (es decir, no vegetarianos), que se incluyeron también en el grupo catalogado como «vegetariano», que finalmente fue de 330 individuos. Dicho de otro modo, en el grupo total de «vegetarianos», solo 31 personas eran veganas, el resto consumía leche, huevos o pescado o una combinación de ellos. Solo 31 personas en una foto fija. La cohorte de 27.000 vegetarianos del EPIC-Oxford se parte de risa.

Estos hechos hacen que no se deban extrapolar los datos de este mediático estudio a la dieta vegetariana o vegana en general y mucho menos que se use esa referencia como base para emitir juicios o para realizar divulgación sobre epidemiología en población vegetariana, por muy chulos que suenen los datos a los periodistas o a los antiveganos.

Sobre la virulencia de los titulares de prensa cuando hablan de población vegetariana, escribí hace un tiempo un artículo para *El País,*[9] precisamente a raíz de la reciente publicación de un nuevo trabajo del EPIC-Oxford que observaba el riesgo de isquemia cardiaca e ictus en consumidores de carne *(meat eaters),* consumidores de pescado *(fish eaters)* y vegetarianos.[10] Comentaba lo siguiente tras haber pasado días leyendo titulares de prensa que alertaban sobre el riesgo de ictus de las personas vegetarianas:

> De nuevo, la prensa se hace eco del estudio usando titulares que insisten en el «mayor riesgo de ictus» de los vegetarianos, sin alusión ninguna al riesgo un 22 % mayor que tienen los consumidores de carne de padecer enfermedad coronaria, que es otra de las conclusiones del mismo estudio. Los titulares y las redes sociales se centran en el primer mensaje y ya, si acaso, en el cuerpo de la noticia dan el resto de información.
>
> Y sí, un titular que rezara «Un estudio señala que los que consumen carne tienen un 22 % más riesgo de tener una enfermedad cardiaca isquémica que los vegetarianos» sería igual de parcial, al hablar de este trabajo en concreto. Pero eso no sucede. Y estaría más justificado, porque la relevancia estadística es mayor en este punto que en el del ictus.
>
> Los propios autores no tienen establecida la causa de este resultado. Apuntan a tasas más bajas de colesterol LDL o a otros nutrientes (B12, omega 3...) como posibles factores relacionados, pero sin una causalidad clara. Y afirman que se necesitan más estudios y confirmar este aspecto en otras poblaciones.
>
> Si tuviera que especular, y subrayo lo de «especular» para que quede claro que lo que viene a continuación no es más que una hipótesis basada en mi experiencia personal, yo apuntaría a la B12. Me explico: sabemos que un

déficit de B12 aumenta los valores de homocisteína y que la hiperhomocisteinemia se relaciona con un aumento significativo del riesgo de trombosis y accidente cardiovascular. Parece plausible que esa diferencia pueda deberse a una mala suplementación de la vitamina citada o que fuera una de las causas. La propia publicación no se moja a la hora de atribuir ese resultado a la dieta en sí y no a otros factores.

En ese caso, el mensaje por parte de los sanitarios debería ir enfocado a insistir y facilitar información sobre la correcta suplementación y determinación de estatus de B12 en esta población (consejo que siempre será positivo, sea o no la B12 la causa de la diferencia estadística de la que hablamos). No a desalentar el modelo dietético por un resultado negativo bastante modesto, obviando además los beneficios. De hecho, siguiendo esa línea, lo coherente sería desalentar la dieta tradicional porque la vegetariana tiene un 22 % menos de riesgo de accidente cardiovascular, según el mismo trabajo. Una diferencia más alta que la del caso del ictus, insisto. Y sin embargo no barajamos dar ese mensaje, ni hay cabeceras de prensa nacional instando a la gente a volverse vegana por el riesgo de ataque al corazón que entraña la dieta omnívora.

Y no, yo no creo que debamos desalentar la dieta tradicional con ese argumento (por si alguien lo ha entendido así), ni con ninguno similar. De hecho, cualquier persona con formación en ciencia estará de acuerdo en que aconsejar o demonizar un estilo de vida basándose en un solo estudio es un completo error y una falta de profesionalidad tremenda.

Creo que debemos dar consejos de alimentación saludable, teniendo en cuenta todas las opciones. Y según a qué población nos estemos dirigiendo, hacer hincapié en los puntos débiles más prioritarios. Por ejemplo, si nos dirigimos a población general, dado lo que conocemos de la dieta habitual de los españoles, es buena idea insistir en el aumento del consumo de legumbres y la reducción de los cárnicos procesados. Y si nos dirigimos a población vegetariana, es buena idea insistir en que tome la B12 una vez a la semana. Por poner dos ejemplos sencillos.

Luego hay mensajes que no difieren de un grupo a otro, por ejemplo, «cuanto menos alcohol, mejor» o los consejos sobre limitar el consumo de ultraprocesados.

Lo que no es defendible es decir «la dieta tradicional causa diabetes y cáncer de colon, haceos vegetarianos», ni «la dieta vegana causa ictus o afecta al desarrollo del cerebro, comed carne». Ambas afirmaciones son falaces y sobre todo irresponsables, pero curiosamente titulares del corte del segundo nos los encontramos en prensa día sí y día también sin que se inmute casi nadie, al contrario, parece que hay afán en alentarlo. Os conmino a pensar un poco sobre la diferente vara de medir.

Por otro lado, para animar a la población a pasarse a una dieta vegetariana, si es esa nuestra intención, no hace falta recurrir a temas de salud. Los argumentos más potentes son políticos y éticos y son los que motivan a la mayoría de personas veganas. El debate está ahí, en el trato a los animales, en la deforestación, en el efecto invernadero…, no en la salud.

En temas de salud, lo importante es facilitar un consejo dietético adecuado a quienes han decidido hacer un esfuerzo extra en su consumo por el bien común. Exactamente igual que hacemos con el resto de población: informar sobre cómo llevar una dieta tradicional saludable, qué alimentos priorizar y cuáles evitar o limitar. Ni más, ni menos.

En relación con la salud, hoy sabemos que un patrón de alimentación vegetariano o vegano bien organizado es perfectamente saludable. Y que mal organizado o con una mala elección de alimentos, puede dar lugar a problemas de salud.

Este párrafo de arriba es exactamente aplicable a una dieta tradicional con alimentos de origen animal: sabemos que una alimentación «omnívora» es perfectamente compatible con un buen estado de salud, siempre y cuando esté bien organizada y se haga una buena elección de alimentos. De lo que pasa cuando se hace mal, tenéis los hospitales llenos.

De cara a la prensa y a los divulgadores, yo pediría un ejercicio sencillo: ¿escribes titulares o artículos similares para condenar la dieta tradicional al completo (no un aspecto concreto), basándote en premisas parecidas? Y sí, estudios científicos que relacionan parámetros dietéticos en población general (y, por tanto, y, por tanto, que lleva una dieta tradicional) con riesgos de salud se publican con muchísima más frecuencia que los que incluyen a población vegana o vegetariana.

Pero no terminan aquí las trabas, aún nos queda otro bonito melón en lo que a alimentación vegetariana se refiere: muchos de los estudios que tenemos corresponden en gran medida a países en desarrollo (India, sobre todo, pero también otros países del Sudeste Asiático y algunos en África) que no podemos usar para sacar conclusiones sobre población occidental, porque las condiciones de vida de un grupo de personas en Bombay y las de otro grupo de personas en Barcelona no son comparables.

Por ejemplo, existe un estudio de 2012, muy citado por todos aquellos que cargan contra la dieta vegetariana, en el que se concluye, tras analizar a un grupo de 24 hombres, que la dieta vegetariana causa malnutrición, desnutrición proteica y diversos déficits nutricionales más. El detalle es que es un estudio realizado con vegetarianos rurales del Chad,[11] país en el que, por desgracia, el acceso a alimentos no tiene comparación con el del mundo industrializado, y no digamos a suplementos. ¿Esos hombres tenían déficits nutricionales porque eran vegetarianos o porque no tenían qué comer? ¿El problema era la dieta vegetariana o el contexto social? La comparación es tan absurda como si cogemos a un grupo de niños omnívoros de la zona con más hambruna de Etiopía y concluimos que la dieta omnívora causa desnutrición infantil. Nadie nos tomaría en serio, ¿verdad? Ya que el problema de que la desnutrición infantil presente gran prevalencia en Etiopía obedece a causas muy diferentes, que no son aplicables a niños del Primer Mundo. Pues algo tan absurdo se hace continuamente con los vegetarianos, incluso por parte de científicos de alto nivel. Contra todo eso divulgamos cada día.

Pero eso no es todo, aún hay más escollos. Existen muy pocos estudios con vegetarianos españoles y los que hay no son demasiado representativos y casi no sirven para nada. Tampoco hay gran cosa con vegetarianos de países de la cuenca mediterránea, que, por clima y disponibilidad de alimentos, serían más adecuados para sacar conclusiones respecto a nuestro país. Casi la totalidad de estudios que existen con vegetarianos del Primer Mundo se han realizado en Estados Unidos, Australia o el norte de Europa.

Así pues, antes de dar recomendaciones a vegetarianos españoles, es preciso pasarlas por el filtro de la adaptación cultural y de la disponibilidad de alimentos, que es bastante distinta, y que a menudo no se realiza. Y ello lleva a la entrega de pautas absurdas en nuestro entorno, nada personalizadas, y que, por tanto, dificultan la adherencia. O a emitir consejos generales poco realistas en nuestro contexto o directamente inadecuados. Ni nuestra dieta es comparable a la alimentación habitual de Estados Unidos (aunque cada vez nos parecemos más), ni nuestra cultura gastronómica y nuestras costumbres son las mismas, ni la disponibilidad de productos es igual, ni tenemos el mismo clima. Y al no existir recomendaciones específicas para población española vegetariana, no nos queda más remedio que adaptar por nuestra cuenta las anglosajonas, que son las más cercanas disponibles (o las italianas que comentábamos antes y que son muy recientes), cada uno en su consulta como buenamente pueda.

Por poneros algún ejemplo, todas las recomendaciones americanas hablan del zumo de naranja enriquecido en calcio e incluso lo meten en los «platos saludables». En España no hemos visto un zumo de naranja enriquecido en calcio en la vida. Y, además, el zumo no es un alimento que debiera estar en nuestra alimentación habitual. También hacen recomendaciones respecto a los aceites vegetales, intentando paliar el exceso de omega 6 que pueden provocar usar determinados aceites como grasa de referencia. En una población donde la grasa de referencia es el aceite de oliva, esas recomendaciones no son prioritarias, prácticamente, ni siquiera necesarias. Tenemos otros problemas y traspasar ese consejo tal cual no tendría sentido.

EN ESPAÑA, ¿NADIE ACONSEJA NADA A LOS VEGETARIANOS?

Pues en 2016 os decía que casi que no.

En Estados Unidos, tanto la American Health Association como el Departamento de Salud del Gobierno declaran la dieta vegetariana como saludable y ofrecen consejos concretos dirigidos a esa población. La AND no está sola.

Fuera de Estados Unidos también ofrecen consejo específico las asociaciones de dietistas canadienses, australianas, alemanas, británicas, italianas, suizas y, atención, portuguesas. Sí, Portugal, nuestro país vecino, tiene en cuenta a los vegetarianos.

Por aquellas fechas, en España, sin embargo, salvo casos muy concretos, era una opción ignorada en todas las guías de salud o alimentación emitidas por organismos competentes. Las recomendaciones específicas para vegetarianos eran muy escasas en las publicaciones de nuestro país. En el *Libro blanco de la nutrición en España*[12] apenas aparecía una breve mención en referencia a la ingesta aconsejada de proteínas (pág. 126) y al aumento de la demanda de menús vegetarianos en colectividades (pág. 382). En los programas nacionales dedicados a la nutrición y la prevención de la obesidad infantil, Naos y Perseo, no se hacía la más mínima referencia a población vegetariana.

En el *Manual práctico de nutrición en pediatría* de la Asociación Española de Pediatría hay un capítulo dedicado a «Dietas no omnívoras en la edad pediátrica. Dietas alternativas: vegetarianas», pero resulta una excepción en las publicaciones de salud de nuestro país.[13]

En el documento de información para población general editado por la Generalitat de Catalunya sobre alimentación en la primera infancia (de cero a tres años) se dan instrucciones específicas tanto a nivel general como para madres lactantes vegetarianas (pág. 12) y se indica que esta dieta puede ser adecuada siempre y cuando esté bien diseñada. Sin embargo, de manera completamente contradictoria, en la *L'alimentació saludable a l'etapa escolar: guia per a famílies i escoles,* editada por la misma entidad, se afirmaba que son aceptables los menús sin carne, pero no sin pescado, lácteos o huevos, por ser potencialmente deficitarios en edad de crecimiento.[14] Ambos documentos se contradecían entre sí, hasta que se actualizó el segundo en 2012 y se aprobaron los menús ovolactovegetarianos, con indicaciones específicas. En 2020 este documento sufre una nueva actualización y, en esta ocasión, la opción vegetariana y vegana se incluyen ya en la guía como una más, con menús de ejemplo e insistiendo en que son opciones adecuadas.

La Agència de Salut Pública de Catalunya ha seguido dando pasos en la misma dirección. En enero 2020 sacan un posicionamiento sobre la dieta vegetariana y vegana en el comedor escolar, en colaboración con el departamento de educación, dicho posicionamiento da respaldo a ambas opciones alimentarias para ser ofrecidas en colegios públicos y concertados a las familias que lo soliciten. Este documento está disponible *online* en la web de la Generalitat.[15]

Ninguna otra guía de alimentación ha mostrado indicaciones específicas para población vegetariana, que yo sepa. Tampoco desaconsejan esta opción dietética. Simplemente la ignoran. Como si no existiera.

Diversas ONG y asociaciones afines al vegetarianismo ofrecen sus propias versiones de guías de alimentación o pirámides vegetarianas que son, en muchos casos, bastante discutibles y poco acordes con la evidencia científica actual. Así que, en conjunto, a la hora de buscar información fiable sobre alimentación vegetariana en nuestro país, el panorama es desolador y se crea el caldo de cultivo perfecto para que gurús y personas sin ninguna formación difundan teorías seudocientíficas impunemente gracias a la facilidad que hoy en día permiten el mundo virtual y las redes sociales, sin que la mayoría de quienes las leen tenga, por desgracia, criterio suficiente para discernir la información de calidad de la que no lo es y, además, no pueda acudir a ninguna fuente fiable de referencia.

En la actualidad, nos encontramos con la dicotomía de que el vegetarianismo es una opción cada vez más conocida, a la que se le da voz a menudo en los medios de comunicación (muchas veces buscando el sensacionalismo…, sí, todavía sucede): hay artículos en prensa, se habla en la radio y en la televisión… O vemos cómo la industria alimentaria ha descubierto el filón, y la oferta de productos adaptados o dirigidos al colectivo no cesa de aumentar (hasta hay tortilla de patatas vegana, ¡de marca blanca!) y, sin embargo, es casi inexistente en las organizaciones científicas y sanitarias del país.

El colectivo sanitario se está quedando atrás. Hace falta ampliar los planes de estudio, especialmente los de la carrera de Nutrición Humana y Dietética, hace falta disponer de recursos generales en sanidad para dar consejo a esta población. No es de recibo que en consultas de pediatría se diga a los padres que es imprescindible que el niño coma pollo y pescado o va a tener carencias… Es una falta de actualización importante y, según el tono en el que se diga, además de ser mentira, es una falta de respeto. ¿Se lo dicen también a las familias hindúes que son vegetarianas por motivos religiosos? No hay ni siquiera consejos alimentarios adaptados –estoy hablando de esas terribles hojitas fotocopiadas que se dan en el Centro de Salud e incluso en atención especializada–, ni eso tenemos. Pero claro, es que también somos el único país de Europa sin dietistas-nutricionistas en la sanidad pública, así que es normal que el consejo alimentario que se da en nuestros servicios de salud sea tan anacrónico, obsoleto y, en muchos casos, equivocado para la población general. No digamos para los vegetarianos.

COMER VEGANO ES FÁCIL, SI SABES CÓMO

Con este panorama, es lógico que surjan muchas dudas en las mentes de quienes valoran pasarse al lado verde.

¿Cómo sustituyo el filete? ¿No me van a faltar proteínas? ¿Dónde compro todas esas cosas raras? ¿Es malo para mi niño? ¿Y cuando me quede embarazada? ¿Tengo que cocinar muchísimo? ¿Cómo planifico un menú? ¿Es verdad que voy a engordar porque solo comeré carbohidratos? ¿O por el contrario me arriesgo a sufrir desnutrición? ¿Qué se supone que debe aparecer en mi lista de la compra? ¿Cómo voy a hacer para comer fuera de casa? ¿Y cuando salga de viaje? ¿De qué me haré los bocadillos ahora? ¿Qué pasa con la vitamina B12? ¿Y el omega 3 del pescado?

Estoy segura de que algunas de estas preguntas han aparecido en tu mente con solo pensar en la posibilidad de llevar una alimentación vegetariana. Incluso si ya lo haces, es posible que alguna de ellas te siga rondando y no sepas darle respuesta. Voy a intentar que cuando llegues a la última página de este libro se hayan disipado tus dudas, tengas un montón de recursos bajo el brazo y además te lo hayas pasado bien.

Pero primero déjame decirte algo: si decides hacer solo el «lunes sin carne», estarás haciendo un poquito. Si decides comer solo carne ecológica de proximidad y pescado local, estarás haciendo más que la mayoría. Si decides eliminar los cárnicos de tu desayuno y merienda, estarás haciendo también más que la mayoría. Pero también te diré que todo eso, hoy, se queda muy corto, que ni siquiera cuenta como esfuerzo. Que no te vamos a aplaudir. Igual que no te aplaudimos por tirar las botellas al contenedor verde (mira, no…). Es que no hacerlo es de irresponsables, insolidarios y egoístas. Perdona que sea tan clara.

Si además de esos mínimos decides aumentar tu consumo de alimentos de origen vegetal, estarás trabajando por tu salud actual y por tu salud futura. Si en algo hay pocas dudas en nutrición (y te aseguro que si en alguna disciplina científica hay dudas, lagunas, controversias y evidencias contradictorias es en esta), si en algo hay certeza, es que sea cual sea tu estilo de vida, una alimentación saludable pasa sin excepción por una dieta rica en verduras, hortalizas y frutas. Así que, si al final solo consigo que comas una fruta más al día y que aumente tu ración de verduras, también habrá valido la pena. Al menos disminuirás el gasto sanitario.

Y si no consigo que cambie nada en tu mesa, ni en tu cesta de la compra, pero lo haces habiendo tomado una decisión informada y con criterio, también me doy por satisfecha, aunque déjame decirte que, si tomas esa decisión egoísta con toda la información en la mano, me caes mal.

Para elegir libremente, hay que tener la información disponible. Si no, no es libertad. Es hacer las cosas como siempre se han hecho sin plantearse nada y sin conocer otras opciones.

Por eso espero, sobre todo, que este libro sirva para quienes se animen a dejar de formar parte de la debacle a la que nos está llevando la alimentación típica occidental; para quienes decidan usar conscientemente el privilegio de haber nacido en el Primer Mundo: un privilegio que les da poder para elegir qué tipo de producción de alimentos quieren apoyar y por qué clase de mundo quieren luchar. Y por los hijos e hijas de esas personas. Nos preocupamos mucho por qué planeta vamos a dejar a nuestros hijos, y a mí, la verdad, me preocupa más qué hijos les vamos a dejar a nuestro planeta y a los animales con los que lo compartimos.

CAPÍTULO 2
NO SOMOS ESPECIALES...
BUENO, UN POCO, SÍ

Hasta que una persona vegetariana o vegana no entra en la habitación, la gente no se ve a sí misma como «comedora de carne»; es, simplemente, «gente que come». Y somos nosotras, las personas veganas, las que las hemos hecho conscientes de lo que hacen. A menudo, eso es incómodo.

CAROL J. ADAMS

Somos nutricionistas y tenemos delante a una persona vegana. Antes de ponernos a pensar en nutrientes concretos, en cómo cubrir requerimientos de esto o de lo otro, paremos un momento. ¿Es ese el primer paso a la hora de dar consejo a una persona vegana, ponerse a calcular si cumplen con la ingesta dietética recomendada de cada mineral y vitamina? ¿Acaso lo hacemos con el resto de la población? ¿Creéis que todos aquellos que comen carne y pescado están automáticamente salvados de cualquier tipo de déficit nutricional? ¿O que las principales recomendaciones de alimentación saludable no se aplican a la población vegana?

Con los vegetarianos y veganos, como con todos, hay que empezar por el principio. Cubrir las bases antes de ponerse a hilar fino. Me inquieta ver que casi siempre que se dan consejos generales de alimentación a la población vegetariana, se pasa directamente a recomendar gramos de proteína, raciones de alimentos ricos en calcio, en hierro y suplementos. Pero ¿qué pasa con lo básico? ¿No habría que preocuparse más de los cimientos y menos de los microgramos?

Los veganos sí son de este mundo, están expuestos a la misma publicidad, compran en el mismo supermercado lleno de productos poco saludables, tienen trabajos sedentarios de oficina y las mismas posibilidades que cualquiera de escuchar sandeces nutricionales en los medios o en las redes sociales y creérselas. Y aparte, resulta que no comen animales.

Los consejos alimentarios dirigidos a esta población deben empezar por el mismo lugar que empiezan los del resto, porque el entorno es común y porque los consejos básicos de alimentación saludable también son los mismos, esto es: come verduras, frutas y hortalizas, bebe agua, obtén proteínas y grasas de fuentes saludables y de calidad, evita todo lo que puedas los alimentos insanos. Y poco más. Tan simple y tan complicado al mismo tiempo, viviendo donde nos ha tocado.

Es cierto que también nos encontramos con otra corriente, la que apoya la teoría de que *vegetariano* y *vegano* son sinónimos de *saludable,* y que solo por colgarnos esta etiqueta, nuestra alimentación pasa a ser estupenda, sanísima e incluso protectora de todo mal. Y tampoco.

¿POR DÓNDE EMPIEZA EL CONSEJO ALIMENTARIO A UNA PERSONA VEGANA?

Este punto es otro de los fijos cuando doy charlas o formaciones: vamos a ver, estamos hablando de gente del Primer Mundo, con acceso a alimentos, que en su gran mayoría no pasa hambre. Cubriendo requerimientos calóricos dentro de una dieta sensata con pocos o ningún alimento insano, difícilmente una persona vegana o vegetariana va a tener problemas nutricionales. ¿De verdad crees que lo prioritario es valorar si toma suficiente zinc?

La clave está en saber elegir, especialmente cuando la inmensa mayoría de productos que se venden en un supermercado cualquiera no deberían formar parte de una alimentación saludable. Y hace unos años, muchos productos poco recomendables no eran veganos, lo que excluía a las personas veganas y vegetarianas del consumo de ultraprocesados y comida basura. Pero gracias al avance actual de la industria alimentaria, que está surtiendo a marchas forzadas todos los supermercados de versiones veganas de casi cualquier cosa, es una ventaja que podemos ir olvidando. Aun así, sigue habiendo gran cantidad de productos que son vegetarianos o incluso veganos *per se* que no deberían formar parte de la alimentación de nadie. ¿Un ejemplo? Productos como los refrescos azucarados, gran parte de las galletas o de los *snacks* salados o las patatas fritas son veganos. Y es que si os habíais creído aquello tan manido de que «hay que comer de todo», es hora de que lo vayáis olvidando. Aquí y ahora, es mucho más importante saber qué no comer. Esto creo que ya os lo había dicho, pero es un mensaje clave, vale la pena repetirlo.

A quienes piensan que solo por ser vegano un patrón de alimentación ya es saludable, les diré que tampoco, que poniendo en perspectiva el entorno en que vivimos y la enorme disponibilidad de productos insanos que llevan sello *vegan,* es totalmente descabellado pensar que el mero hecho de dejar los productos de origen animal nos garantiza una buena dieta, ya que la posibilidad de hacer malas elecciones de alimentos sigue siendo muy alta. De hecho, cada vez más alta, a medida que la industria alimentaria va veganizando más productos. De cómo este cambio de modelo de consumo va a impactar casi con seguridad en próximos estudios epidemiológicos a esta población, hablé con detalle en *Vegetarianos concienciados,* publicado por esta misma editorial.

VEGANISMO EN PAÍSES INDUSTRIALIZADOS. LO PRIMERO ES LO PRIMERO

Entonces, ¿qué recomendaciones les hacemos de entrada a los vegetarianos del Primer Mundo? Pues las mismas que a cualquiera que viva en esta zona del planeta, rodeado de productos azucarados baratos y apetecibles, donde el sedentarismo es un problema de salud pública, donde la industria alimentaria tiene un poder que nunca vamos a poder igualar en materia publicitaria y donde la desinformación está a la orden del día, más si cabe en lo que a esta opción dietética se refiere.

Antes de hablar de la vitamina D, del ácido docosahexaenoico (DHA) o de la vitamina B12, ocupémonos de estos problemas.

Bajo consumo de verduras, frutas y hortalizas

Muchos quedaréis extrañados al leer el título de este epígrafe. «¡Eh! ¿No hablamos de vegetarianos y veganos? ¿Cómo van a comer poca fruta y verdura? ¿Acaso comen otra cosa?».

Sí, comen otras cosas. Craso error dar por hecho que porque una persona sea vegetariana su consumo de fruta y verdura es adecuado. Igual que sucede con mucha otra gente, hay vegetarianos que desayunan tostadas con margarina y mermelada junto a un café con bebida de avena, a media mañana se toman unas Oreo –que son veganas, sí– con otro café o con un refresco, comen macarrones con tomate frito y de postre natillas de soja de chocolate, por la tarde unas cañas con quicos de maíz y aceitunas, y cenan unas salchichas veganas con patatas y un helado vegano de marca blanca. Esto pasa. Cada vez más.

Por tanto, el primer consejo alimentario que daríamos si tuviéramos que hablar a nivel general es idéntico para todos, vegetarianos o no: *que las frutas, verduras y hortalizas sean la base de tu dieta, aquello que esté presente en mayor cantidad en tus platos, tu nevera y tu cesta de la compra.* Este es un buen consejo universal, aunque tengamos pirámides obsoletas que siguen manteniendo una base de cereales, incluso refinados (sí, la pirámide elaborada por la Sociedad Española de Nutrición Alimentaria [SENC] mantiene los cereales en la base, en su última actualización de 2015). Lo cierto es que pocas dudas caben hoy en día de que ese primer escalón debería estar ocupado por verduras, hortalizas y frutas, en lugar de estarlo por recomendaciones obsoletas o por intereses de la industria alimentaria.

La OMS no tiene ninguna duda al respecto y dice lo siguiente:

– Un consumo suficiente de frutas y verduras podría salvar hasta 1,7 millones de vidas cada año.

– La ingesta insuficiente de frutas y verduras es uno de los diez factores principales de riesgo de mortalidad a escala mundial.

– Se calcula que la ingesta insuficiente de frutas y verduras causa en todo el mundo aproximadamente un 19 % de los cánceres gastrointestinales, un 31 % de las cardiopatías isquémicas y un 11 % de los accidentes vasculares cerebrales.

Y recomienda una ingesta mínima –subrayo *mínima*–, de cuatrocientos gramos diarios de fruta y verdura. Aunque parece que OMS se queda corta, ya que hay quien recomienda el doble.[1] Un importante estudio de 2017 que revisa 142 publicaciones anteriores nos confirma que con una ingesta de ochocientos gramos al día de frutas y verduras se observa una reducción de la mortalidad por todas las causas, y que con seiscientos gramos al día ya hay una reducción de la incidencia de cáncer, e insta a la OMS a elevar sus recomendaciones.[2]

En España, según datos de nuestra amiga, la encuesta Enide, solo el 43 % de la población consume a diario hortalizas y solo el 37,8 % consume fruta cada día.

Y si nos vamos a datos de 2015, que nos facilita la encuesta Enalia, nos encontramos con que el 65 % de los niños y adolescentes no toman verdura a diario y el 30 % no toma fruta a diario. A su vez, los adultos consumen de media solo 310 gramos de frutas y verduras, cantidad que no llega ni al mínimo recomendado, siendo peores los datos entre los adultos jóvenes, que no alcanzan los 250 gramos diarios.

Esos datos explican por sí solos la importancia de insistir sobre este punto cada vez que abramos la boca para hablar de alimentación y salud. También a los vegetarianos y veganos.

Alto consumo de productos ricos en azúcares añadidos

Si el azúcar no fuera de origen vegetal, cuántos problemas nos evitaríamos...

(Y hago un inciso para desmentir un veganobulo: no, el azúcar no se blanquea con huesos de animales.)

Aunque no es el tema de este libro, como dietista-nutricionista no puedo desaprovechar de ninguna manera la oportunidad de cargar contra el azúcar. De manera radical, sí. Porque no está el mundo para no ser radical. Ya, esto también lo había dicho. Pero por si acaso se os había olvidado.

Cuando publiqué por primera vez este libro, en España, el consumo medio de azúcar era de 111,2 gramos al día –¡al día!–, mientras la OMS recomienda que no se superen los 25 gramos –insisto, que NO SE SUPEREN, no hablamos de un mínimo al que llegar ni de una recomendación de ingesta–. Yo creo que está justificado ponerse radical. El mensaje de los sanitarios a la población general debería ser tajante e inequívoco: *cuánto menos azúcar añadido, mejor.*

Y de algo debió de servir ponernos tan radicales, porque en 2017 el estudio Antropometría, Ingesta y Balance Energético en España (Anibes) nos decía que el consumo medio en España había bajado a 71,5 gramos al día.[3] ¡Ya solo casi triplicamos las recomendaciones máximas de la OMS cada día! No parece que podamos relajarnos mucho con estas cifras, precisamente.

Solo en azúcar de mesa, es decir, el que viene en el paquete o en sobrecitos, sin contar el azúcar añadido a alimentos y bebidas –que es la mayor parte–, en España se consume una media 3,1 kilos per cápita al año. Añadid otros 5,81 kilos de bollería y pasteles, 3,52 kilos de chocolate y 5,27 kilos de galletas. Y lo remojamos todo con 38,5 litros de refrescos y más de 8 litros de zumos y néctares.

De legumbres, consumimos la irrisoria cantidad de 3,34 kilos al año, y de frutos secos 3,19 kilos. Sobran los comentarios.

Lo dice el *Informe del Consumo de Alimentación en España 2019,* del Ministerio de Agricultura, Pesca y Alimentación. Es para llorar. Y eso que los datos han mejorado ligeramente en los últimos años.[4]

Esto justifica totalmente, desde mi punto de vista, la lucha a capa y espada contra el consumo de productos azucarados por parte del colectivo sanitario en general y de los dietistas-nutricionistas en particular. «Comer de todo» hace tiempo que dejó de ser un buen consejo. Tercera vez que lo digo.

Cuando nos llaman radicales por sostener que las galletas y los dulces no se tienen que aconsejar con moderación, sino que simplemente no se tienen que aconsejar, yo siempre pienso lo mismo: «Radicales vosotros, que con el panorama actual, las tasas de obesidad y sobrepeso, la prevalencia de enfermedades como la diabetes tipo 2 y el número de muertes causadas por accidente cardiovascular en la mano, dais un consejo que solo se puede calificar de irresponsable e insensato, y estoy siendo educada».

Demasiados alimentos ultraprocesados

Es probable que no sepáis a qué me refiero con *alimentos ultraprocesados*. Bien, son aquellos productos que han sufrido una transformación importante desde el estado original de las materias primas hasta el resultado final.

No todos los alimentos que sufren alguna transformación son insanos, en absoluto. El aceite de oliva es un alimento procesado (no encontramos aceite como tal en la naturaleza, es necesario prensar la aceituna); el pan integral también lo es. La clave está en el prefijo *ultra-,* y para detectarlos, lo mejor es leer la lista completa de ingredientes (ampliaremos el tema del etiquetado en el capítulo 6).

¿Por qué suelen ser tan insanos los alimentos altamente procesados? El principal motivo es que son productos puestos en el mercado por la industria alimentaria, la cual, salvo honrosas excepciones, pone el punto de mira en la rentabilidad, no en la salubridad. Es decir, le interesa poner a nuestro alcance productos de precio muy asequible, con los que además quiere ganar un amplio beneficio, por lo que usará la materia prima más barata posible, y con una alta palatabilidad, que nos parezcan ricos, para que no dejemos de comprarlos.

¿Y qué reúne todas esas características? Pues es sencillo, la harina refinada, el azúcar, la sal y las grasas de mala calidad. Todos ellos son ingredientes absurdamente baratos, que se conservan mucho tiempo en buen estado y que estimulan eficazmente nuestras papilas gustativas. Gol.

¿Qué más tienen en común esos cuatro ingrediente? Todos ellos son poco saludables y deberíamos limitarlos o incluso evitarlos en nuestra dieta, ya que están directamente relacionados con el aumento de las posibilidades de sufrir las típicas enfermedades no transmisibles del Primer Mundo: obesidad, diabetes tipo 2, hipertensión, síndrome metabólico, accidentes cardiovasculares, dislipemia, cáncer, etcétera.

El término *ultraprocesado* ha ganado mucha visibilidad en los últimos años, gracias en parte a mi colega Carlos Ríos, y a menudo se usa de manera indiscriminada, así que voy a intentar ser algo más concreta al explicaros a qué productos podemos aplicarlo. Tanto la OMS como la Organización de las Naciones Unidas para la Alimentación y la Agricultura

(FAO) coinciden desde 2019 en el uso del sistema de clasificación conocido como NOVA.[5] El sistema NOVA diferencia cuatro grupos de alimentos, siendo el último el que correspondería a los ultraprocesados:

Grupo	Descripción	Ejemplos
Grupo 1 No procesados	Alimentos frescos de origen animal o vegetal, así como aquellos que llevan un procesamiento mínimo, como el corte, la eliminación de partes no comestibles, el molido, el envasado, la congelación, la pasteurización, la esterilización, la fermentación no alcohólica, el tostado...	Verduras frescas o congeladas, legumbres, setas, frutos secos, leche, yogures, huevos, filetes de carne o pescado...
Grupo 2 Ingredientes culinarios procesados	Aquellos del grupo 1 a los que se les han aplicado procesos como el prensado, el refinado, el triturado, la molienda, etcétera. Se usan para cocinar en el ámbito casero y, por lo general, no están pensados para consumirse directamente.	Aceite, sal, azúcar, mantequilla, miel, nata, vinagre, jarabe de arce...
Grupo 3 Procesados	Se preparan agregando sal, aceite, azúcar u otras sustancias del grupo 2 a alimentos del grupo 1. Se consiguen así métodos de conservación como el ahumado, la salazón o tratamientos térmicos. Suelen tener dos o tres ingredientes comestibles por sí mismos.	Frutos secos salados, conservas de verduras, conservas de carne o pescado, legumbres cocidas en bote, pan...
Grupo 4 Ultraprocesados	Producidos generalmente mediante una sucesión de técnicas industriales, procesos y aditivos. Incluyen azúcares, sal, aceites o grasas, además de otros ingredientes que se extraen directamente de alimentos (caseína, lactosa, gluten, almidones...) o que se obtienen mediante procesos más complejos (aceites hidrogenados, proteínas hidrolizadas, maltodextrina, jarabe de maíz rico en fructosa ...) o aditivos (conservantes, antioxidantes, estabilizantes, colorantes, potenciadores del sabor, edulcorantes...).	Pastelería industrial, platos precocinados, refrescos, golosinas, postres lácteos, cereales de desayuno, salsas, margarina, salchichas, embutidos...

Clasificación de los alimentos según el sistema NOVA.

Hoy en día, la relación entre el consumo de alimentos ultraprocesados y el aumento de riesgo de sufrir algunas enfermedades está sobradamente demostrado. Y que esos ultraprocesados sean veganos no cambia nada al respecto.

Por ejemplo, sabemos que por cada 10 % de aumento de consumo de ultraprocesados aumenta un 12 % el riesgo de padecer algún tipo de cáncer,[6] que nos impulsan a comer más de lo necesario (hasta quinientas kilocalorías más al día que en una dieta sin restricciones, pero sin ultraprocesados), favoreciendo de este modo la obesidad,[7] o que aumentan la mortalidad en un 14 % por cada incremento del 10 % en su consumo.[8]

Parece poco discutible que alertar sobre su consumo sea una prioridad en la agenda de la salud pública y de quienes nos dedicamos a la nutrición o a la sanidad.

Beber habitualmente cosas distintas del agua

Ya sean refrescos, zumos, batidos, bebidas vegetales azucaradas, bebidas «para deportistas», cafés o infusiones azucaradas o, por supuesto, alcohol, el agua es la bebida de referencia. Nada la mejora. Ni un licuado verde con tropecientas promesas de detoxificación, ni un zumo repleto de vitaminas. Y no, beber refrescos *light* o «cero» no es igual que beber agua. Y tampoco, una copa de vino al día no es buena para el corazón. Y ni de broma la cerveza es una bebida adecuada para recuperarse del esfuerzo deportivo. No, no, no y no.

Cada vez que quitamos a la fruta o a la verdura la mayor parte de su fibra para hacer un licuado o un zumo, estamos perdiendo tanto nutrientes como beneficios derivados del efecto metabólico que esa fibra tiene en nuestro organismo. Desde un punto de vista nutricional, es absurdo licuar hortalizas y retirar parte de la pulpa y también lo es hacerlo con frutas. Y no, un zumo de naranja sin colar no tiene toda la fibra, la fibra está en esa media cáscara llena de pellejos que tiras a la basura, lo que ha caído en el vaso es irrelevante.

¿Y el alcohol? Seré breve: cuánto menos, mejor. No hay evidencia seria para recomendar ninguna cantidad de alcohol; en cambio, la hay a montones para desaconsejarlo. Los consejos de tomar vino tinto por su poder antioxidante o porque previene enfermedades cardiovasculares tienen detrás a una industria poderosa, no a intereses de salud pública.

¿Sabéis qué dice la OMS sobre el alcohol? Os lo copio.[9]

> El alcohol es teratogénico, neurotóxico, adictivo, inmunosupresor, perjudicial para el sistema cardiovascular, carcinogénico y aumenta el riesgo de muerte.

Por no hablar de los refrescos azucarados, cuyos datos de consumo hemos visto antes. Las empresas que los producen, gracias a las estupendas campañas de *marketing*, gozan de una salud excelente a costa de la nuestra.

Algunos mitos más con las bebidas

— «Los refrescos para deportistas tipo Aquarius son buenos para la gastroenteritis.» No, ni siquiera son buenos para la reposición de electrolitos en deportistas, que es para lo que las venden… Para evitar la deshidratación en una gastroenteritis, recurriremos a fórmulas específicas de suero oral que podemos comprar en cualquier farmacia.

— «El zumo de limón en ayunas adelgaza.» No, es una creencia absurda. Tampoco detoxifica, para eso tenemos hígado y riñones. Tampoco alcaliniza, ya que para mantener el pH óptimo, nuestro organismo tiene un montón de complejos sistemas.

— «Los licores de hierbas ayudan a la digestión.» No, es totalmente falso. De hecho, por su poder irritante de la mucosa gástrica pueden incluso empeorarla. ¿Sabéis lo que sí puede ayudar? Dar un paseo, por ejemplo.

— «Las infusiones de anís estrellado son buenas para los gases de los bebés.» No, hay una alerta sanitaria para que no se usen estas infusiones en niños por su potencial contenido en compuestos tóxicos. No se las deis.

Demasiada sal

Es una realidad que el consumo de sal es excesivo en toda la población; en gran parte, es culpa del elevado consumo de ultraprocesados, carro al que se está subiendo la población vegana a toda máquina. Así que aunque en la primera versión de este libro no le di protagonismo a este factor, creo que esta vez sí que tenemos que ponernos serios con la sal. Vamos a hablar un poco del tema.

¿Por qué moderar la sal? La sal es rica en sodio –más o menos el 40 % de la sal de mesa es sodio, mientras que el otro 60 % es cloro, por eso podemos llamarla también *cloruro de sodio,* que es su nombre científico– y, aunque el sodio es un mineral necesario para el correcto funcionamiento de nuestro organismo, cuando lo tomamos en exceso puede aumentar el riesgo de padecer diversas patologías.

Es de conocimiento popular la relación entre el consumo excesivo de sal y la hipertensión arterial, ya que provoca rigidez en las arterias, dificultando su trabajo normal de transporte de la sangre y haciéndolas menos flexibles y, por tanto, menos capaces de responder adecuadamente a los cambios en el flujo sanguíneo. Sin embargo, no es este el único problema de salud con el que está relacionado su consumo excesivo. La propia hipertensión aumenta el riesgo de ictus y de accidentes cerebrovasculares; afecta al corazón, siendo más probable un infarto o una insuficiencia cardiaca; sobrecarga la función renal y predispone a la formación de cálculos; aumenta la excreción de calcio, favoreciendo, por tanto, la aparición de osteoporosis; se relaciona con una mayor incidencia de úlcera gástrica y cáncer de estómago, y empeora las patologías respiratorias como el asma.

La OMS dice literalmente:

> La reducción de la ingesta de sal se considera una de las medidas más costoeficaces que los países pueden tomar para mejorar la situación sanitaria de la población. Las medidas principales de reducción generarán un año más de vida sana a un costo inferior al ingreso anual medio o al producto interno bruto por persona.
>
> Se estima que cada año se podrían evitar 2,5 millones de defunciones si el consumo de sal a nivel mundial se redujera al nivel recomendado.[10]

¿Cuánta sal es mucha sal? Según la OMS y nuestro Ministerio de Sanidad, el consumo máximo diario de sal no debería superar los 5 gramos, que viene a ser más o menos una cucharadita de café. Según la Agencia Española de Consumo, Seguridad Alimentaria y Nutrición (Aecosan),

la población española consume de media, a diario, casi el doble de esta cantidad.

Pero no creáis que nuestra mayor ingesta viene de la sal del salero que nosotros añadimos conscientemente a la comida. No es así, esa sal rara vez es el problema. Lo que hace subir nuestro consumo es la sal que viene oculta en productos ultraprocesados, sin que tengamos ningún control sobre ella, salvo que decidamos leer muy bien las etiquetas o dejar de consumirlos.

Se calcula, para que os hagáis una idea, que de nuestra ingesta total de sal, el 8 % es la que contienen los alimentos de forma natural, el 20 % la que nosotros echamos a la comida y el 72 % la que viene oculta en productos de alimentación.

Así que el mejor consejo para reducir el consumo de esa «sal invisible», y de paso mejorar nuestra alimentación, es ingerir sobre todo productos frescos no procesados: verduras, hortalizas, frutas, legumbres, frutos secos crudos o tostados, cereales integrales, etcétera. O sea, el consejo que llevamos repitiendo todo el rato.

También son ricos en sal productos no excesivamente procesados, como las conservas, los encurtidos, la mayoría de salsas industriales y muchos de los embutidos y quesos veganos.

¿Buscamos alternativas a la sal? Las alternativas a la sal son un arma de doble filo, ya que pueden darnos falsa sensación de seguridad o salubridad y terminar usando la misma cantidad o más. Si ponemos poca sal, pero bañamos la comida en salsa de soja (suele ser salada) o sustituimos la sal por gomasio (que es un 50 % sal) o sal de hierbas, y echamos el doble de cantidad que la que hubiésemos añadido de sal común, no hemos adelantado nada.

La alternativa más fiable para reducir el consumo de sal no es sustituirla por otro producto, si no, como hemos dicho, por un lado, reducir el consumo de alimentos procesados, conservas, encurtidos y *snacks*, y por otro, bajar paulatinamente la sal que añadimos de forma consciente a nuestros platos para ir adaptando el paladar a sabores menos intensos. Eliminar la sal de golpe no suele dar buenos resultados, porque de repente toda la comida parece insípida y es difícil mantener la adherencia. Pero hacer el proceso reduciendo un poquito cada semana puede llevarnos, sin darnos cuenta, a no usar casi sal al cabo de un mes y que la comida nos siga pareciendo apetecible, ya que cuando se empieza a bajar el consumo de sal, al principio parece que nada tiene sabor, pero poco a poco, nuestro umbral de percepción va bajando y cada vez somos más capaces de apreciar el sabor de los alimentos y disfrutarlos.

Por supuesto, hierbas, especias y condimentos como el vinagre, el limón o el picante son una gran opción para dar sabor a nuestros platos. Pero son un flaco consuelo en muchas ocasiones, sobre todo para quienes están acostumbrados a la comida muy salada.

Condimentos muy sabrosos, como un buen curri, el chile o el tabasco, el ajo, el pimentón o una mostaza de calidad, que aunque pueden llevar bastante sal, gracias a su potencia de sabor permiten usar una cantidad pequeña y que se siga notando, por lo que pueden ser grandes aliados a la hora de condimentar.

Y recordad que la sal que tengamos en el salero debería ser yodada.

La sal en el etiquetado. Cuando en un etiquetado nos indican el sodio, pero no la sal, ¿cómo podemos saber cuánta sal lleva ese producto? Pues muy fácil, tenemos que multiplicar los gramos de sodio por 2,5, y así sabremos los gramos de sal que contiene. Aunque en España no deberíamos tener ese problema porque ya hace un tiempo que el etiquetado debe indicar la sal y no el sodio.

En general, consideramos que un producto envasado tiene mucha sal si supera los 1,25 gramos por cada 100 gramos y que tiene poca sal por debajo de los 0,25 gramos por cada 100 gramos.

También podemos encontrarnos con productos que lleven la leyenda de «contenido reducido en sal». Eso indica que llevan un 25 % menos de sal que otro producto similar, pero no que lleven poca sal. En función de la cantidad de sal que lleven los productos de referencia, pueden seguir conteniendo demasiada sal. Y es habitual porque se suele aplicar precisamente a referencias bastante saladas.

Sedentarismo y tabaquismo

Sé que no son problemas nutricionales, sino que forman parte del estilo de vida, pero no quiero dejar de señalarlos. Alimentación saludable y actividad física siempre tienen que ir de la mano, una queda coja sin la otra.

Y qué decir del tabaco que no sepáis ya. Hay pocas cosas más absurdas que querer llevar una dieta *detox* o preocuparse por los pesticidas de la fruta mientras se fuma una cajetilla al día. Y pasa.

Es cierto que la población vegetariana a menudo suele llevar un estilo de vida más saludable, hace más ejercicio e incluso come mejor porque está más informada. O eso nos indican los estudios sobre grandes muestras de población. Pero también es cierto que el aumento del número de vegetarianos trae consigo un incremento de la variabilidad y la casuística de las personas que incluimos en este grupo, y cada vez se diluye más el prototipo de «vegetariano típico», por lo que toma más sentido, si cabe, empezar a hablar de consejos alimentarios por el principio.

Esos seis puntos anteriores, tan simples y tan básicos, pero a la vez tan complicados de llevar a cabo tanto por la oferta de comida que nos rodea como por la cantidad de mensajes sobre alimentación que nos llegan sesgados por la industria, son los primeros que debemos asegurar que se cumplen en la alimentación o el estilo de vida de cualquiera. Hacer una aproximación diferente es empezar la casa por el tejado. Solo cuando nos aseguremos de que tenemos esos cimientos bien construidos y sólidos, tiene sentido ponerse con el encaje fino. Así que si estáis preocupados por los miligramos de calcio que consumís o por si tomáis suficiente selenio, pero coméis poca verdura, mucho producto azucarado, bebéis zumos y vino en las comidas, vuestra nevera contiene sobre todo cosas empaquetadas y no hacéis ejercicio, estáis enfocando mal los motivos de vuestra preocupación.

Las nutricionistas estamos acostumbradas en consulta a cosas como que venga un deportista para que le pautes suplementación y no entienda por qué antes quieres revisar su dieta o a que una persona que quiere perder peso no entienda por qué le das más importancia a qué come que a cuánto come —o lo que es lo mismo, que primemos la calidad antes de hablar de la cantidad—. O a familias preocupadas porque el niño «no come» que no conciben que les sugieras que es mejor que no se termine la leche si para conseguirlo le ponemos tres cucharadas de cacao soluble azucarado. Pero es que eso son los cimientos, no podemos construir nada sin ellos.

Siempre, antes de ponernos con los detalles, hay que revisar las bases, los mínimos, y ver que se están cumpliendo. Y lo ideal es que el trabajo empiece por ahí. A los suplementos, las cantidades o a los mejores yogures vegetales del supermercado ya llegaremos, si es necesario. Primero, lo importante.

Exactamente igual sucede con una persona vegetariana. Antes de pensar en si toma suficientes proteínas, si tendrá anemia o si le falta magnesio, mucho antes que todo eso, debemos asegurarnos de que cubre las bases. Tanto si eres un profesional sanitario como si eres una persona vegetariana preocupada por comer bien. Primero los cimientos, construir sobre ellos es mucho más sencillo, efectivo y duradero que construir sobre el aire.

¿QUÉ TIENEN LAS PERSONAS VEGANAS QUE NO TENGA YO?

Dicho esto, voy a pasar a las buenas noticias. Y voy a enfocarme de momento solo en temas de salud, que al fin y al cabo es mi campo profesional. Pero de animales y de sostenibilidad también hablaremos.

En el primer capítulo he listado algunos de los motivos por los que la gente es vegetariana, no todos, ya que eso sería imposible, porque puede haber tantos como personas que siguen esta opción dietética, pero sí los más habituales, y hemos visto que –a pesar de lo que se suele pensar– la salud no es la principal motivación del colectivo, o no al menos la de la mayor parte. Además, ya hemos hablado de que, en temas de alimentación, los vegetarianos tienen que ocuparse en primer lugar de lo mismo que el resto de la población. Por eso, no quisiera que empezarais a pensar que realmente son un colectivo sin ninguna ventaja personal que simplemente se sacrifica por unos ideales. Somos majos, pero no tanto.

Es cierto que la población vegetariana presenta un mayor riesgo de padecer algunos problemas de salud asociados con su tipo de alimentación que la población general. El más claro e indiscutible es sin duda el déficit de B12 y sus problemas asociados, pero es tan fácilmente salvable que no supone ningún escollo. Son más problemáticas las falsas ideas e informaciones que se difunden al respecto, la cantidad de mitos y la falta de conocimiento de los sanitarios. Pero no voy a decir nada más ahora, tenéis más adelante un capítulo dedicado en exclusiva a este tema apasionante que tantas discusiones internas provoca en los grupos vegetarianos y que tanto congratula a los *veganhaters*. Yo, la verdad, estoy de la B12 hasta el moño.

Dicho esto, también es muy cierto que el vegetariano medio comparado con el occidental medio puede apuntarse en su lista unas cuantas ventajas de salud. Para ser justos, hay que asumir que la dieta occidental es tan mejorable que podríamos decir que siempre pierde la compares con lo que la compares. Comer arena probablemente mejoraría parámetros de salud frente a la típica dieta occidental *(western diet)*, que se caracteriza por todo lo malo que ya hemos mencionado: baja ingesta de alimentos de origen vegetal, alta de azúcares y grasas de mala calidad, abundancia de productos ultraprocesados, etcétera. ¡Vamos, que con esas premisas, lo difícil es empeorarla, francamente!

La dieta vegetariana no solo consigue salir victoriosa en una batalla –ganada de antemano– con la dieta occidental, cosa que no tiene mérito alguno. A nivel terapéutico, ha conseguido mejores resultados que dietas omnívoras con diseño específico para alguna patología concreta, como, por ejemplo, la diabetes y también resiste con holgura cuando se la compara con la «dieta saludable» *(healthy diet)* o cuando se eliminan variables de confusión, como podrían ser factores relacionados con el estilo de vida y no con la dieta, como la ausencia de tabaquismo o la mayor actividad física. Sí, parece que en general los vegetarianos tienen más tendencia a llevar un estilo de vida saludable y esto se usa como argumento muy a menudo cuando se quiere hacer «de menos» a esta opción dietética: «No es por la dieta, es por el estilo de vida». Yo diría que «no solo es por la dieta, *también* es por el estilo de vida», qué duda cabe...

Pero queréis datos, ¿verdad? Pues veamos cómo van los vegetarianos de riesgo de mortalidad.

En 1999 se publicó un metaanálisis comparando la mortalidad de vegetarianos y no vegetarianos, basado en los estudios disponibles hasta esa fecha tanto de Estados Unidos como de Europa.[11] Según ese trabajo, los veganos tienen un 24 % menos riesgo de sufrir una isquemia cardiaca que quienes comen carne regularmente; los ovolactovegetarianos un 34 % menos y el mismo riesgo que los no vegetarianos de sufrir derrame cerebral y cáncer. Por su parte, los ovolactovegetarianos (más de veintitrés mil) tienen, según ese metaanálisis, un 38 % menos posibilidades de morir por cáncer de pulmón, un 34 % menos de morir de enfermedad cardiaca y un 15 % menos de mortalidad global que quienes comen carne al menos una vez a la semana.

Los veganos (753 personas) no mostraron diferencias destacables en tasas de mortalidad respecto a quienes comen carne al menos una vez a la semana.

A este respecto cabe señalar que en la época en que se hicieron muchos de los estudios analizados en esta revisión, no se conocía bien la necesidad de suplementar con B12, lo que explica los mejores resultados de los ovolactovegetarianos.

Un poco después, en 2002, se publicó un nuevo estudio sobre la mortalidad de los vegetarianos británicos basado en el Health Food Shoppers Study y el Oxford Vegetarian Study que concluía lo siguiente:[12]

British vegetarians have low mortality compared with the general population. Their death rates are similar to those of comparable non-vegetarians, suggesting that much of this benefit may be attributed to non-dietary lifestyle factors such as a low prevalence of smoking and a generally high socio-economic status, or to aspects of the diet other than the avoidance of meat and fish.

Es decir, atribuye la menor mortalidad en vegetarianos a factores relacionados con el estilo de vida más que a factores dietéticos, como comentábamos hace algunos párrafos.

Sigamos avanzando por la primera década del siglo XXI. En 2005 se publicó un estudio sobre vegetarianos alemanes, el Heidelberg Study,[13] que saca conclusiones similares (menor mortalidad relacionada con estilo de vida), aunque hay que tener en cuenta que este estudio no comparaba vegetarianos y población general, sino vegetarianos y «personas concienciadas con la salud» que comían muy poca carne. Es decir, aun cuando se compara con una dieta omnívora saludable, la vegetariana sigue sin acusar el golpe, mal que les cueste a muchos reconocerlo.

No todas las investigaciones son de hace tantos años. Disponemos también de un metaanálisis más reciente, de 2012, de Huang *et al;*[14] sin embargo, sus resultados son menos concluyentes, puesto que incluía «semivegetarianos» en los grupos de vegetarianos y en los grupos de control. Aun así, sus conclusiones son que los vegetarianos tienen un riesgo un 29 % inferior de mortalidad por isquemia cardiaca y un riesgo un 18 % menor de padecer cáncer que los no vegetarianos.

Y llegamos a 2013, con el AHS-2 en el que se concluye que «las dietas vegetarianas se asocian con una menor mortalidad en todas las causas, con algunas reducciones en la mortalidad por causas específicas. Los resultados parecieron ser más sólidos en los hombres. Esta relación favorable debe ser considerada cuidadosamente por quienes ofrecen orientación dietética».[15] Es decir, otra vez se confirma la menor mortalidad entre vegetarianos, especialmente en hombres, aunque se apela a la precaución a la hora de ofrecer consejo dietético.

En junio de 2014, un estudio sobre diferentes patrones de alimentación en Estados Unidos observó que las dietas veganas son el patrón con menor mortalidad y menor emisión de gases con efecto invernadero, concretamente una emisión un 29 % inferior a la de las dietas no vegetarianas.[16] Doble gol.

Ya en diciembre de 2015, otro trabajo británico concluyó que vegetarianos y no vegetarianos tienen similar mortalidad por todas las causas,[17] y en ese mismo mes se publicó otro estudio más que analizaba la salud de los vegetarianos a largo plazo, donde se dice:[18]

Vegetarians have a lower prevalence of overweight and obesity and a lower risk of IHD compared with non-vegetarians from a similar background, whereas the data are equivocal for stroke. For cancer, there is some evidence that the risk for all cancer sites combined is slightly lower in vegetarians than in non-vegetarians, but findings for individual cancer sites are inconclusive. Vegetarians have also been found to have lower risks for diabetes, diverticular disease and eye cataract. Overall mortality is similar for vegetarians and comparable non-vegetarians, but vegetarian groups compare favourably with the general population. The long-term health of vegetarians appears to be generally good, and for some diseases and medical conditions it may be better than that of comparable omnivores. Much more research is needed, particularly on the long-term health of vegans.

Es decir, resume la evidencia hasta la fecha sobre diferentes patologías y añade lo que ya sabíamos: que los vegetarianos salen ganando cuando se los compara con la población general y quedan como mucho en tablas cuando se ajustan algunas variables de estilo de vida. Añade que la salud a largo plazo de los vegetarianos «parece en general buena, y para algunos trastornos y condiciones médicas podría ser mejor que la de los omnívoros». Como siempre, termina advirtiendo de que se necesita más investigación, especialmente en veganos.[19] Pero, sinceramente, no parece que pinte mal.

De hecho, el último estudio sobre el tema publicado antes de mandar a imprenta la versión original de este libro, en febrero de 2016, es una revisión sistemática que concluye que existe un efecto protector significativo de la dieta vegetariana en relación con la incidencia y la mortalidad por isquemia cardiaca, un 25 % menor, y con la incidencia total del cáncer, un 15 % menor en veganos y un 8 % menor en vegetarianos.[20]

Al publicar *Vegetarianos concienciados* en 2019, dediqué un fragmento a explicar que los resultados que nos ofrecen la mayoría de estos estudios son sobre datos recogidos años atrás, por lo que no reflejan la situación del momento actual. Es cierto que en general las cosas no cambian mucho en pocos años, pero creo que la población vegetariana y vegana es una excepción, y las cosas sí han cambiado mucho en poco tiempo, concretamente en la explosión de productos ultraprocesados que está a su alcance y que puede modificar muchísimo su alimentación. Muy a mi pesar, creo que la modificará para mal, que varias de las protecciones clásicas que ofrecía la alimentación vegetariana (menos riesgo de obesidad, de diabetes, de dislipemia, de accidentes cardiovasculares y de algunos tipos de cáncer)[21] van a ir desapareciendo o disminuyendo hasta mimetizarse con la población general, precisamente porque toda esa oferta de productos y restauración está empeorando su dieta de manera muy rápida. Esto es solo una hipótesis, no sé si realmente sucederá o no, pero los indicios no son buenos.

En 2017 salieron varios trabajos más con datos sobre mortalidad en la población que nos ocupa. Uno, australiano, no encontró diferencias significativas entre los grupos (vegetarianos, comedores de pescado, comedores de carne poco frecuentes y comedores frecuentes de carne).[22] A la gente, cuando se publican estos resultados, le gusta señalar: «Mira, se mueren igual», y tú dices: «Vaya, y yo creyendo que los vegetarianos eran inmortales...». Pero nadie dice «Pues oye, no se mueren antes, voy a dejar yo también de promover la tortura animal y de arrasar el planeta». Respecto al estudio australiano, es importante señalar que está hecho con personas de más de cuarenta y cinco años, aunque dentro del grupo omnívoro se hicieron tres subdivisiones, y dentro del grupo vegetariano ni siquiera distinguieron entre ovolactovegetarianos y veganos, y que no sabemos desde cuándo eran vegetarianos los integrantes de ese grupo. Y aun así, ¡siguen sin morirse antes, los malditos! De este estudio os voy a copiar un párrafo relacionado con lo que hablábamos arriba. Esta creen las investigadoras que es la razón por la que no salen diferencias en mortalidad:

> Una posible razón [...] es que la dieta vegetariana tradicional está experimentando una transición en los últimos años, a medida que los alimentos vegetales y los cereales integrales están siendo reemplazados por sustitutos de la soja, carbohidratos refinados con alto contenido de azúcar y bocadillos y comidas rápidas altamente procesadas que se pueden alinear más con los factores de riesgo dietético.[23]

Vamos, que una posible razón es que las personas vegetarianas están pasando de una dieta saludable a una dieta insana, como la del resto de la población. No me deja muy tranquila que las investigadoras australianas piensen lo mismo que yo, la verdad.

Pero hay más trabajos. Seguimos con el repasito: un metaanálisis del mismo año, 2017, proporciona conclusiones similares a las que venían siendo habituales. En este caso, se trata de una investigación italiana que revisó estudios desde 1999 hasta 2015, es decir, aunque se publicó en 2017, los datos eran muy anteriores, lo que concuerda con que salieran resultados similares a los de los estudios de hace años. Esto es: menor mortalidad por accidentes cardiovasculares y por cáncer en la población vegetariana y vegana.[24]

Podemos sacar una conclusión sencilla de todo esto: si mantenemos una alimentación vegana saludable, parece que esta nos confiere ciertas ventajas de salud, como el menor riesgo de sufrir diabetes, algunos tipos de cáncer, obesidad, cataratas o accidentes cardiovasculares. Pero si basamos la alimentación en productos poco saludables y ultraprocesados, esas ventajas se esfuman por muy veganos que sean dichos alimentos. Tampoco es que sea una sorpresa, ¿verdad?

Pero sigamos revisando literatura científica.

Salud cardiovascular, diabetes, hipertensión y otros

En otro de los estudios de los adventistas del séptimo día (AHS)[25] –que como hemos contado más atrás, son un grupo religioso de Estados Unidos que, gran parte de ellos, lleva una dieta vegetariana, y por ello son una buena muestra para observar los efectos a largo plazo en occidentales–, se muestran datos recogidos entre 1976 y 1988 de 34.192 participantes, de los cuales el 29 % eran ovolactovegetarianos y el 7-10 % veganos. Los resultados muestran que los vegetarianos tienen la mitad de hipertensión y diabetes que los no vegetarianos y dos tercios menos artritis reumatoide.

Por su parte, en Europa, el estudio EPIC-Oxford valoró la incidencia de patologías cardiacas en vegetarianos británicos de 1993 a 2009,[26] los vegetarianos tuvieron aproximadamente un 30 % menos incidencia de este tipo de afecciones que los no vegetarianos, así como menores tasas de colesterol sérico y una presión sanguínea más baja. Estos resultados se obtuvieron tras tener en cuenta tanto el índice de masa corporal (IMC) como la edad, el nivel educativo y sociocultural, y el estilo de vida (tabaquismo, consumo de alcohol, actividad física). También se tuvo en cuenta, en mujeres, el consumo de píldoras anticonceptivas o el uso de terapia hormonal sustitutiva. Es decir, se valoraron posibles causas de esos resultados que no fueran estrictamente dietéticas. Y una vez más, aun teniendo en cuenta variables de confusión, los vegetarianos salen bien parados. Como decíamos, parece que no solo es estilo de vida, sino que el tipo de dieta tiene algo que ver.

En 2019 se publicaron los resultados de un estudio que siguió a una cohorte de más de doce mil personas de 1987 a 2016: se halló que a mayor adherencia a una alimentación «basada en plantas» *(plant based)*, menor riesgo cardiovascular y de mortalidad. Hasta un 32 % y un 25 % menos respectivamente.[27] Ninguna sorpresa.

En 2021 conocimos un trabajo británico muy chulo que comparaba a vegetarianos, gente que come aves, que come pescado y que come carne (aves y carne roja), para ver quiénes tenían mayor riesgo de accidente cardiovascular y mortalidad. Participaron más de 422.000 personas. El resultado, una vez filtrados factores de confusión, es que los vegetarianos tienen menos riesgo de accidente cardiovascular y los pescetarianos (un humus enranciado más) menos eventos cardiovasculares en general.[28]

De este mismo año es un estudio de intervención todavía calentito en el que se comparan la dieta vegana y la mediterránea, pero de una manera algo distinta a como lo hizo el Cardiveg (explicamos este unas páginas más adelante). En este caso, se mantuvo a un grupo de 62 adultos con sobrepeso durante dieciséis semanas con una dieta mediterránea; luego, durante cuatro semanas volvieron a su dieta habitual, y, a continuación, dieciséis semanas más con dieta vegana. A lo largo de todo el proceso se fueron controlando distintos parámetros que son indicadores de riesgo cardiometabólico. Según los resultados publicados, el peso no se movió durante las semanas de dieta mediterránea, pero bajó seis kilos de media con la vegana; lo mismo pasó con la resistencia a la insulina. Ambas dietas mejoraron el perfil lipídico (ya sabéis, colesterol, triglicéridos…), pero más en la vegana. En lo único que ganó la mediterránea fue en mejorar la presión arterial, aunque disminuyó en ambas.[29]

¿Y os acordáis del estudio en el que se decía que había un riesgo más elevado de ictus vinculado a las dietas vegetarianas, a raíz del cual escribí un artículo en *El País*? Pues tenemos más datos sobre este tema: en 2021, un estudio epidemiológico con una muestra muy representativa (más de cien mil personas) concluye que la dieta vegetariana saludable se relaciona con un menor riesgo de ictus y que la dieta vegetariana sin más presenta el mismo riesgo que la dieta no vegetariana.[30] ¿Que si ha habido titulares de prensa para anunciarlo a bombo y platillo? Ni uno.

También de 2021 es un trabajo italiano sobre alimentación vegetariana, riesgo cardiovascular y síndrome metabólico que, tras revisar casi doscientos estudios, nos cuenta que de las dietas basadas en vegetales *(plant based diets)*, entre las que se incluye la dieta ovolactovegetariana o la pescetariana (un humus enranciado más), la vegana es la que parece más útil en la prevención y el tratamiento tanto del síndrome metabólico como de las patologías cardiovasculares cuando está bien planificada por nutricionistas.[31] Este último apunte debería aplicarse a cualquier dieta que se use para prevenir o tratar una patología, por cierto.

¿Podríamos, entonces, estar usando dietas veganas en prevención y tratamiento de patologías cardiovasculares y aterosclerosis? Según acabamos de ver y también guiándonos por otras publicaciones, rotundamente sí,[32] y no parece que nos falten datos. Más bien falta un cambio de mentalidad y de paradigma en el mundo sanitario en general, no solo en la nutrición.

Respecto a la diabetes, los resultados son más que interesantes, así que vamos a pararnos con un poco más de detalle en esta patología: en 2010 los investigadores Trapp y Barnard dijeron que las dietas vegetarianas, especialmente las veganas, presentaban beneficios en la prevención y el manejo de la diabetes tipo 2 y que esto debería ser tomado en cuenta por los sanitarios.[33] En 2013, y retomando el AHS-2, otro trabajo concluye que la dieta vegetariana y la vegana se asocian a un menor riesgo sustancial e independiente de sufrir diabetes.[34] Y ya en 2014 se publica un nuevo estudio que viene a corroborar la protección que ofrece la dieta vegana frente a la diabetes,[35] considerándola una alternativa de tratamiento en pacientes con esta patología, por mostrar mejores resultados que la dieta propuesta por la American Diabetic Association y por el National Cholesterol Education Program a la hora de controlar la glucemia y mejorar el perfil lipídico. Es decir, la dieta vegana mejora los resultados de la dieta omnívora específicamente diseñada para un tratamiento nutricional concreto. Golazo.

Ya en 2015, se publica una revisión sobre la dieta vegetariana y su relación con la prevención y el tratamiento de la diabetes de tipo 2 que no hace sino apoyar los resultados anteriores:[36]

We found a greater reduction in visceral fat and greater improvements in insulin resistance and oxidative stress markers with a vegetarian compared to a conventional hypocaloric diabetic diet. Vegetarian diets are sustainable in the long term and may elicit desirable improvements not only in physical health but also in mental health.

Dicen que han encontrado una importante reducción de la grasa visceral y una mejora de la resistencia a la insulina, así como mejores marcadores en relación con el estrés oxidativo con la dieta vegetariana que con la dieta convencional usada en diabetes. Y añade que la dieta vegetariana es sostenible a largo plazo y que, además de influir positivamente en la salud física, puede hacerlo en la mental. Ahí es nada.

Va quedando claro, estudio tras estudio, que en lo que a la diabetes, la prediabetes y la resistencia a la insulina respecta, cuantos menos productos de origen animal en la dieta, mejor.[37] Hay una cantidad enorme de estudios que revisan de una manera u otra la relación entre una dieta vegetariana y la diabetes. No he visto ninguno (y os aseguro que estoy atenta al tema) en el que el resultado haya sido desfavorable para la opción vegetariana. A lo sumo, queda en tablas con la dieta mediterránea (la real, no la de paella, cervecita y patatilla), o se le pone alguna pega en cuanto a la adherencia. Resulta francamente descorazonador que aún hoy no se plantee como dieta terapéutica para tratar y prevenir esta enfermedad en consultas médicas, especialmente en consultas de nutrición. Pasar de una dieta tradicional a una dieta vegetariana reduce más del 50 % el riesgo de padecer diabetes incluso tras ajustar factores de confusión.[38] Sabemos también que mejora la función de las células beta del páncreas (las que fabrican la insulina) y mejora la sensibilidad a la insulina,[39] pero seguimos sin plantearla como una alternativa dietoterápica en pacientes con riesgo elevado o prediabéticos. Es un desperdicio.

Hay varios mecanismos que explican los buenos resultados de las dietas vegetarianas en la prevención y el tratamiento de la diabetes de tipo 2:

- **Favorecen el mantenimiento de un peso saludable.** De momento eso es lo que nos dice la epidemiología: vegetarianos y veganos tienen un IMC más bajo y menor riesgo de padecer obesidad. Falta por ver si esta ventaja se mantiene con la cantidad de comida vegana ultraprocesada de la que disponemos ahora, pero de momento es una variable que considerar. Además, el sobrepeso es un factor de riesgo importantísimo para la diabetes de tipo 2.

- **Protegen del síndrome metabólico** y, por tanto, de la hipertensión, la dislipemia y los accidentes cardiovasculares, que son condiciones que agravan el pronóstico de diabetes, además de lo que suponen por sí mismos para la salud.

— **Reducen el estrés oxidativo**, bajando la inflamación gracias a su bajo o nulo contenido en hierro hemo (no os preocupéis si no entendéis qué pinta aquí el hierro hemo, lo explicaré más adelante con detalle), nitrosaminas y otros compuestos poco recomendables, presentes en carnes rojas y procesadas, a la vez que son dietas ricas en fibra y fitoquímicos (polifenoles, antioxidantes...) que contrarrestan compuestos nocivos.

— **Disminuyen la glicación de proteínas**, mejorando la sensibilidad a la insulina. La glicación es un importante mecanismo patogénico relacionado con la diabetes.

— También se ha empezado a informar de **respuestas celulares y hormonales diferentes frente a ingestas veganas o ingestas de productos animales** (aunque sean iguales en macronutrientes), siendo la vegana la que consigue una mayor estimulación de la secreción de insulina e incretina, mejorando así la gestión de los carbohidratos de esa ingesta.[40]

Dos cosas parecen claras en relación con la dieta vegetariana y la diabetes de tipo 2: la primera, que llevar una alimentación vegetariana (especialmente vegana) reduce el riesgo de sufrir diabetes, y la segunda, que una dieta vegana basada en alimentos saludables es beneficiosa para aquellas personas que ya sufren diabetes, incluso más que dietas terapéuticas específicamente diseñadas para este fin y recomendadas por organismos de referencia, como podría ser la American Diabetic Association. Y esto es algo de lo que los sanitarios y las sanitarias, especialmente las nutricionistas, deberíamos informar en consulta a los pacientes con diabetes, explicándoles los buenos resultados y ofreciéndoles esa dietoterapia para mejorar su patología. Más o menos eso es lo que concluye también la revisión más reciente publicada hasta la fecha, en junio de 2021, del equipo de las doctoras Jardine y Kahleova, en la que se repasan todos estos factores y también los mecanismos por los que la alimentación vegana previene y puede tratar las diabetes de tipo 2. Si solo tenéis tiempo de leeros un estudio, escoged este, porque en él lo tenéis todo recopilado.[41]

Ahora bien, estamos hablando de una dieta vegetariana basada en el consumo de frutas, verduras, legumbres, frutos secos y cereales integrales, con poca presencia de ultraprocesados, por muy veganos que sean. Es decir, una dieta saludable vegetariana, esa de la que nos estamos alejando cada vez más.

Sigamos ahora con la presión arterial. Un metaanálisis de febrero de 2014 concluye lo siguiente: «El consumo de dietas vegetarianas se asocia con una presión arterial más baja. Estas dietas podrían ser un medio no farmacológico útil para reducir la PA [presión arterial]».[42]

No obstante, sabemos que gran parte de los buenos resultados epidemiológicos que obtiene la población vegetariana frente a la prevalencia de hipertensión arterial se deben a que, en general, tienen un IMC más bajo que la población general, es decir, mantienen en mayor medida un peso saludable. Y en el caso de la hipertensión, los principales factores de riesgo son precisamente el sobrepeso y la obesidad, por lo que si disminuimos esos factores es lógico que sea un grupo con menor incidencia de dicha patología.

Ahora bien, parece que con el tema del peso corporal no se explica todo. Tenemos dos trabajos recientes en relación con este tema, ambos de 2020. El primero es una revisión sistemática y un metaanálisis que concluye prácticamente lo mismo que el trabajo de 2014:

In conclusion, vegetarian diets are associated with significant reductions in BP compared with omnivorous diets, suggesting that they may play a key role in the primary prevention and overall management of hypertension.

Vamos, que la dieta vegetariana se asocia con una reducción significativa de la presión sanguínea comparada con la dieta omnívora y, por tanto, podría tener un papel clave en la prevención y el manejo de la enfermedad.[43] Además, el estudio muestra que las más efectivas son las dietas veganas y comenta que entre los posibles factores que explican estos resultados podría estar el mejor perfil lipídico de las dietas vegetarianas, así como su mayor contenido en antioxidantes y fitoquímicos. Y también porque al eliminar la carne, eliminamos un alimento cuyo consumo está relacionado con el aumento de riesgo de sufrir hipertensión.[44]

El segundo estudio interesante, publicado en 2020, es un trabajo polaco que revisa cómo afectan diferentes patrones dietéticos a la presión sanguínea. Tanto la dieta mediterránea (la bien entendida), como la dieta *Dietary Approach to Stop Hypertension* (DASH), una dieta específicamente diseñada para este fin, se muestran efectivas para reducir la hipertensión, y añade: «Hay evidencia robusta de que las dietas vegetariana y vegana tienen la capacidad de reducir la presión sanguínea» y anima a usar estas pautas dietéticas para la prevención y el tratamiento de la hipertensión.[45] De nuevo, la dieta vegana se está midiendo con pautas específicamente diseñadas para tratar una patología y sale más que airosa.

En resumen, los mecanismos que explicarían por qué la dieta vegetariana previene y mejora la hipertensión son estos:

- Por el menor riesgo de sufrir sobrepeso y obesidad que tiene la población vegana y vegetariana.

- Por los efectos beneficiosos de su mayor contenido en fibra en comparación con la dieta habitual de la población.

- Por su ratio de aminoácidos y la mayor presencia de ácido glutámico, que se relaciona con beneficios frente a esta patología.

- Por el mayor contenido en antioxidantes.

- Por el mejor perfil lipídico.

- Por el mayor aporte en minerales, especialmente en potasio, que sabemos que contribuye a la reducción de la presión arterial.

- Por los cambios en la microbiota que suceden al transicionar de una dieta tradicional a una dieta vegetariana, y que suelen producir una reducción de metabolitos tóxicos.

¿Por qué no estamos ya usando dietas veganas como dietas terapéuticas? Su coste es bajo y no tienen efectos secundarios. Y las sostiene mucha más evidencia científica que las aproximaciones dietoterapéuticas que se usan a diario en hojitas fotocopiadas en los centros de salud.

No insisto, que me enfado… Continuemos con nuestro repaso: vamos a hablar ahora de peso.

¿Desnutridos o con dificultades para adelgazar?

Cuando hablamos de población vegana o vegetariana y de peso corporal, nos solemos encontrar con dos cuñadeces, que encima son contradictorias. La primera es aludir al riesgo de desnutrición, de anemia, de falta de proteínas y no sé cuántas cosas más que supuestamente acechan a esta población, y la segunda, asegurar que es imposible perder peso con una dieta vegetariana porque tiene demasiados carbohidratos. No sé cuál de las dos me produce más sopor.

Vamos a ver qué nos cuenta la literatura científica al respecto, no sin antes recordar que la epidemiología ya nos dice que la población vegetariana y vegana tiene un IMC más bajo que la población general y menor riesgo de sufrir sobrepeso y obesidad.

Lo cierto es que en la prevención y el tratamiento del sobrepeso y la obesidad, las dietas vegetarianas tampoco salen mal paradas. Empecemos por tres estudios interesantes, todos de 2015: el primero es una revisión de RCT, es decir, de estudios de intervención, cuya evidencia es más fuerte que la de los epidemiológicos, y concluye que la dietas vegetarianas parecen tener beneficios significativos en la reducción de peso en comparación con las no vegetarianas.[46]

Otro metaanálisis revisa la evidencia sobre los cambios en el peso corporal de los vegetarianos y dice que la prescripción de dietas vegetarianas tiene valor potencial en las recomendaciones de pérdida de peso, tanto para la prevención como para el tratamiento del sobrepeso.[47] Y aquí estamos, quitando las legumbres porque engordan, ya veis.

Por último, ese mismo año, un estudio analizó la adherencia (capacidad de mantener un tipo de dieta a largo plazo) a diferentes tipos de dietas para perder peso y concluyó que la elección de esta no afecta a la adherencia a los seis meses (es decir, la vegetariana no parece presentar dificultades de mantenimiento) y que quienes seguían la dieta vegetariana perdían más peso.[48]

Y aún hay compañeros míos que dicen a sus pacientes vegetarianos que no pueden bajar de peso con su dieta porque se consumen demasiados hidratos y que es imprescindible que coman carne y pescado a la plancha.

Eso es no haberse actualizado en un siglo, porque los tres estudios mencionados son solo de 2015, que fue un año bastante prolífico en este tema.

Pero la cosa no termina ahí: en 2018 se hacen públicos los resultados del Cardiovascular Prevention with Vegetarian Diet (Cardiveg), un RCT italiano que busca descubrir cuál es la mejor dieta para la prevención de las enfermedades cardiovasculares, organizando una batalla entre la mediterránea y la vegetariana, por ser las que en principio parecen las favoritas por sus resultados anteriores. Este estudio se inició en 2016; se formaron dos grupos de cincuenta personas cada uno, cuyos participantes tenían sobrepeso y algún factor de riesgo cardiovascular, y se asignó una dieta a cada grupo (vegetariana o mediterránea), con los mismos valores calóricos, haciendo tres modelos de cada dieta (de mil cuatrocientas, de mil seiscientas y de mil ochocientas kilocalorías) que se asignaban a cada participante según sus necesidades.[49] ¿Y qué pasó? Pues que empataron. Ambas redujeron peso corporal y masa grasa sin demasiadas diferencias, la vegetariana fue más efectiva bajando el «colesterol malo» (el LDL) y la mediterránea bajando los triglicéridos.[50] Y eso que se usó un diseño de dieta vegetariana que dejaba bastante que desear, con más de veinte raciones semanales de lácteos y solo dos raciones de frutos secos o cinco de legumbres... Vamos, que cualquiera diría que los investigadores iban con el *team* mediterránea..., pero ni por esas. En mi fuero interno sospecho que con una dieta vegana bien diseñada se habrían merendado con patatas al grupo mediterráneo, pero no lo puedo probar.

Y aunque el argumento de «no se puede perder peso con una dieta vegetariana porque tiene demasiados carbohidratos» cae por su propio peso y solo denota los pocos recursos de quien lo esgrime a la hora de pautar una dieta si le sacas del pescado y el pollo a la plancha, también para eso tenemos estudios. Aunque antes me gustaría recordaros que no hay el menor impedimento para realizar una dieta vegetariana o vegana *low carb* (baja en carbohidratos) o incluso *keto* (cetogénica) si así lo requiere la situación de algún paciente.

Como os decía, en 2018, la doctora Kahleova y su equipo publican un RCT en el que comparan una dieta vegetariana alta en carbohidratos y baja en grasa, sin restricción calórica, con una dieta tradicional en individuos con sobrepeso durante dieciséis semanas. El grupo que seguía la dieta vegana perdió más peso, más masa grasa, más grasa visceral y mejoró parámetros analíticos relacionados con el riesgo de diabetes, como la resistencia a la insulina. Es decir, el aumento del consumo de carbohidratos en un modelo dietético vegetariano (sin restricción calórica, os recuerdo) se correlacionó con pérdida de peso (más de cuatro kilos de media) además de las mejoras en el resto de parámetros.[51] Un saludito a los de los «muchos carbohidratos, ñiñiñi».

Y cuando en 2021 se publican los resultados de un RCT comparando el uso de una dieta vegetariana frente a una dieta tradicional para la pérdida de peso en pacientes obesos o con sobrepeso e hígado graso no alcohólico, a la vegetariana le falta salir a hombros. Obtuvo mejores resultados en todos los parámetros estudiados a los tres meses: peso, composición corporal, resistencia a la insulina, tensión arterial, perfil lipídico y mejora de la patología hepática.[52] Insertar aquí el meme de ponerse las gafas de sol con suficiencia.

Algunos de los mecanismos que explican los efectos de la alimentación vegana en la pérdida de peso son:

— El mayor contenido de fibra, unido a la menor densidad calórica de muchos de los alimentos consumidos (esto favorece la saciedad, entre otras cosas).

— La mejora en la composición de la microbiota.

— El aumento de la sensibilidad a la insulina.

— La reducción de síntesis de óxido de trimetilamina (TMAO), un compuesto que aumenta el riesgo cardiovascular y está asociado al consumo de carne roja.

— El aumento de la termogénesis.[53]

Por si quedaba algún despistado: no, en la pérdida de peso no todo son calorías. Y hay más, resulta que la distinta ratio de aminoácidos que presenta la proteína vegetal también se relaciona con una mejor composición corporal (menos grasa corporal) y menos resistencia a la insulina.[54] Es decir, hay muchos factores a nivel bioquímico y fisiológico que afectan a la pérdida de peso y muchos de ellos se ven beneficiados o potenciados por una alimentación vegetariana y vegana.

Riesgo de cáncer

Respecto a la relación entre dieta vegetariana y cáncer, un estudio de 2013 con más de 69.000 participantes concluye textualmente: «Las dietas vegetarianas parecen otorgar protección contra el cáncer»,[55] especialmente frente al cáncer intestinal, y son las dietas veganas las que ofrecen mayor protección. Y ¡ojo!, este estudio se realiza con población con bajo riesgo de cáncer, es decir, no compara vegetarianos y población general, sino vegetarianos y población de bajo riesgo. Es decir, de nuevo se tienen en cuenta variables de estilo de vida y no solo dietéticas.

En junio de 2014 una nueva publicación del EPIC-Oxford,[56] que abarca casi a cincuenta mil personas, concluye literalmente: «Entre esta población británica, el riesgo de padecer algunos cánceres es menor entre quienes comen pescado y los vegetarianos que entre quienes comen carne». ¡Ojo!, que aquí salen mejor parados los comedores de peces que los vegetarianos, una de las hipótesis es que aquellas personas que dejan la carne, pero no el pescado, lo hacen motivadas únicamente por el cuidado de la salud y, por tanto, se preocupan más por ese aspecto en otros ámbitos de su vida, controlando más su alimentación y su estilo de vida, mientras que el grupo vegetariano tiene, según todas las encuestas, otras motivaciones, como el rechazo de la explotación animal o el deseo de hacer un consume sostenible, y no la salud.

Un nuevo metaanálisis de 2017 vuelve a observar una incidencia del cáncer un 8 % inferior en población vegetariana y un 15 % menor en la vegana.[57]

En marzo de 2022, y esto lo estoy metiendo a contrarreloj mientras reviso la maqueta del libro, se publica un nuevo estudio británico (pero con una doctora española al frente, Aurora Pérez-Cornago) que recopila datos de más de 472.000 personas de entre 40 y 70 años, entre 2006 y 2010. Se valoró cuál era la frecuencia de ingesta de carne y pescado de esas personas y se calculó la incidencia de nuevos cánceres que se desarrollaron durante el periodo de once años estudiado. El riesgo de cáncer de los vegetarianos se situó en un 14 % por debajo del de aquellos que comían carne cinco o más veces a la semana. Algunos cánceres en concreto presentaron resultados muy llamativos, como es el caso del cáncer de próstata, con un 31 % menos de riesgo entre los hombres vegetarianos, y el de mama con un 18 % menos de riesgo en las mujeres postmenopáusicas vegetarianas frente a las que consumían carne cinco o más veces a la semana. Esto último relacionado en parte con que eran un grupo con un peso más saludable.[58]

Hay una gran disparidad de resultados si nos ponemos a desglosar por distintos tipos de cáncer, como seguro que imaginaréis. Además, muchos cánceres tienen su principal factor de riesgo en temas que no tienen nada que ver con la alimentación, como, por ejemplo, el cáncer de pulmón con el tabaquismo o el cáncer de cuello de útero con el virus del papiloma humano. El mensaje importante es que seguir una dieta vegetariana o vegana no aumenta el riesgo de padecer cáncer. Quizá podríamos discutir si en todo caso lo disminuye, pero de que no lo aumenta, de eso tenemos una certeza razonable. Y una vez que el cáncer aparece, tampoco empeora su pronóstico.

UN PAR DE DATOS MÁS Y CONCLUSIONES

El EPIC-Oxford también concluyó, tras un seguimiento de más de once años, que los vegetarianos tenían un riesgo un 31 % inferior que los no vegetarianos de sufrir diverticulitis,[59] así como un riesgo un 40 % menor de cataratas en veganos que en quienes consumían más de cien gramos de carne al día.[60]

Otro estudio de 2013 concluye que la dieta vegana se asocia con un menor riesgo de hipotiroidismo.[61]

Y no podía faltar el tema del momento (al menos del momento en el que escribo, espero que cuando lo estéis leyendo, esto ya sea solo un recuerdo): la COVID-19. En junio de 2021 nos enterábamos, gracias al *British Medical Journal* –que publicaba un estudio realizado en seis países entre los que se encuentra España–, de que las personas que no comen carne, es decir, las vegetarianas, veganas y pescetarianas (humus enranciado) tienen menos riesgo de que la enfermedad se agrave si la contraen. En concreto, un 73 % menos riesgo de sufrir COVID moderada y un 59 % menos de que esta llegue a ser severa, considerando estos patrones dietéticos protectores frente a la COVID grave.[62]

En resumen, podemos afirmar que los estudios muestran que las personas vegetarianas tienen menor riesgo cardiovascular, menos diabetes, presión arterial más baja, un IMC menor –que implica menores tasas de obesidad–, menor incidencia de cáncer, menos riesgo de padecer cataratas y problemas de tiroides.

También es cierto que se trata en la mayoría de los casos de estudios observacionales (aunque con muestras amplias) y que, además, la población vegetariana tiende a llevar un estilo de vida saludable, con baja incidencia de tabaquismo, menor consumo de alcohol y más actividad física. Pero hemos visto estudios en los que, teniendo en cuenta esas variables, el grupo vegetariano seguía sobresaliendo, así que no se puede afirmar que sus «buenos resultados» sean únicamente atribuibles a su estilo de vida más saludable. Y también tenemos en la bibliografía de este capítulo unos cuantos RCT (estudios de intervención), que no se nos olvide.

Hacen falta más estudios para llegar a conclusiones más concretas –sí, en nutrición casi siempre llegamos a esta conclusión, ya que como os comenté en el primer capítulo, son muchas las dificultades que entraña hacer investigación sobre tipos de dieta–. Pero por el momento parece probado que una dieta rica en alimentos de origen vegetal *(plant based diet)* ofrece ventajas para la salud comparada con una dieta rica en carnes o con la dieta habitual de las poblaciones de países industrializados, conocida como *western diet*. Eso, como mínimo, es indiscutible.

Asimismo, podemos afirmar que las personas vegetarianas que siguen una dieta suficiente y saludable tienen una salud al menos tan buena como la de las personas omnívoras que llevan una dieta suficiente y saludable. Y estoy siendo exquisitamente prudente y moderada, insisto.

Además, como dice un conocido meme muy de 2020: «**Recordad** que el tofu nunca ha causado una pandemia».

CAPÍTULO 3
«TE VAN A FALTAR NUTRIENTES» (I)

DE PROTEÍNAS, HIERRO, CALCIO Y VITAMINA D

> Nunca debes tener miedo a lo que estás haciendo cuando estás haciendo lo correcto.
>
> ROSA PARKS

Es muy probable que si eres o quieres ser una persona vegana oigas la frase del título de este capítulo dirigida a ti con frecuencia. Y dicha con total seguridad por parte de gente que no tiene la menor formación en temas de salud o de nutrición. Incluso a pesar de que tú seas nutricionista. Porque sí, esta es una verdad universal del cuñadismo. Lo sabe todo el mundo. «Te van a faltar nutrientes.» Ya está.

Si preguntas qué nutrientes, tienes un 90 % de posibilidades de que te contesten «proteínas» (probablemente, esa persona ni siquiera sabe qué es un aminoácido) y muchos añadirán también «hierro», porque todo el mundo sabe que hay que comer carne roja para no tener anemia. El 10 % restante se encogerá de hombros y dirá «no sé, vitaminas y eso…, hay que comer de todo», mientras te mira complacido con su erudición.

Y es que hay dos tipos de expertos en nutrición: quienes han estudiado una carrera y quienes se convierten en uno al escuchar que alguien que tienen cerca es vegano.

Y perdón por una introducción tan pesimista, pero es mejor que estéis preparados. Nadie se preocupa de la glucemia en sangre del compañero de mesa que pide un refresco con la comida, ni del riesgo aumentado de cáncer de colon de quien considera que una hoja de lechuga es una ración de verdura para tres días. Ni de los problemas de salud asociados a los veinte kilos de exceso de peso de quien, tras una jornada de oficina en la que solo se ha levantado para ir al baño, se pide unos espaguetis carbonara para comer, *brownie* de postre y carajillo. Ni de la falta de información sobre alimentación saludable que tiene quien manda a sus hijos al cole con un zumo y un Bolly-Cao. Pero tú eres vegano y «te van a faltar nutrientes». Y es importante que te lo digan a la menor ocasión. «Es por tu bien.»

PERO ¿ME VAN A FALTAR NUTRIENTES O NO?

Sí, os va a faltar UN nutriente. La vitamina B12. Es la única suplementación obligatoria en una dieta vegetariana. Y no me voy a extender más aquí sobre ella, porque le he dedicado el capítulo 5 íntegro, para que no quede ninguna duda al respecto. Que solo me falta ya presentar *B12: el musical*. Cuánto ganaríamos si toda la población vegetariana occidental estuviera concienciada sobre este tema…, así que por insistir en ello que no quede, pero, como os decía, será en el capítulo 5.

Cualquier otra suplementación dependerá del caso y deberá ser evaluada de forma individual por un profesional. Sí, exactamente igual que con la población que lleva una dieta tradicional.

Ni el hierro, ni la vitamina D, ni el omega 3, ni el zinc, ni la vitamina A…, ninguno debe suplementarse por defecto en una alimentación vegetariana. Solo cuando sea necesario. Es frecuente que se presente un déficit de algunos de estos micronutrientes –por ejemplo, de hierro o vitamina D–, pero lo es para toda la población, no solo para la vegetariana.

SÍ, VALE, PERO ¿Y LAS PROTEÍNAS?

¿Sabemos lo que es una proteína? Probablemente, no. Las proteínas son sustancias nitrogenadas compuestas por cadenas de aminoácidos, imprescindibles para multitud de funciones: aunque la más conocida es el mantenimiento de los tejidos corporales, también forman parte del sistema inmune y de muchas enzimas, hacen funciones de transporte de otras sustancias e incluso pueden ser usadas como sustrato energético, aunque nuestro organismo tiene preferencia por los carbohidratos para esa tarea.

Es difícil que un vegetariano que cubra sus requerimientos energéticos y con acceso a variedad de alimentos (como sucede en los países ricos) tenga un déficit proteico. Vaya esto por delante. Podemos no estar teniendo un consumo óptimo, pero no un déficit patológico. Para eso, hay que esmerarse. Los grandes estudios epidemiológicos muestran que la proporción de población vegana que tiene un consumo proteico demasiado bajo es una proporción similar a la población general con el mismo problema.[1] Evidentemente, si además de ser vegetarianos, llevamos una dieta muy restrictiva (por ejemplo, solo comemos fruta) o muy hipocalórica, tenemos un trastorno de la conducta alimentaria o nuestros requerimientos están muy elevados (este es el caso, por ejemplo, de un atleta de élite o de una persona con ciertas patologías, como un paciente oncológico o un gran quemado) y no cuidamos bien de nuestra dieta, podemos sufrir un déficit. Pero en todos esos casos mencionados, la posibilidad de estar consumiendo menos proteínas de las necesarias también se aplica a una dieta omnívora y necesitan de consejo profesional adaptado a cada situación concreta.

¿Cuántas proteínas necesitamos?

Según datos de la European Food Safety Authority (EFSA), publicados en 2012 y actualizados en 2015,[2] los requerimientos de proteína de la población europea son de 0,83 gramos por kilo de peso y día para adultos y ancianos sanos. He vuelto a mirar por si acaso y os confirmo que en 2021 ese documento no había sufrido ninguna actualización, por lo que sigue vigente.

La EFSA no da ninguna indicación específica para vegetarianos, pero sí señala en varias ocasiones a lo largo del documento que la cifra de 0,83 gramos por kilo al día es adecuada tanto para «dietas con proteína de alta calidad como para dietas mixtas» *(mixed diets)*. No sé muy bien qué entiende la EFSA por «dietas mixtas», pero puesto que lo contrapone a «dietas con proteína de alta calidad» no es descabellado suponer que está incluyendo a los vegetarianos en esa denominación, pues su perfil proteico incluye tanto proteínas de alta calidad (como mínimo, huevo y lácteos en ovolactovegetarianos, y soja y derivados en todos) como de menor calidad como es, por ejemplo, la de los cereales. También dice que consumos superiores al doble de esa cifra son seguros en «dietas mixtas».

Sucede que no existen estudios actuales sobre balance nitrogenado en vegetarianos estrictos (veganos), por lo que la recomendación de ingesta proteica se estima teniendo en cuenta los pocos datos disponibles y que la digestibilidad de la proteína vegetal es menor en algunos casos. Jack Norris, que es un investigador norteamericano y autor de varios libros y de la web VeganHealth.org, concluye que una ingesta de 1-1,1 gramos por kilo podría ser adecuada, aunque recalca que se necesita más investigación sobre el tema en esta población concreta para llegar a conclusiones más exactas.[3] Hay mucha discusión sobre las recomendaciones de ingesta de proteína, y sabemos perfectamente hace años que ingestas mucho más altas que esos 0,8 g/kg no solo son perfectamente seguras, sino que en muchos casos son recomendables. Estoy hablando de 1,5 g/kg, o incluso 2 g. Y, sí, estas cantidades también se pueden alcanzar en una alimentación vegana; de hecho, así lo hacemos con deportistas o con personas con patologías que hacen aumentar sus requerimientos proteicos.

«¡Muy bonito!», estaréis pensando, pero me imagino que a la mayoría esas cifras no os dicen nada. Para entenderlo mejor, vamos a poner algún ejemplo concreto con alimentos. En la tabla siguiente vemos el contenido en proteínas de algunos alimentos de origen vegetal. Los datos son de las tablas del Departamento de Agricultura de Estados Unidos (USDA, por sus siglas en inglés), que se pueden consultar *online* de manera totalmente gratuita. Uso estas tablas de composición de alimentos por ser las más completas de las que disponemos, a años luz de las españolas.

Alimento	Proteína/100 g	Alimento	Proteína/100 g
Soja cocida	16,6 g	Tofu	8-12 g
Garbanzo cocido	8,9 g	Seitán*	21,2 g
Lenteja cocida	9 g	Soja texturizada	50 g
Alubia cocida	8,5 g	Quinua cocida	4,4 g

Cacahuete	23,7 g	Amaranto cocido	4 g
Almendra	21,2 g	Arroz cocido	2,3 g
Nuez	15,2 g	Pan	9-13 g
Avellana	15 g	Pasta cocida	5,3 g
Bebida de soja	3 g	Avena (en copos)	16,8 g
Quorn (Vegan Pieces)	15,3 g		

* Este dato concreto viene de la media aproximada de diferentes marcas habituales en España.

Vamos a poner un ejemplo:

Desayuno	35 g de copos de avena y 250 ml de bebida de soja. Una pieza de fruta
Media mañana	60 g de pan integral con tomate, aceite y aguacate
Comida	200 g de garbanzos cocidos en ensalada. Un bol de arroz (120 g cocido). Una pieza de fruta
Merienda	30 g de almendras y un plátano. Un café con bebida de soja (200 ml)
Cena	150 g de tofu a la plancha, 100 g de pasta integral cocida con verduras y 15 g de semillas. Un yogur de soja
TOTAL	82,5 g de proteína

En este caso, el consumo sería suficiente, según la recomendación más alta que hemos visto (1,1 gramos por kilo y día) para una persona de hasta setenta y cinco kilos.

Evidentemente, cuanto mayor tamaño corporal tiene una persona, mayores son sus requerimientos, pero también sus raciones, por lo que aumentará el aporte consecuentemente.

Por tanto, una dieta vegetariana bien planteada, que incluya raciones de diarias de legumbres y derivados, frutos secos, semillas y cereales integrales, además de lácteos y huevos, si se consumen, cubre los requerimientos proteicos con facilidad.

Esto no significa, de ninguna manera, que debamos estar pendientes de sumar los gramos de proteína que consumimos, sino que es suficiente con incluir varias porciones de alimentos proteicos de calidad a lo largo de las diarias o, al menos, incluir una parte importante en las ingestas principales.

¿Qué es una porción de alimento proteico? Pues aproximadamente, esto:

20 g de proteína (aprox.), cantidades redondeadas	
Legumbre cocida	Un plato lleno (unos 220 g). Si es soja, unos 150 g
Legumbre + cereal	Un plato lleno con ¾ de legumbre y ¼ de cereal
Tofu o tempe	200 g
Seitán	100 g
Soja o guisante texturizados	40 g en seco
Pasta 100 % de legumbre	80 g cruda
Heüra (bocados o tiras)	100 g
Quorn (Vegan Pieces)	150 g
Otra carne vegetal	Es muy variable (revisar el etiquetado del producto)
10 g de proteína (aprox.), cantidades redondeadas	
Frutos secos	50 g
Levadura de cerveza	20 g
Queso vegano de frutos secos	80 g
Yogures de soja	2 yogures de 125 g
Bebida de soja	300 ml

¿Hay que combinar las proteínas vegetales de maneras especiales para que sean completas?

Me parece de traca que estemos aún hoy desmintiendo este mito, pero es que se sigue enseñando incluso en algunas universidades, lo cual es absolutamente lamentable. Esta idea surgió a principios de los años setenta, cuando Frances Moore la incluyó en su libro *Diet for a Small Planet*,[4] pero está totalmente descartada desde los años ochenta (que ha llovido ya…) y hasta la propia autora se retractó y aseguró que queriendo acabar con el mito de la necesidad de consumir productos animales, había creado otro mito innecesario. Por favor, superémoslo ya.

Pero empecemos por el principio: ¿qué es una *proteína completa*? Pues aquella que tiene todos los aminoácidos esenciales en su composición en cantidades suficientes. Los aminoácidos esenciales son los que nuestro organismo no es capaz de sintetizar por sí mismo y debe obtener de la dieta. ¿Y qué es un *aminoácido*? Pues es cada una de las piezas que conforman una proteína. Imaginad que una proteína fuera un tren: cada vagón sería un aminoácido. Así podríamos montar trenes de muchos vagones, de pocos, con vagones de primera clase y de clase turista o de carga…, todo en función de para qué necesitáramos el tren. Pues igual funcionan las proteínas, cada una está formada por diferentes aminoácidos y en distintas cantidades.

Los aminoácidos esenciales son los siguientes: histidina, fenilalanina, isoleucina, leucina, lisina, metionina, treonina, triptófano y valina. En determinadas situaciones, pueden ser esenciales también otros aminoácidos, pero no voy a complicarlo más en este texto en el que solo quiero daros unas nociones muy básicas.

Seguro que hemos oído muchas veces que solo los alimentos de origen animal contienen todos los aminoácidos esenciales, pero eso no es cierto. La soja, los garbanzos, algunos tipos de alubias, los pistachos, la quinua, las semillas de cáñamo o el amaranto también los contienen. ¡Incluso las espinacas! Pero claro, aunque sus proteínas son de buena calidad, la cantidad que contienen es baja –unos 3 gramos por cada 100 gramos de alimento–, por lo que tendríamos que comer una cantidad grande para obtener una ración proteica reseñable, así que no parece muy práctico usarlas con ese fin.

Es decir, al consumir cualquiera de los alimentos que acabamos de nombrar, estaríamos consumiendo proteínas completas, con todos los aminoácidos esenciales en cantidades suficientes. ¿Significa eso que el resto de alimentos vegetales no contienen aminoácidos esenciales? En absoluto. Lo que significa es que, de alguno de ellos, se quedan un poco cortos. Por ejemplo, legumbres que no hemos mencionado antes, como las lentejas, tienen un poquito menos metionina que del resto de aminoácidos esenciales (de ellas decimos que son «limitantes en metionina»); los cereales, por su parte, son limitantes en lisina y treonina, y las verduras lo suelen ser en metionina y cisteína. Cuando unimos alimentos limitantes en aminoácidos diferentes, se complementan unos con otros y obtenemos de nuevo proteínas completas, con todos los aminoácidos esenciales en cantidades suficientes.

Pero, contrariamente a lo que se cree, no es necesario que estemos pendientes de hacer estas combinaciones para asegurarnos un aporte proteico de calidad. Es tan efectivo comer lentejas con arroz, como comer arroz y cenar lentejas. Nuestro cuerpo tiene un «*pool* de aminoácidos», una especie de depósito en el hígado. En él se van almacenando y se sacan a medida que se necesitan. Por ello no es necesario hacer combinaciones de alimentos en el mismo plato, ni siquiera en la misma comida, para asegurar el consumo de «proteínas completas».[5]

Aun así, si quisiéramos combinarlas, no es nada difícil. Os propongo algunos ejemplos:

– **Legumbres + cereales:** lentejas con arroz, humus untado en pan, tortillas de maíz rellenas de frijoles, hamburguesas de alubias con avena…

– **Legumbres + frutos secos:** ensalada de legumbres con nueces, hamburguesas de guisantes y harina de almendra, paté de lentejas y nueces de macadamia…

– **Cereales + frutos secos:** arroz frito con anacardos, pan de nueces, bizcochos de almendra, galletas (¡sin azúcar!) de avena y frutos secos…

Pero insisto: NO ES NECESARIO PLANEAR ESTAS COMBINACIONES, ES UN MITO.

Sigamos… Entonces, ¿las proteínas se valoran solamente según su contenido en aminoácidos esenciales? No. Hay otro concepto importante que tener en cuenta, que es la *digestibilidad*. Es lo que marcará la biodisponibilidad de esas proteínas, es decir, la capacidad de nuestro organismo para aprovecharlas.

La digestibilidad es la capacidad de nuestro sistema digestivo (obvio) para aprovechar la proteína contenida en un determinado alimento. Las proteínas vegetales tienen, en general, una digestibilidad menor, porque hay que romper la pared celular de la planta para acceder a ella y además contienen compuestos llamados *antinutrientes,* como los fitatos o los taninos, entre otros, que también dificultan la absorción de algunos compuestos, así como la fibra. Por ello, cuando tomamos proteína vegetal aislada (por ejemplo de soja o de guisante, proteína en polvo) su digestibilidad se acerca mucho a la de los alimentos de origen animal, pero cuando está en su estado natural en el alimento, la digestibilidad varía según el alimento concreto y cómo lo preparemos.

El remojo, la germinación y la cocción aumentan la digestibilidad, contrarrestando de manera muy efectiva los antinutrientes. Por ejemplo, unas legumbres remojadas y cocinadas en la olla exprés serían una opción excelente, por encima de la cocción en olla normal.[6] Yo es que soy muy fan de la olla exprés.

Si tienes dudas o preocupaciones acerca de los antinutrientes, en el capítulo 8 les he dedicado un apartado para hablar de ellos más a fondo. Pero ahora sigamos con las proteínas.

El concepto para valorar la calidad (su composición en aminoácidos) junto a la digestibilidad de una proteína se conoce como *protein digestibility-corrected amino acid score* (PDCAAS, puntuación de aminoácidos corregida por la digestibilidad de las proteínas). Varios alimentos proteicos de origen animal, como la leche o el huevo, y también la proteína aislada de soja suelen obtener la máxima puntuación, que es uno. La ternera, por ejemplo, obtiene un PDCAAS de 0,92, mientras que a la soja entera (no la proteína aislada) le corresponde un 0,91,[7] lo que tampoco parece ningún drama. En general, los alimentos de origen vegetal tienen puntuaciones más bajas que los de origen animal, pero son igualmente capaces de cubrir nuestros requerimientos sin problemas.[8]

Tenemos un método aún más moderno para valorar la digestibilidad de las proteínas: el índice de aminoácidos indispensable digerible (DIAAS, por sus siglas en inglés), que suple algunas de las limitaciones que aún tiene el PDCAAS. El DIAAS mide la digestibilidad de proteínas en el íleon y eso nos da una idea muy precisa de la cantidad que absorbemos. La FAO lo propone como sustituto del PDCAAS, ya que puede corregir los errores de ese método que a veces sobreestima el aprovechamiento proteico. Con este sistema, la proteína láctea sale muy bien parada y esto interesa mucho a esa industria.[9] En cualquier caso, se use un método u otro, la conclusión no varía en absoluto respecto a la capacidad de la proteína vegetal para cubrir nuestros requerimientos.

Recapitulando, hemos visto tres puntos que hay que valorar en el aporte proteico de la dieta: cantidad, contenido en aminoácidos y digestibilidad. Podemos añadir absorción, si tomamos como referencia el DIAAS. Ahora, la próxima vez que os digan que os van a faltar proteínas, podéis elegir entre ignorar con cara de póker o explicarles cómo funciona el tema.

En el momento actual, no se puede decir en modo alguno que los vegetarianos tengan más riesgo de déficit proteico que los no vegetarianos y, de hecho, hemos visto que la EFSA y el Institute of Medicine (IOM)[10] no dan recomendaciones distintas para vegetarianos que para población general.

Cabe señalar que es importante tener en cuenta el tipo de alimentos que se consumen en una dieta vegana, ya que si existe un consumo habitual de soja o derivados (tofu, bebida de soja, tempe, soja texturizada), cuya proteína es tan eficiente como la proteína de origen animal,[11] es suficiente con que las recomendaciones de ingesta proteica sean las mismas que para la población general, mientras que si la fuente principal son cereales, frutos secos y otras legumbres que no sean soja, parece sensato apuntar al 1-1,1 gramos por kilo de Norris.

Respecto al mantenimiento de la masa muscular, los patrones dietéticos vegetarianos y veganos son adecuados y no existen diferencias siempre y cuando el aporte proteico sea suficiente, independientemente del tipo de proteína. Esto ya lo señaló un estudio de 2011 que comparaba el patrón omnívoro, el ovolactovegetariano y el vegano, que concluía que los tres eran válidos e igual de efectivos para mantener la masa muscular.[12] Lo confirma un trabajo reciente, de 2021, que concluye que si el aporte proteico es adecuado, la fuente de la que provenga esa proteína no afecta a la fuerza ni a la cantidad de masa muscular, ni tampoco a la adaptación al entrenamiento.[13]

Por otra parte, al no existir estudios concluyentes sobre balance nitrogenado en vegetarianos estrictos, no puede darse una respuesta clara e inequívoca a cuánta proteína necesitan consumir. Pero al parecer, están consumiendo suficiente.

¿Creíais que ya estábamos acabando con las proteínas? Pues no, tengo una cosa más que contar: se ha dudado también de que la alimentación vegetariana fuera capaz de aportar no solo la cantidad adecuada de proteína (que espero que llegados a este punto tengáis claro que no supone ninguna dificultad), sino también las cantidades adecuadas de cada aminoácido esencial. Especialmente preocupaba la lisina, que está presente en cantidades bajas en los cereales, y la metionina y cisteína, que tienen poca presencia en las legumbres. Esto podría ser preocupante para quien llevara una dieta muy monótona o, por ejemplo, para una persona alérgica a las legumbres.

Tenemos datos, de nuevo pertenecientes a las cohortes del EPIC-Oxford, que midieron las concentraciones de aminoácidos en sangre en hombres veganos, vegetarianos, comedores de pescado y comedores de carne.[14] Aunque los resultados entre grupos fueron distintos, vegetarianos y veganos, todos ellos, cumplían la ingesta diaria recomendada (IDR) de todos los aminoácidos esenciales.[15] No parece que esté justificada la alarma.

En resumen, teniendo en cuenta que no es común que las personas vegetarianas occidentales sufran desnutrición proteica, parece factible asumir que una dieta vegetariana y vegana variada y saludable cubre los requerimientos de proteína en todas las etapas de la vida, sin necesidad de que se tomen medidas especiales al respecto por encima de las que se toman con el resto de la población. Creo que podemos respirar tranquilos. *No drama con las protes.*

¿Y si no puedo comer legumbres?

Siendo las legumbres y sus derivados el alimento que constituye el principal aporte proteico en una dieta vegetariana, si por algún motivo no podemos consumirlas, parece que las cosas se complican un poco.

Si no comemos legumbres, puede ser difícil obtener la cantidad necesaria de uno de los aminoácidos esenciales: la lisina, que –recordemos– es limitante en los cereales.

Hay otros alimentos ricos en lisina que no son legumbres o derivados, como la quinua, el amaranto, los pistachos o las pipas de calabaza. También el seitán. Pero es necesario comer una cantidad importante para obtener la lisina necesaria y esto puede complicar la alimentación. Una solución sencilla es tomar un suplemento de lisina, fácil, seguro y barato. Pero si es tu caso, te recomiendo encarecidamente que acudas a una dietista-nutricionista que pueda valorar tu alimentación en concreto y darte un consejo personalizado al respecto.

Lo mismo si eres deportista y necesitas un ajuste más personalizado y calculado de tus necesidades proteicas e incluso de algunos aminoácidos concretos, como podría ser la leucina, importante para mantener la masa muscular, u otros aminoácidos de cadena ramificada (BCCA). Una dietista-nutricionista especializada en nutrición deportiva es quien mejor te podrá ayudar a llevar una dieta que optimice tu rendimiento y recuperación. Créeme: es una inversión de la que no te vas a arrepentir.

NO ME VAN A FALTAR PROTEÍNAS, ¿PERO HIERRO?

La anemia ferropénica (hay otros tipos de anemia por causas diferentes a la falta de hierro) es una de las enfermedades por déficit nutricional más comunes en el mundo. En toda la población, independientemente de su dieta. De hecho, es el déficit nutricional más común en los países industrializados.

El tema del hierro es recurrente cuando se discute la dieta vegetariana. Mucha gente cree todavía que solo se pueden tener buenos niveles de hierro consumiendo de forma habitual carnes rojas y vísceras. ¿Qué hay de cierto en este consejo? ¿Es imprescindible el consumo de carne para mantener un buen nivel de hierro? ¿Es poco eficiente el hierro contenido en los alimentos vegetales? Vamos a hablar de ello.

Hierro hemo y hierro no hemo, las cosas no son como te las habían contado

El hierro hemo o hemínico es el que contienen los alimentos de origen animal, forma parte de la hemoglobina y la mioglobina, y su absorción está entre el 15 % y el 35 %. El hierro de origen vegetal, en cambio, es el hierro no hemo o no hemínico, y constituye alrededor del 90 % del hierro que ingerimos con la dieta, aunque su absorción es mucho más baja, entre el 1 % y el 20 %, en función del resto de componentes de la dieta y de factores individuales. En realidad, no solo los alimentos de origen vegetal tienen hierro no hemo, también la leche y los huevos lo contienen, y otros alimentos lo presentan en menor cantidad.[16]

Ambos tipos de hierro, el hemo y el no hemo, se absorben en el intestino delgado, pero por mecanismos diferentes. El hemo se absorbe intacto a través de la pared intestinal, mientras que el no hemo lo hace de manera mucho más controlada en función de las necesidades, como medida protectora de un exceso de hierro en el organismo, lo cual es vital, porque nuestro cuerpo tiene una capacidad limitada para excretarlo y demasiado hierro puede tener consecuencias graves.

Los niveles de hierro dependen, en realidad, mucho menos de la dieta y mucho más de la regulación intestinal de la absorción, que aún no está completamente estudiada; todavía se siguen descubriendo factores que influyen en ella, como la hormona hepcidina, que regula la absorción intestinal y que puede disminuir cuando existen estados inflamatorios.[17] Sus funciones se conocen desde hace relativamente pocos años y es fundamental en el metabolismo del hierro.

La cantidad de hierro no hemo que se absorbe está relacionada con las necesidades individuales en cada momento: las personas con menores depósitos de hierro tienden a absorber más y a excretar menos.[18] Esto hace que el ser humano pueda adaptarse a ingestas de hierro muy variadas, sin sufrir por ello repercusiones clínicas, es decir, sin tener problemas de salud.[19] Esta adaptación se da por ejemplo en mujeres embarazadas, cuya absorción de hierro puede aumentar hasta en un 60 %, y sucede también en los vegetarianos que, aunque su ingesta de hierro suele ser más baja, excretan menos ferritina en heces. La ferritina es la proteína que almacena el hierro. Por tanto, si la excreción disminuye, las reservas de hierro menguan en menor medida.

Encontramos hierro hemo principalmente en la sangre y en los tejidos animales. Seguro que habéis oído muchas veces explicar lo que decíamos antes, que este tipo de hierro se absorbe con mayor facilidad que el hierro no hemo, que es el que está de forma mayoritaria en los vegetales. Este hecho se ha usado como argumento clásico del porqué hay que comer carne o productos de origen animal para prevenir la anemia o simplemente para tener unos niveles de hierro adecuados, pintando siempre esa absorción del hierro hemo como algo deseable, como una ventaja frente a la menor biodisponibilidad del hierro no hemo. Pero no es exactamente así, en ese enfoque falta mucha información.

Nuestro organismo, como decíamos, tiene mecanismos para regular la absorción del hierro no hemo, que además se ve afectado por otros componentes de la dieta que reducen (fitatos, oxalatos, calcio, algunas proteínas, ciertos fármacos...) o potencian (vitamina C) su absorción, mientras que el hierro hemo se absorbe sin esa afectación. Eso, en un contexto de ingesta baja de productos de origen animal, no resulta un problema, pero cuando estamos en un contexto como el actual, en el que la ingesta de productos de origen animal es muy elevada (no solo diaria, sino de varias veces al día) puede volverse en nuestra contra. El hierro es un importante compuesto oxidativo y ese estrés oxidativo desemboca en inflamación y daños en el ADN al asociarse a radicales libres.

Por ello, el hierro hemo se vincula a un mayor riesgo de numerosas patologías: diabetes, aterosclerosis, cáncer, endometriosis...[20]

La ausencia o la baja presencia de hierro hemo en las dietas vegetarianas es una de las variables que explica la menor incidencia de algunas enfermedades en el colectivo y también la mejoría de algunas patologías –como la diabetes o las enfermedades cardiovasculares– cuando se tratan con dieta vegana, más allá de otros factores también relevantes, como, por ejemplo, el mayor aporte de fibra o la mayor presencia de fitoquímicos que suele tener una alimentación vegana. Algo de esto hemos visto ya en páginas anteriores.

Una alimentación basada en alimentos vegetales saludables (frutas y verduras, legumbres, frutos secos, cereales integrales, etcétera) ayuda a mantener en límites adecuados los niveles de hierro del organismo. Además, son alimentos que contienen compuestos capaces de neutralizar los radicales libres, como, por ejemplo, los fitatos y otros muchos antioxidantes, presentes en casi todos los alimentos de origen vegetal.

Vamos a ver de manera un poco más concreta la relación que hay entre la ingesta de hierro hemo y algunas de esas enfermedades.

Hierro hemo y diabetes de tipo 2

Los niveles altos de hierro y de ferritina (proteína que almacena y transporta el hierro) se han asociado con un mayor riesgo de desarrollar diabetes de tipo 2.[21] La ferritina alta aumenta los niveles de glucosa y de insulina y puede estar elevada incluso cuando existe déficit de hierro, a consecuencia del proceso inflamatorio que el mismo hierro agudiza al aumentar el estrés oxidativo y el daño en los tejidos.[22] Sabemos que el consumo de carne roja y también de ave se asocia con un mayor riesgo de diabetes tipo 2,[23] confirmándose que a mayor ingesta de hierro hemo, mayor riesgo.[24]

En algunos pacientes diabéticos, donar sangre puede mejorar la sensibilidad a la insulina precisamente por la depleción parcial de esos depósitos de hierro.

Es probable que la menor incidencia de diabetes de tipo 2 en población vegetariana, que sabemos que es independiente del IMC y de otros factores de confusión, pueda explicarse por sus reservas de hierro más bajas. Lo que además también hace que tengan mayor sensibilidad a la insulina.[25] La ingesta de hierro hemo –junto con las reservas altas– se asocia a un mayor riesgo de padecer diabetes, no así el hierro total, el hierro no hemo o los suplementos de hierro:[26] esto es importante, porque estudios que valoraban solo el hierro total no veían esa relación. Es probable también que este sea uno de los motivos que hacen que cuando se usa la dieta vegana como tratamiento para la diabetes de tipo 2 obtenga mejores resultados que dietas específicamente diseñadas para tratar la diabetes.

Hierro hemo y cáncer de colon

La ingesta de hierro hemo se relaciona con padecer cáncer de colon, pero la de hierro no hemo, no.[27] Es uno de los factores que hacen que la carne roja y la procesada aumenten el riesgo de cáncer.[28] El hierro hemo favorece la formación de compuestos N-nitrosos, que a su vez son responsables de causar daños en el ADN; también contribuye a oxidar las grasas, favoreciendo su acción mutagénica; así mismo, tiene capacidad de alterar la microbiota, causando disbiosis intestinal.[29]

Es curioso, porque igual que nos sucedía con la diabetes, cuando miramos solo el hierro total, las ingestas más elevadas no se correlacionan con mayor riesgo de cáncer. Hay que tener en cuenta que la mayor parte del hierro que ingerimos con la dieta es no hemo. La relación aparece cuando en lugar de mirar la ingesta de hierro total, miramos específicamente la ingesta de hierro hemo. Tened en cuenta que el hierro no hemo es alrededor del 80-90 % del hierro que ingerimos. Es decir, el problema no es tomar «mucho hierro», sino «tomar mucho hierro hemo». En el caso del no hemo, nuestro cuerpo dispone de mecanismos para controlar la absorción y deshacerse de excedentes.

Hierro hemo y enfermedades cardiovasculares

Algo parecido sucede con las enfermedades cardiovasculares. Una ingesta alta de hierro se correlaciona con menos riesgo de padecer estas patologías; sin embargo, cuando observamos únicamente la ingesta de hierro hemo, vemos que aumenta de manera significativa el riesgo de enfermedad coronaria: un 27 % más por cada miligramo de hierro hemo que se consuma al día, concretamente.[30]

En resumen, con lo que sabemos actualmente, seguir dando el mensaje de que el hierro hemo es bueno porque se absorbe mejor y promover alimentos ricos en él mientras hacemos de menos el hierro contenido en los alimentos de origen vegetal por ser no hemo y absorberse peor es un planteamiento anticuado, obsoleto y poco acorde a la evidencia científica.

Las reservas de hierro algo más bajas que tiene la población vegetariana (más bajas, pero dentro de un rango saludable) que se han usado de manera reiterada para señalarlas como una debilidad de este tipo de dieta, en realidad, son protectoras y disminuyen el riesgo de varias de las enfermedades más prevalentes en nuestra sociedad. Así podemos leerlo en las conclusiones de una revisión sistemática y metaanálisis de 2018 que examina el efecto de la alimentación vegetariana en el estatus de hierro en adultos, en el que además de lo comentado, se alentaba a la población general a revisar sus reservas de hierro y comer más vegetales y menos carne.[31]

Por supuesto que es importante mantener unos niveles adecuados y unas reservas prudentes de hierro en nuestro organismo. Pero el hierro hemo no es la mejor opción para mantener esos niveles, como nos habían hecho creer, ni aumentar el consumo de carne para ello es un consejo adecuado. Ni tampoco señalar este punto como debilidad en una alimentación vegetariana, que pudiendo conseguir niveles de hierro dentro del rango saludable, no aumenta el estrés oxidativo ni tiene la actividad proinflamatoria que sí encontramos en el hierro hemo y que favorece la aparición del síndrome metabólico y otras patologías.

Y ojo, no estamos hablando de depósitos de hierro anormalmente elevados como podrían darse, por ejemplo, en una hemocromatosis (patología que suele ir ligada a la diabetes, por cierto), sino que hablamos de depósitos dentro del rango. Elevados, pero dentro de lo que hoy consideramos niveles saludables. Algo que la cultura sanitaria popular consideraría bueno y deseable.

Es cuando menos, para darle una vuelta, ¿no?

Las personas vegetarianas, ¿tienen más anemia que las no vegetarianas?

Pues depende de dónde y a qué grupo miremos. En vegetarianos occidentales, la anemia ferropénica tiene una incidencia similar a la que tiene en el resto de la población, según un estudio realizado en mujeres australianas a finales de los años noventa.[32] Algo más recientemente, en 2013, se llegó a la misma conclusión en otro estudio del mismo país.[33] En cambio, un trabajo de 2016 observa mayor riesgo de anemia en mujeres vegetarianas, especialmente en las que están en edad fértil, pero no en los hombres.[34]

Aunque en los vegetarianos los niveles de hierro son similares a los de los no vegetarianos, sí es cierto que suelen tener algo más baja la ferritina (si bien dentro de rango),[35] que es un indicador del nivel de los depósitos de hierro. Eso puede hacerlos más vulnerables frente a una situación de depleción (pérdida de algún elemento imprescindible para el buen funcionamiento del organismo) de esos depósitos (por ejemplo, una hemorragia), pero también los protege de un estrés oxidativo elevado, como hemos visto anteriormente.

El tema de la anemia ferropénica es una de esas paradojas de la dieta occidental. Por un lado, se cree que la carne roja es esencial para prevenirla y, por otro, es una de las poblaciones con mayor consumo de esa carne del mundo y la anemia sigue siendo, sin embargo, muy frecuente.

Así que, teniendo en cuenta que la anemia ferropénica es el déficit nutricional más frecuente en el mundo desarrollado y que el mundo desarrollado consume carne a mansalva, ¿no os da qué pensar que a lo mejor lo de comer carne para no tener anemia es una gilipollez? Digo…

¿Cuánto hierro hay que tomar?

Es difícil decir cuánto hierro debemos recomendar que tome una persona vegetariana, más que nada porque hay pocas alusiones al respecto por parte de organismos oficiales y las que hay están pobremente fundamentadas y, por supuesto, no son para la población española. Así que entramos (otra vez) en un limbo en el que queda a criterio del profesional qué recomendación hacer. Y juntando la poca información con los muchos mitos sobre dieta vegetariana existentes, miedo me dan esas recomendaciones. Y es que, teniendo en cuenta, además, que el hierro es junto al aporte proteico uno de los nutrientes por los que más se preocupa todo el mundo en relación con la adecuada nutrición de los pobres vegetarianos, tenemos el campo abonado para todo tipo de consejos desfasados o directamente erróneos.

La ingesta diaria recomendada (IDR) de hierro para la población española adulta era de 9 miligramos en hombres de veinte a cincuenta y nueve años, y de 18 miligramos en mujeres de veinte a cuarenta y nueve años, según la Federación Española de Sociedades de Nutrición, Alimentación y Dietética (Fesnad), en 2010,[36] aunque esa recomendación está ya obsoleta, veréis que en muchos documentos se sigue usando. En España no se daba ninguna recomendación específica de ingesta de hierro para población vegetariana, mientras que la AND (antigua ADA) de Estados Unidos recomienda, a instancias del IOM, que la ingesta de hierro en vegetarianos sea un 80 % superior a la recomendada a los no vegetarianos como medida de seguridad, debido a la posible menor absorción de las fuentes de hierro vegetales.[37]

Sin embargo, esta recomendación de la AND y del IOM está basada en unas condiciones dietéticas bastante improbables: una ingesta baja de vitamina C y alta de factores que inhiben la absorción, como los taninos del té.[38] Multiplicar por 1,8 las cantidades recomendadas para la población general nos deja con cifras prácticamente imposibles de alcanzar sin suplementos, especialmente en grupos con requerimientos más altos, como las mujeres en edad fértil. No parece que sea una recomendación muy sensata, sobre todo cuando sabemos que un exceso de hierro puede traer consecuencias poco deseables.

De hecho, la EFSA, en su documento de opinión científica sobre los valores de referencia de ingesta de hierro, sí dice específicamente que no se ha considerado necesario dar recomendaciones distintas para los vegetarianos porque *«la biodisponibilidad de hierro de las dietas vegetarianas europeas no difiere de manera sustancial de la de las dietas que contienen carne»*, y recomienda 11 miligramos al día para hombres adultos y la misma cantidad para mujeres posmenopáusicas. Para mujeres adultas antes de la menopausia, la recomendación es de 16 miligramos al día y mantiene esa misma cantidad durante el embarazo y la lactancia.[39] Esta sería la recomendación más actualizada y, por tanto, a la que nos deberíamos acoger.

¿Qué más sabemos de vegetarianismo y hierro?

Sabemos que a largo plazo se produce en personas vegetarianas una adaptación a ingestas bajas de hierro que implica una mayor absorción y una disminución de las pérdidas,[40] y que aunque los vegetarianos adultos suelen tener reservas de hierro más bajas que los no vegetarianos, sus rangos de ferritina se encuentran, generalmente, dentro de la normalidad.[41]

Sabemos también que los fitatos reducen la absorción de hierro entre un 10 y un 50 % (los cereales integrales, los frutos secos y las legumbres contienen fitatos), sin embargo, añadir 50 miligramos de vitamina C contrarresta los fitatos de una ración estándar y añadir 150 miligramos incrementa la absorción de hierro casi un 30 %.[42] Y que en presencia de 25-75 miligramos de vitamina C, la absorción del hierro no hemínico de una única comida se duplica o triplica, supuestamente debido a la reducción del hierro férrico a ferroso, que tiende menos a formar complejos insolubles con los fitatos.[43] Algo similar ocurre con otros factores inhibidores, como los taninos, ya que en presencia de vitamina C, la absorción de hierro se incrementa de un 2 % hasta un 8 %.[44]

Aunque hasta hace poco se pensaba que también los oxalatos dificultaban la absorción de hierro, hoy sabemos que tienen en realidad un efecto mucho menos relevante en su absorción de lo que se creía.[45] También es habitual leer que la soja dificulta la absorción de hierro, aunque, en realidad, según estudios recientes, sucede todo lo contrario: la soja no afecta negativamente al estatus de hierro y su absorción es tan buena como la del sulfato ferroso que se usa en suplementos.[46]

Entonces, ¿qué hacemos con el hierro?

Si la presencia de vitamina C acompañando la ingesta de alimentos ricos en hierro favorece en gran medida la absorción de este, tanto porque contrarresta los fitatos como porque reduce el hierro de su forma férrica a ferrosa, que es más absorbible, es un buen consejo sugerir que se acompañe la ingesta de alimentos vegetales ricos en hierro con alimentos ricos en vitamina C, así como aconsejar que se separe la toma de café y té de las comidas principales, para evitar la interacción con los taninos que estas bebidas contienen.

¿Qué alimentos vegetales son buenas fuentes de hierro? Las verduras de hoja verde, los frutos secos, las legumbres, las frutas desecadas y los cereales integrales. Además, existen también productos enriquecidos, como, por ejemplo, muchos cereales de desayuno, pero recordemos que, por muy enriquecidos que vayan, los productos altamente procesados, refinados y ricos en azúcar añadido no son una buena idea para consumo diario.

¿Y cuáles son las fuentes de vitamina C? Las frutas, las verduras crudas, el perejil fresco...

Hay otros gestos que pueden tener un pequeño impacto en la absorción de hierro, pero no son factores tan importantes como los anteriores. Por ejemplo: se ha demostrado que usar cacerolas o sartenes de hierro transmite moléculas de este mineral a la comida (especialmente a comidas ácidas como la salsa de tomate), por lo que su uso puede resultar de interés en población vegetariana.[47] Siguiendo este ejemplo, en los últimos años se han puesto a la venta pequeños bloques de hierro con alguna forma bonita (de pececito o de hoja) para meterlos en la olla cuando se prepara un guiso para que transmita moléculas de hierro a la comida. Como si fuera una hoja de laurel, solo que al terminar la cocción lo sacamos y lavamos para dejarlo listo para el próximo uso. El nombre comercial es Lucky Iron Fish (aunque ya lo fabrican otras marcas) y al parecer su uso siguiendo las indicaciones es seguro,[48] por lo que puede ser una buena opción para enriquecer la comida en hierro y prevenir la anemia,[49] y además se puede usar durante años sin coste adicional. Pero ojo, cuando la anemia ya está diagnosticada, no sirve para remontarla. Para ello deberemos recurrir a los suplementos en las dosis y forma que nos recomienden desde atención primaria.

También la vitamina A y los betacarotenos mejoran la absorción del hierro no hemo. Los encontramos en las hortalizas de color rojo y naranja, como las zanahorias, los boniatos o la calabaza. Pero hay que tener en cuenta que lo hacen en muchísima menor medida que la vitamina C.

Además, debemos remarcar que varias técnicas de cocina habituales (lo hemos visto también al hablar de la digestibilidad de las proteínas), como el remojo de las legumbres o su germinado, la fermentación del pan o el tostado de los frutos secos, contrarrestan el efecto de los fitatos y aumentan la biodisponibilidad y, por tanto, la absorción de los minerales contenidos en el alimento.

Es importante también tener en cuenta que, en caso de que se estén tomando suplementos de calcio, hay que separar la toma de las comidas principales para evitar su interacción con el hierro de la dieta.

En conclusión...

La mayor presencia de vitamina C en dietas vegetarianas, junto con la adaptación a ingestas bajas de hierro, explica la baja prevalencia de anemia en el colectivo vegetariano, a pesar de la menor biodisponibilidad dietética de las fuentes de hierro vegetal.

Creo que la recomendación del IOM de multiplicar por 1,8 la IDR de hierro en vegetarianos es –como señalan Virginia Kisch Messina, Mark Messina y Reed Mangels en el libro *The Dietitian's Guide to Vegetarian Diets*–[50] alarmista en exceso, ya que nos remite a un escenario dietético pobre en vitamina C y rico en productos que inhiben la absorción y otorga unas cifras difíciles de alcanzar sin suplementos, especialmente en mujeres. No parece que recomendar suplementación por norma sea necesario ni prudente: existe el riesgo de sobrepasar los límites de seguridad que no es necesario correr, puesto que no parece que el hierro sea un nutriente que dé más problemas en vegetarianos que en población general. La EFSA, además, se desmarca de esa recomendación de manera expresa.

Existiendo estrategias dietéticas y culinarias para favorecer la absorción de hierro vegetal con las que, según refleja la epidemiología, la población vegetariana mantiene una prevalencia de anemia ferropénica similar a la del resto de la población, parece adecuado aconsejar a los vegetarianos que suplementen el hierro únicamente cuando exista un déficit diagnosticado y, como ya advertíamos, en la dosis y forma que indique el facultativo, que es exactamente el mismo consejo que daríamos a la población general. Y actuar con ellos exactamente igual que con el resto: si se detecta una anemia ferropénica en una analítica, se revierte mediante suplementación y se intenta averiguar la causa. Que por cierto, en el Primer Mundo, rara vez es dietética.

En el Primer Mundo, el déficit de hierro suele deberse más bien a problemas de absorción por enfermedades intestinales, al consumo de medicamentos como los antiácidos o a un proceso inflamatorio crónico. O, muy a menudo, a un exceso de pérdidas, concretamente en mujeres en edad fértil. La menstruación puede ser el mayor determinante del estado de los depósitos de hierro. Por ello, es uno de los grupos de población con mayor prevalencia de anemia ferropénica –también entre los vegetarianos y veganos– y las recomendaciones de ingesta son más altas para las mujeres en edad fértil.

Mi consejo para todos quienes aseguráis que no podéis ser vegetarianos porque necesitáis carne roja para no morir de anemia y que así os lo ha aconsejado el médico es que cambiéis de médico.

LO DEL CALCIO SIN LÁCTEOS, ¿CÓMO LO ARREGLAMOS?

Si existen dudas acerca de si se puede tener un buen estatus de hierro sin consumir carne, con el calcio y los lácteos ya se da por supuesto que, si no los consumes, vas a tener osteoporosis sin ninguna duda.

Las empresas de lácteos han realizado a lo largo de los años una inmejorable campaña de *marketing* para que esa idea cale hondo. Tanto es así que también es muy probable que te encuentres con más de un profesional sanitario que haga la misma afirmación. Y muy convencido, además. En España tenemos hasta una web (y su correspondiente campaña de *marketing*) que se llama lacteosinsustituibles.es, de la Federación Nacional de Industrias Lácteas (Fenil) financiada por la Unión Europea y el Ministerio de Agricultura, Pesca y Alimentación. Supongo que con la URL de la web ya os hacéis una idea del contenido y del mensaje de esta. Los lácteos no son imprescindibles ni remotamente insustituibles y ningún organismo público debería financiar mentiras.

Y es que, en nuestra sociedad, ningún otro nutriente tiene una dependencia tan grande de un único grupo de alimentos como el calcio con los lácteos. Podéis hacer la prueba: escoged cuatro o cinco personas al azar y pedidles que os digan tres alimentos que sean una buena fuente de calcio que no sean lácteos. Lo más probable es que no os sepan nombrar ni uno solo.

Sin embargo, hay poblaciones que tradicionalmente no consumen lácteos, como la japonesa, y no parece que vayan por ahí quebrándose los huesos a la menor ocasión. Tampoco en China es costumbre consumirlos, como en gran parte de Asia y África. Y curiosamente, a menudo presentan mejores valores de salud ósea e inferiores tasas de osteoporosis que la hiperlacteada sociedad occidental. Menudo misterio, ¿verdad? Vamos a hablar un poco de ese tema.

¿Cuánto calcio hay que ingerir?

La ingesta diaria de calcio recomendada en España era de 900 miligramos para adultos y de 1000 miligramos para hombres a partir de sesenta años y mujeres a partir de cincuenta, según la Fesnad.[51] La EFSA, sin embargo, modifica estás recomendaciones y propone 1000 miligramos para jóvenes entre dieciocho y veinticuatro años, y 950 miligramos para adultos de veinticinco años en adelante. Sin hacer distinciones entre hombres y mujeres y sin proporcionar tampoco una recomendación distinta para periodos de embarazo y lactancia.[52] De nuevo, sin recomendaciones específicas para vegetarianos. En realidad, ningún país da recomendaciones específicas para este colectivo, con lo que se asume que su ingesta debería ser la misma que la del resto de la población.

En las recomendaciones de ingesta de calcio, encontramos cosas curiosas. Por ejemplo, en España, para mujeres embarazadas, la recomendación asciende a 1200 miligramos, porque –según se argumenta– aumentan sus requerimientos, mientras que en Estados Unidos se mantiene la recomendación de 1000 miligramos para la población adulta (salvo en embarazos adolescentes), porque se dice que, en la gestación, la adaptación metabólica hace que se absorba más y se excrete menos calcio.[53] Curioso cuando menos. Como habéis visto, la EFSA le da la razón al argumento estadounidense y tampoco aumenta la recomendación. Esta sería actualmente la postura más actualizada y alineada con la evidencia científica disponible; sin embargo, a muchas mujeres embarazadas se les sigue dando un consejo obsoleto y anticuado al respecto.

Pero no terminan ahí las diferencias, en otro país del Primer Mundo como es Reino Unido, la recomendación para adultos es de setecientos miligramos al día,[54] es decir, un 30 % por debajo de la de Estados Unidos. ¿Por qué tanta diferencia entre países en principio no tan distintos en cuanto a condiciones? En todos ellos se consumen lácteos con frecuencia y, de hecho, lo lógico sería que la recomendación más baja correspondiera a España por motivos ambientales: más horas de sol y, por tanto, hipotéticamente, menos riesgo de déficit de vitamina D, que es imprescindible para un correcto aprovechamiento del calcio. Aunque ya veremos que eso solo es «en teoría».

Así pues, hemos tenido un bonito abanico de recomendaciones de ingesta diaria, todas emitidas por organismos competentes, que van de los 700 a los 1000 miligramos, y que llegan a los 1200 miligramos en embarazadas y lactantes, todas para adultos sanos.

A ver cómo sacamos algo en claro de todo esto… Pero, primero, investiguemos un poco sobre la salud ósea de los vegetarianos.

A las personas vegetarianas, ¿les falta calcio?

Según datos del EPIC-Oxford de 2007, los ovolactovegetarianos presentan el mismo riesgo de fractura que la población general, pero este riesgo es ligeramente superior en veganos, presumiblemente por su menor ingesta de calcio.[55]

Sin embargo, según un metaanálisis de Ho-Pham *et al.* de 2009, la diferencia es clínicamente insignificante y es improbable que esa diferencia resulte en un aumento clínicamente relevante del riesgo de fractura en dicha población.[56] Otro trabajo del mismo equipo concluye que aunque los vegetarianos tienen una menor ingesta de calcio y proteínas que los omnívoros, su dieta no afecta negativamente a la densidad ósea ni a la composición corporal.[57] En 2012, un nuevo trabajo secunda los resultados anteriores, concluyendo que la dieta vegana no tiene efectos adversos ni en la pérdida de masa ósea ni en la probabilidad de fractura.[58]

Una revisión suiza de 2016 apunta a que una de las razones de que las personas veganas no tengan más osteoporosis a pesar de que suelen tener una ingesta de calcio más baja que la de la población general es la menor carga ácida de su dieta, que favorece la resorción ósea.[59] Esta es una teoría bastante extendida, recordemos que se aplicaría a una alimentación vegana saludable, rica en frutas y verduras, cosa que sabemos que no siempre sucede.

Así que, en principio, parece que a los veganos no les va tan mal con eso de los huesos. O al menos no lo parecía hasta que en 2020 ve la luz una nueva publicación del EPIC-Oxford que concluye que las personas veganas tienen un riesgo de fractura un 30 % superior.[60] Fiesta de *veganhaters* y titulares de prensa alarmistas.

En ese trabajo vemos que, al separar por sexo, los hombres veganos salen con un riesgo similar al resto de la población y que es en el grupo de mujeres veganas donde se observa el aumento de ese riesgo, especialmente en las que tienen un IMC más bajo. No parece que haya una causa clara que explique estos datos, sino que sería un compendio de circunstancias a las que sin duda hay que atender para mejorar el consejo nutricional y de estilo de vida que damos a esta población, especialmente a las mujeres, y más especialmente a aquellas con peso más bajo, más susceptibles también de llevar dietas muy bajas en calorías (y, por tanto, en nutrientes) o de sufrir trastornos de la conducta alimentaria. También es menos frecuente en mujeres el ejercicio de fuerza y de impacto (que implican saltar), que sabemos que es un protector de la salud ósea, cosa que también se refleja en los resultados.

El mismo año se publica un estudio comparativo que dice que la menor densidad ósea de la población vegetariana se explica en gran parte por su menor IMC y la menor circunferencia de cintura (por tanto, menores tasas de sobrepeso que la población general), ya que el exceso de peso corporal que sufre gran parte de la población aumenta la densidad ósea de quien lo padece, dado que sus huesos cargan con más peso del que sería esperado,[61] y eso no es precisamente un indicador de salud favorable. También de 2020 es otra revisión que estudia los efectos de la alimentación vegetariana en la densidad ósea, habla de distintos resultados y concluye que la dieta vegetariana de buena calidad consigue obtener y mantener una buena salud ósea y prevenir las fracturas.[62] Asimismo, se ha comprobado que a mayor consumo de alimentos vegetales en la mediana edad, mejor densidad ósea, independientemente de que se consuma o no carne.[63]

Antes de eso, en 2019, un polémico metaanálisis español se sumó también a la tesis de que la población vegana tenía menos densidad ósea y más riesgo de fracturas.[64] Sin embargo, su metodología fue duramente cuestionada precisamente por investigadores de nuestro ya amigo el EPIC-Oxford en una carta que publicó la misma revista y en la que señalaban que su interpretación de la investigación disponible invalidaba los datos que ofrecía su metaanálisis.[65]

No cabe duda de que el tema está candente y que los resultados que arrojan los estudios de los últimos años son menos favorables que los de antes de 2015. Eso es una realidad objetiva y refuerza la idea de que la divulgación y el consejo nutricional a población vegana es más importante que nunca, teniendo en cuenta tanto el auge que está teniendo el movimiento como la explosión de productos insanos a coste bajo que está modificando –para peor– la que solía ser su alimentación tradicional a velocidad de vértigo.

Estoy segura de que saldrán más estudios interesantes próximamente.

Pero no nos precipitemos; primero, un repasito a lo básico.

¿Cuánto calcio hay en los vegetales y cuánto se absorbe?

Sabemos que del calcio total que ingerimos solo absorbemos alrededor de un 25 % del total de la dieta, y un 30-33 % de los lácteos. La cantidad que necesitamos absorber ronda los 250 miligramos;[66] por tanto, la cantidad total ingerida debe ser mucho mayor para poder llegar a ese mínimo que asegura un equilibrio y repone las pérdidas. Es evidente que a la hora de fijar la IDR habría que tener en cuenta la biodisponibilidad del calcio en la dieta de la población vegetariana y vegana.

Lo que sucede es que esa biodisponibilidad resulta prácticamente imposible de calcular, porque las ratios de absorción son muy variables de un alimento a otro y dependen de otros factores dietéticos y medioambientales... Y, además, el aprovechamiento del calcio está ligado a otros factores igual de importantes que la cantidad ingerida. Veamos:

— Vitamina D: mantener unos niveles adecuados de vitamina D es imprescindible para la salud ósea, porque esta vitamina regula el paso del calcio hacia el hueso. Las últimas investigaciones señalan que el déficit de vitamina D es bastante común en la población general, por lo que sería recomendable controlar nuestros niveles mediante una analítica al menos una vez al año (mejor en invierno, que es cuando los valores son más bajos) y tomar un suplemento en el caso de ser necesario. Una parte de la vitamina D se sintetiza a través de la piel gracias a la exposición solar, por lo que tomar el sol sin protección una media hora al día es también preventivo y aconsejable, pero en muchos casos no es suficiente.

— Actividad física: aquellas personas que hacen ejercicio con regularidad presentan mayor densidad ósea que las personas sedentarias. Es importante, además, realizar ejercicios de fuerza o carga y de impacto para prevenir la osteoporosis.

— Vitamina K: además de ser fundamental para la coagulación sanguínea, la vitamina K también tiene un importante papel en el metabolismo óseo, ya que es imprescindible para la formación de osteocalcina, una proteína de la matriz del hueso. Muchos de los alimentos vegetales ricos en calcio, como los de hoja verde, la soja o las crucíferas, lo son también en vitamina K.

– **Sal:** reducir la cantidad de sal de la dieta desempeña un papel importante en la prevención de la osteoporosis, ya que la ingesta elevada de sodio (uno de los principales componentes de la sal) incrementa la excreción de calcio en la orina, mientras que una dieta baja en sal favorece la reabsorción renal de calcio.

– **Magnesio:** una de las funciones del magnesio es activar los mecanismos para producir hueso nuevo, ya que estimula los osteoblastos (células que fabrican hueso) e inhibe la paratohormona (hormona que aumenta la resorción ósea). Una dieta rica en verduras, hortalizas, frutos secos y cereales integrales aporta el magnesio necesario a nuestro organismo.

– **Potasio:** el consumo alto de potasio que proporciona una dieta rica en frutas y verduras se relaciona con mayor densidad ósea y menor riesgo de osteoporosis. El potasio contribuye a mantener a raya la carga ácida de la dieta, que puede ser responsable de una mayor excreción de calcio.

– **Estilo de vida:** la actividad física regular –especialmente de fuerza y de impacto– es vital para mantener la salud ósea. Lo mismo que no fumar y no beber alcohol o hacerlo lo menos posible.

Por tanto, de nada sirve estar preocupadísimos por nuestra ingesta de calcio si tenemos bajos niveles de vitamina D, llevamos una vida sedentaria, una dieta rica en sal y nuestro consumo de verduras y hortalizas es bajo, arriesgándonos a no tomar suficiente magnesio, potasio y vitamina K.

¿De verdad hay calcio en los vegetales?

Sí, ya sé que seguís con esa duda. Pero antes quería que supierais que no es tan importante consumir mucho calcio como cuidar que todos los factores que afectan a nuestra salud ósea sean atendidos.

En el calcio, igual que hemos visto con el hierro, un factor importante es la biodisponibilidad, no solo la cantidad. En este cuadro podemos comparar la biodisponibilidad del calcio de algunos alimentos:

Alimento	Contenido en calcio por 100g (mg)	Fracción absorbible (%)	Cantidad de calcio absorbida (mg)
Leche de vaca (BEDCA)	125	31,2	40,1
Bebida de soja fortificada*	125	31,2	40,1
Alubias blancas	102,7	17	17,4
Brócoli	49,2	52,6	25,8
Col rizada	72,3	58,8	42,5
Tofu hecho con sales de calcio	204,7	31	63,4
Bok choy (col china)	92,9	53,8	49,9
Almendras	285,7	21,2	60,5
Semillas de sésamo	132,1	20,8	27,4
Coliflor	27,4	68,6	18,7
Repollo, berza	33,3	64,9	21,6

Fuente: http://ajcn.nutrition.org/content/59/5/1238S.full.pdf (Tabla 2) calculado por 100g en lugar de por «serving size»

*Fuente: http://www.ncbi.nlm.nih.gov/pmc/articles/PMC2981009/

La biodisponibilidad (fracción absorbible) del calcio de la leche de vaca y de los productos lácteos se sitúa, como hemos comentado, alrededor del 30-32 %: es similar a la del tofu, mientras que la del brócoli o la del *bok choy* ronda el 53 %; la de la col rizada o *kale* se acerca al 59 %; la del repollo y la berza, prácticamente el 65 %, y la coliflor, casi el 69 %. Algo por debajo de los lácteos, con una absorción de entre el 17 % y el 24 %, tenemos los frutos secos y las legumbres.

Por tanto, absorbemos más o menos el mismo calcio de 100 gramos de col rizada que de 100 gramos de leche, aunque el contenido neto sea mayor en la leche, y una cantidad bastante más elevada de 100 gramos de tofu cuajado con sales de calcio que de la leche (y la ración habitual de consumo de tofu asciende a 150 gramos o 200 gramos).

Así que sí, hay calcio biodisponible en cantidades razonables en los alimentos vegetales y por eso son capaces de sobrevivir sin quebrarse un hueso a cada paso los habitantes de sociedades enteras que no consumen lácteos. Misterio resuelto. Por favor, que alguien informe a los de lacteosinsustituibles.es.

¿Cómo cubrir los requerimientos de calcio con una alimentación vegana?

Cómo precaución, vamos a intentar que una persona vegana cubra al menos los 700 miligramos de ingesta de calcio al día, es decir, que llegue al menos a la recomendación más baja de un país comparable con el nuestro –en este caso, Reino Unido–.

Es importante mencionar que, en este sentido, pueden ser de ayuda las bebidas vegetales y los yogures de soja enriquecidos con calcio, ya que su consumo está bastante extendido, son fáciles de encontrar en nuestro país y, culturalmente, es habitual consumirlos en sustitución de los productos lácteos, por lo que permiten asegurar la ingesta sin hacer grandes cambios en nuestra rutina y costumbres, aunque desde luego no son imprescindibles.

Una estrategia fácil es fijarnos durante unos días en si consumimos una variedad suficiente de alimentos que sean una buena fuente de calcio. El cuadro siguiente nos da una buena aproximación, teniendo en cuenta que no es exacto y que he redondeado las cifras.

300 mg de calcio	150 mg de calcio	100 mg de calcio	50 mg de calcio
250 ml de bebida vegetal enriquecida	1 yogur vegetal enriquecido (125 g)	150 g de edamame	4 higos secos
80-100 g de tofu* cuajado con sales de calcio	125-140 g de tofu cuajado con *nigari*	40 g soja texturizada seca	20 g almendras o semillas de chía
	60 g *kale* o 125 g berza	200 g de garbanzos cocidos	1 cucharada de tahína
	175 g de alubias blancas cocidas		120 g de col o brócoli
	90 g pan integral		1 naranja

Alimentos vegetales ricos en calcio (cantidades aproximadas). Datos extraídos de las tablas de la USDA.

* La cantidad de tofu puede variar según su grado de firmeza. En este caso, nos referimos a un tofu firme, el más habitual en supermercados.

Volviendo al tema de la biodisponibilidad, es importante que tengamos en cuenta algunos aspectos.

Al igual que sucede con el hierro, los fitatos y los oxalatos que contienen muchos alimentos vegetales reducen la absorción del calcio, porque se unen a ellos formando complejos insolubles que impiden a nuestro organismo la absorción de ambos. Sin embargo, como ya hemos explicado, existen consejos y técnicas culinarias sencillas y de uso habitual que pueden ayudarnos a contrarrestar estos efectos y aumentar la biodisponibilidad del calcio de estos alimentos.

El ácido fítico o fitato se encuentra principalmente en los cereales integrales, los frutos secos, las legumbres y la cáscara de las semillas. Procesos simples como la cocción larga, el remojo, la fermentación, la germinación o el tostado (en el caso de los frutos secos) contribuyen a desactivar parte de ese ácido fítico.

Podemos poner como ejemplo el pan integral. Por un lado, ha sufrido una doble fermentación y las levaduras han predigerido el ácido fítico y, por otro, con la cocción larga, la mayor parte del fitato restante ha sido desactivado. Por tanto, el calcio contenido en ese pan tendrá una mayor biodisponibilidad (es decir, presenta una mejor absorción) que el contenido en otra preparación realizada con la misma harina que no hubiese sido fermentada, como ocurre con las crepes o los macarrones.

El remojo es otra de las técnicas que favorecen la desactivación del ácido fítico. Lo podemos aplicar al arroz integral y a otros granos que vayamos a comer cocidos, a los frutos secos crudos y, por supuesto, es imprescindible en la mayoría de las legumbres.

La germinación, por su parte, es aplicable tanto a granos de cereal como a legumbres y consigue un gran aumento en la biodisponibilidad de nutrientes. Consiste en mantener en remojo el producto el tiempo suficiente para que el grano o la legumbre empiece a brotar. Es una técnica muy usada en dietas crudiveganas que puede resultar interesante adoptar en otros modelos de alimentación.

En el caso de las semillas, el consejo sería no tomarlas enteras, ya que gran parte pasarán por el sistema digestivo sin alterarse y, por tanto, sin que podamos acceder a los nutrientes que contienen o, al menos, no a gran parte de ellos. Tomarlas en forma de pasta o crema (como la tahína, hecha con sésamo), rotas o machacadas en el mortero o con un molinillo de café es una idea mejor. Por ejemplo, así se absorbe aproximadamente el 20-21 % del calcio que contienen las semillas de sésamo y, como su contenido en calcio es elevado, no es para nada una cantidad despreciable.

Existe otro compuesto presente en algunos vegetales que dificulta la absorción de calcio: el oxalato, que aunque al parecer no afectan demasiado a la absorción de hierro, sí lo hacen con el calcio. Los oxalatos están presentes principalmente en algunas verduras de hoja, como las acelgas y las espinacas, y también en el cacao, el ruibarbo, el perejil o la remolacha. Esta es la razón de que las espinacas, a pesar de ser ricas en calcio y un alimento nombrado de manera habitual como buena fuente de este mineral, no sean en realidad una buena fuente biodisponible porque, a causa de sus oxalatos, solo se absorbe el 5 % del calcio que contienen, que es una fracción muy pequeña.

En este sentido, ofrecen más ventajas nutricionales otras verduras de hoja verde, como la col rizada o *kale*, la col china, el *bok choy*, las hojas de rábano o nabo, la berza, el brócoli o la coliflor.

El consejo sería variar el tipo de hojas verdes que consumimos, dando prioridad a aquellas cuya biodisponibilidad de nutrientes es mayor, y separar la ingesta de alimentos ricos en oxalatos de la de alimentos ricos en calcio.

El mito de las proteínas y el calcio

Existe una teoría que dice que una dieta rica en proteínas, especialmente si estas son de origen animal, descalcifica los huesos porque produce una acidificación de la sangre que obliga al organismo a extraer calcio de los huesos para remediar esa bajada del pH.

Esa afirmación es falsa. La proteína, además de formar parte de la matriz ósea, estimula la absorción de calcio y no parece que su poder acidificador afecte a la salud de los huesos, según un metaanálisis de 2009 que no encontró asociación entre acidificación y balance de calcio o pérdida de masa ósea.[67] Del mismo modo, una revisión de 2012 publicada en el *European Journal of Clinical Nutrition* concluyó que las dietas ricas en proteína no tienen impacto en el balance de calcio ni en la salud ósea.[68] Y en 2018, una revisión y metaanálisis de la National Osteoporosis Foundation dijo que no había diferencias en la salud ósea atribuibles al consumo de proteína animal o vegetal.[69]

Por tanto, el consejo en este sentido es mantener una ingesta proteica adecuada y desterrar el mito de que las dietas con poco o ningún aporte de proteína de origen animal presenta mayor protección ante la osteoporosis por este hecho. Lo que sí ayuda, como ya hemos comentado, es una alimentación rica en frutas y verduras y, por tanto, en potasio, que permite controlar la carga ácida, independientemente de las fuentes proteicas que consumamos.

¿Y LA VITAMINA D?

Como hemos visto, si no tenemos niveles adecuados de vitamina D, de nada servirá estar pendientes de que nuestra ingesta de calcio sea correcta, puesto que no lo vamos a fijar ni a metabolizar bien. Vamos, como siempre, qué sabemos de los vegetarianos en relación con la vitamina D: el EPIC-Oxford, en 2011, señaló que los niveles de vitamina D son más bajos en veganos que en población omnívora, pero sin que estos se encuentren fuera de rango.[70] Anteriormente, en el AHS-2 de 2009, los niveles de vitamina D de la población vegetariana estudiada, también fueron normales.[71] Sí que se detectó como factor de riesgo tener la piel oscura o negra, ya que estas personas necesitan cantidades más altas y más tiempo de exposición solar para alcanzar niveles saludables de vitamina D que las personas de piel más clara.

Aunque no existe ningún estudio sobre niveles de vitamina D en vegetarianos españoles (o, en su defecto, de otro país del sur de Europa), atendiendo a las horas de sol de las que disfrutamos, que son considerablemente más que las que se disfrutan en Reino Unido o en gran parte de Estados Unidos, podríamos llegar a pensar que tampoco en España se encontrarían datos fuera de rango con más frecuencia que en el resto de la población. Sin embargo, hay que señalar que España tiene tasas de déficit de vitamina D similares a las del resto de países europeos, y la mayor exposición solar que se nos presupone no consigue remontar la baja ingesta dietética. Esta exposición solar se ve limitada porque parte del país está por encima del paralelo 35, por el uso de protección solar en verano y por la baja exposición en invierno.[72] A estos condicionantes habría que sumar que tanto en Estados Unidos como en el norte de Europa el refuerzo y la recomendación de alimentos con vitamina D está bastante más extendida que en España, lo cual nos sitúa en desventaja.

¿De dónde obtenemos la vitamina D?

Las fuentes alimentarias de vitamina D son bastante limitadas y casi todas de origen animal: pescados grasos, huevo, vísceras, algunas setas y poco más, a los que habría que sumar los alimentos enriquecidos. Y es que la principal vía de sintetización de vitamina D es la exposición solar (alrededor del 90-95 % de nuestros depósitos de vitamina D provienen de la síntesis cutánea por la exposición solar),[73] y ya hemos comentado lo limitada que es nuestra exposición solar real.

La vitamina D, ya sea formada por exposición solar u obtenida a través de la dieta, necesita aún dos pasos más (dos hidroxilaciones) que se producen en el hígado y en el riñón, para estar «lista para usar», es decir, para que pueda ejercer sus funciones metabólicas.

Según un estudio de 2017 de la Universidad Politécnica de Valencia, durante el invierno necesitaríamos una media de ciento treinta minutos diarios de exposición solar, con un 10 % del cuerpo destapado en las horas centrales del día, mientras que en los meses de primavera-verano, bastaría con diez minutos a mediodía o veinte minutos en las primeras horas de la tarde exponiendo el 25 % de la piel. Estas cifras varían según la edad, el tipo de piel (más claro o más oscuro) y el tiempo que haga ese día en concreto.[74] Es decir, hay bastantes pocas posibilidades de que un humano normal cubra sus requerimientos de vitamina D en nuestras condiciones de vida, sobre todo en los meses fríos.

Es por ello por lo que la suplementación con vitamina D está a la orden del día y es cada vez más habitual, especialmente en invierno. Muchas veces, el déficit arrastrado de los meses de poco sol no se compensa en los meses de verano, sobre todo si seguimos pasando la mayor parte del tiempo bajo techo o protegidos por una generosa capa de crema solar. Y ojo, que no estoy animando a nadie a tomar el sol sin protección.

¿Cómo sé si necesito un suplemento de vitamina D?

El estatus de vitamina D se determina de forma sencilla con una analítica de sangre rutinaria, de las que solicita el médico de cabecera. Antes de ponernos a consumir un suplemento, es importante hacerse la analítica, para valorar si tenemos o no déficit y, en caso afirmativo, conocer en qué niveles estamos, ya que las dosis no serán las mismas si tenemos una insuficiencia leve que si tenemos un déficit franco. Tampoco si nos lo detectan en noviembre o en junio. Una dosis demasiado alta de vitamina D puede tener efectos perjudiciales y una demasiado baja no revertirá la carencia. Por ello, es imprescindible tanto la analítica como el consejo de un profesional sanitario cualificado.

La recomendación es mantener concentraciones séricas de 25-hidroxivitamina D entre 30 y 50 nanogramos por mililitro (75-125 nanomoles por litro), según el documento de consenso de 2016 de recomendaciones para la población general sobre vitamina D.[75]

En caso de déficit y de que se considere necesaria la suplementación, debe ser un profesional quien nos paute la dosis y la frecuencia de consumo del suplemento. En el caso de la población general, el mismo médico de cabecera hará una receta, ya que es un suplemento subvencionado por la Seguridad Social y su coste es muy bajo.

Si somos veganos, lo tendremos un poco más complicado, ya que los suplementos habituales de vitamina D no son aptos para nosotros y hay que buscar una alternativa distinta a la que nos recete la sanidad pública.

Es importante, por tanto, constatar que los niveles séricos de vitamina D sean los adecuados mediante la ingesta, la exposición solar y la toma de suplementos, si fuese necesario. En este caso, sería aplicable la misma recomendación a la población general no vegetariana, a juzgar por la prevalencia del déficit en vitamina D en nuestro país. Como hemos dicho, un control anual a través de una analítica sería lo más acertado.

Suplementos de vitamina D

Hay dos tipos de vitamina D: la D2 y la D3. La primera es de origen vegetal, el ergocalciferol, mientras que la segunda es principalmente de origen animal, el colecalciferol.

La vitamina D2 puede ser igual de efectiva que la D3 a dosis fisiológicas, pero no lo es cuando recurrimos a dosis farmacológicas, mucho más altas, que son las que se usan en suplementación. Por ello, en suplementos, la D3 es la forma más efectiva.[76]

Como hemos señalado, los suplementos de vitamina D3 disponibles en España son en su inmensa mayoría de origen animal y, por tanto, no aptos para vegetarianos, lo cual puede suponer un problema a la hora de recetar dichos suplementos que el paciente se puede negar a consumir. Afortunadamente, existen suplementos veganos de vitamina D3 procedentes de líquenes o de setas irradiadas con luz ultravioleta que pueden encontrarse en algunas tiendas especializadas y también comprarse *online*. A este respecto, sería importante incluir suplementos de D3 aptos para veganos en la oferta de los diferentes servicios autonómicos de salud, a fin de no discriminar a las personas veganas que necesiten consumirlos ni obligarlas a pagar un precio más elevado por un producto no subvencionado. Pero de momento, me parece que eso es pedirle peras al olmo.

A la hora de elegir un suplemento vegano de vitamina D, debemos tener en cuenta algunas cosas: por un lado, respetar la dosis que nos hayan indicado y, por otro, saber que algunos suplementos de vitamina D3 vienen etiquetados como «vegetarianos» porque proceden de la lanolina, una sustancia que se extrae de la lana de las ovejas, por contraposición a los que se extraen del aceite de pescado. Como para extraer la lanolina, igual que para conseguir leche, en principio no hay que matar a la oveja (para extraer el aceite de pescado, evidentemente, sí que hay que matar al pez), estos suplementos se consideran «vegetarianos». Ese etiquetado puede llevar a engaño a las personas veganas. En ese sentido, el etiquetado que hay que buscar es *vegan* o *vegano*, no *vegetarian* o *vegetariano*.

En 2021 existen suplementos de vitamina D3 vegana de muchas más marcas, también de fabricación española y con precios más asequibles, que en 2015, cuando escribí la primera versión de este libro.

En conclusión...

Asegúrate de que tu alimentación habitual incluye varias raciones diarias de alimentos ricos en calcio y no descuides la actividad física y el control del estatus de vitamina D mediante analíticas. Y come muchas frutas y verduras para asegurarte un buen aporte de magnesio, potasio y vitamina K.

De hecho, es más importante controlar el estatus de vitamina D que el de calcio en una dieta saludable que cubra requerimientos energéticos y proteicos.

¿A que ya no parece tan difícil?

CAPÍTULO 4
«TE VAN A FALTAR NUTRIENTES» (II)

DE OMEGA 3, ZINC, YODO Y OTROS

Todo se repite eternamente: el día y la noche, el verano y el invierno… El mundo está vacío y no tiene sentido. Todo se mueve en círculos. Lo que aparece debe desaparecer y lo que nace debe morir. Todo pasa: el bien y el mal, la estupidez y la sabiduría, la belleza y la fealdad. Todo está vacío. Nada es verdad. Nada es importante.

MICHAEL ENDE, *LA HISTORIA INTERMINABLE*

Hemos repasado en el capítulo anterior aquellos nutrientes que suelen preocupar al común de los mortales en cuanto oye la palabra *vegano,* así que vamos a pasar ahora a los nutrientes de nivel 2, aquellos de los que solo se preocupan los enterados.

Los ácidos grasos omega 3 son parte de esos nutrientes. La investigación existente sobre ellos es todavía insuficiente para sacar conclusiones inequívocas en cuanto a población general, no digamos ya a la población vegetariana. Por ello, resulta prácticamente imposible dar un consejo totalmente seguro sobre el tema y es muy probable que, en los próximos años, nuevas investigaciones arrojen algo más de luz y que consejos que hoy parecen acertados se tengan que modificar. Tenedlo en cuenta mientras leéis.

La situación actual da pie tanto a la postura favorable a la suplementación como a la contraria. Así que voy a intentar coger el camino de en medio.

Pero como viene siendo costumbre, empecemos por el principio...

OMEGA 3: QUÉ ES Y DÓNDE SE ENCUENTRA

Los omega 3 son un tipo de ácidos grasos poliinsaturados esenciales, es decir, que es imprescindible que los ingiramos con la dieta, porque nuestro cuerpo no es capaz de fabricarlos.

Aunque existen seis ácidos grasos distintos de la serie omega 3, hay tres en los que nos tenemos que fijar especialmente:

– **Ácido alfa-linolénico (ALA):** es un ácido graso esencial para el ser humano, que al ser consumido en cantidades importantes puede ser almacenado, β-oxidado o metabolizado en sus derivados bioactivos, principalmente en ácido docosahexaenoico. Se encuentra en las nueces, el lino, la chía y, en menor medida, en otras semillas y frutos secos e incluso en algunas legumbres como la soja.

– **Ácido eicosapentaenoico (EPA) y ácido docosahexaenoico (DHA):** se encuentran en aceites de pescado y en algunas microalgas, así como en la leche materna y en la carne de algunos animales alimentados con pasto.

Es posible que tras leer lo anterior hayáis llegado a la conclusión de que, si consumimos alimentos ricos en ALA, que son de origen vegetal, tenemos el problema resuelto, porque ya se encarga nuestro organismo de iniciar la ruta metabólica que lo convierte en EPA y luego en DHA. Y aunque esto es cierto en parte, el tema no es en absoluto tan sencillo.

De la conversión de ALA en DHA desconocemos más de lo que sabemos, para empezar. Lo que sabemos es esto: se produce en el hígado y en el cerebro, y la tasa de conversión puede ser variable, ya que la misma dosis no siempre produce la misma respuesta.[1] Aún hay bastantes dudas sobre cómo se da esa conversión, aunque conocemos que en su mayor parte es hepática y que la conversión a nivel neuronal es muy residual. La mayoría del ALA que ingerimos lo almacenamos en forma de grasa, una pequeña parte la oxidamos y otra parte aún más pequeña es la que convertimos en EPA y en DHA. Esto nos lleva a plantear una pregunta obvia: ¿por qué un ácido graso esencial es utilizado principalmente como fuente de energía y no preferencialmente como sustrato para la síntesis de EPA y DHA? ¿No es muy imprudente por parte de la naturaleza dejar ese aporte tan dependiente de la ingesta, existiendo una ruta metabólica para obtenerlo y habiendo otras muchas fuentes de grasa dietética que almacenar en su lugar? ¿Por qué sigue primando el almacenamiento frente a la conversión? ¿Tal vez la pequeña tasa de conversión existente es suficiente para cubrir los requerimientos? No lo sabemos. Y, además, en la actualidad, seguimos sin conocer cuál es el estatus mínimo de DHA en sangre por debajo del cual podríamos señalar una deficiencia y aparecerían manifestaciones clínicas.

¿Para qué sirven los omega 3? ¿Cuáles son sus funciones en nuestro organismo? En principio sabemos que reducen el riesgo cardiovascular, la inflamación y el daño oxidativo. También sabemos que el DHA participa en el desarrollo visual y del sistema nervioso central, especialmente en la etapa fetal y la primera infancia, y también existe la hipótesis de que actúa como protector de enfermedades neurodegenerativas en edades avanzadas.

¿Cuánto DHA tienen las personas vegetarianas en sangre?

La ingesta de fuentes vegetales de ALA es el principal aporte de DHA en dietas vegetarianas o en aquellas dietas en las que no se consume pescado. Y aquí quiero hacer un inciso: creer que una alimentación omnívora garantiza un estatus elevado de DHA es como creer en las hadas. Ni de broma.

El consumo de pescado azul brilla por su ausencia en la alimentación de muchas personas o es ciertamente bajo en el caso de muchas otras. También estaremos de acuerdo en que el consumo de carne de pasto es totalmente residual en la población occidental y está al alcance de un reducido número de personas. Prácticamente la totalidad de la población consume carnes procedentes de la cría de ganado intensiva, cuyo contenido en DHA es despreciable.

No tenemos muchas referencias sobre los niveles de DHA en la población, ya que no es un parámetro que se mida en las analíticas de rutina. El estudio de cohortes del EPIC-Norfolk, en 2010, valoró el estatus de omega 3 de 14.422 individuos, distinguiendo entre personas que comían pescado, personas que no comían pescado pero sí carne, vegetarianos y veganos. A pesar de que la ingesta era distinta entre los grupos y la más alta era la de los consumidores de pescado, las diferencias de estatus entre los grupos eran mucho menores de lo que se podría esperar. Los investigadores apuntan a que probablemente la tasa de conversión era mayor en los no consumidores de pescado (ergo también en vegetarianos).[2] ¿Significa esto que existe una adaptación metabólica a ingestas bajas de DHA que hace que la conversión sea más eficiente en esos individuos? Pues es una posibilidad, pero aún no tenemos estudios concluyentes que permitan asegurarlo a ciencia cierta.

Otro dato curioso es que las mujeres son más eficientes convirtiendo ALA en DHA que los hombres, y ello se ve reforzado con la presencia de estrógenos, lo que explica la mayor conversión durante el embarazo y la lactancia para cubrir los requerimientos más elevados.[3]

Y es que resulta que aún no se han establecido los niveles mínimos de DHA por debajo de los cuales podríamos señalar un déficit patológico,[4] y además los vegetarianos no muestran signos clínicos de déficit de DHA y no conocemos la significación clínica de sus estatus, ni qué niveles son suficientes para su salud óptima.[5] Quizá antes de recomendarles un suplemento de omega 3, tendríamos que tener claras esas cosas, ¿no? Para ello, falta aún investigación.

Veamos qué sucede con uno de los problemas de salud en el que parece que el omega 3 juega un papel importante.

¿Existe un mayor riesgo cardiovascular por tener menores niveles de DHA?

Se preguntaba Sanders en el verano de 2014, en la *American Journal of Clinical Nutrition,* cuál era el veredicto al comparar el omega 3 vegetal con el marino, en relación con el riesgo cardiovascular y, tras analizar un poco el tema y valorar los estudios existentes, prospectivos y RCT, escribió lo siguiente en la conclusión:

> Las concentraciones de DHA en el plasma y en los lípidos de los eritrocitos son más bajas en los vegetarianos que en los omnívoros, debido principalmente a la ausencia de DHA en su dieta. Sin embargo, a pesar de la falta de

> EPA y DHA en dichas dietas, los vegetarianos tienen un riesgo menor de enfermedades cardiovasculares en comparación con los omnívoros. En conclusión, la evidencia actual no justifica aconsejar a veganos y vegetarianos que complementen su régimen alimentario con EPA o DHA para la prevención de las enfermedades cardiovasculares.[6]

Gracias por el curro, Sanders.

No era la primera vez que Sanders se ocupaba de este tema. En 2009 ya publicó un estudio acerca del estatus de DHA en vegetarianos,[7] en cuyos resultados apunta que aunque, como sabemos, su ingesta de DHA es menor, no hay evidencia de que ello cause ningún efecto adverso en la salud o en la función cognitiva.

También en la *American Journal of Clinical Nutrition,* en julio de 2014, se preguntaba otro investigador llamado Harris si lograr un óptimo estatus de omega 3 debía ser un reto para los vegetarianos… o no. Concluía que sí, que sería interesante para los vegetarianos beneficiarse de los efectos cardioprotectores del omega 3, aun a pesar de afirmar en las mismas conclusiones que el patrón dietético vegetariano y vegano está asociado *per se* con un riesgo cardiovascular reducido.[8] La cosa se aclara un poco cuando leemos que el autor pertenece a dos compañías que ¿a que no sabéis que venden? ¡Un test de estatus de omega 3! Y además asesora a compañías farmacéuticas que venden ¡suplementos de omega 3! ¡Ajá…! Qué importante es remarcar los conflictos de intereses.

Unos años antes, en 2009, Mangat ya había abordado la duda de si los vegetarianos debían consumir pescado para tener una óptima protección cardiovascular, concluyendo:

> No existen datos sobre el beneficio terapéutico potencial de la suplementación con EPA, DHA o ALA en aquellas personas que ya consumen una dieta vegetariana. En general, no hay pruebas suficientes para recomendar la suplementación con ácidos grasos omega 3 con fines de protección cardiovascular; sin embargo, los estudios en curso, como el ensayo Alpha Omega, pueden proporcionar más información.[9]

En 2014, como hemos visto antes, se seguía diciendo lo mismo.

¿Qué más? Tenemos otro estudio de marzo de 2014, realizado con una muestra pequeña, que comparaba el consumo de huevos enriquecidos con omega 3 y de nueces en ovolactovegetarianos en relación con los marcadores de riesgo cardiovascular. Ganaron las nueces, aunque los huevos subían más el DHA, las nueces eran más beneficiosas a nivel global.[10]

Y en 2020 una revisión publicada en *Nutrients* vuelve a concluir que, aunque una ingesta de ALA (omega 3 de origen vegetal) no es tan eficiente para ser convertida en DHA, sí se asocia con unos mejores marcadores de salud cardiovascular. Se refiere específicamente a la ingesta de nueces y semillas de lino, y mantiene el consejo de reducir el aporte de omega 6, como explicaremos un poquito más adelante.[11] Además, la suplementación con omega 3 procedente de pescado no ha demostrado su eficacia de forma concluyente, ni en la prevención de accidentes cardiovasculares ni en relación con la mejora de otras patologías, según el National Center for Complementary and Alternative Medicine, centro perteneciente al Departamento de Salud de Estados Unidos.

Por último, deseo mencionaros un estudio piloto; a pesar de ello, quiero destacarlo porque es taaaaan bonito y me gustan tanto las conclusiones a las que llega... Se trata de un estudio de intervención en el que se restringe carne y pescado a personas omnívoras para ver si afecta a su humor, y lo que viene a decir es que ser vegetariano, además de beneficiar al medioambiente, ¡¡mejora tu humor!! Y ojo, que el grupo que no comía carne pero sí **pescado**, no mejoró, a pesar del DHA. Sé que esto es un estudio piloto que solo sirve para formular una hipótesis, no para mostrar evidencias, pero la hipótesis es bastante molona, ¿o no?[12]

Así que, en relación con la salud cardiovascular, no parece haber motivos de preocupación para los vegetarianos. Pero ¿y el desarrollo y el mantenimiento de la función cognitiva? ¿Qué pasa con eso?

Problemas de función cognitiva

Este es, en mi opinión, el punto que genera más discrepancias. Y es lógico, porque es un tema en el que actualmente se está investigando mucho, pero lo cierto es que no hay demasiados resultados concluyentes. Y hablo de estudios en población general, no ya en vegetarianos.

Las dos preguntas que hemos de formular en este apartado son: (1) ¿repercute el menor estatus de DHA en el desarrollo nervioso cognitivo de los niños vegetarianos?, y (2) ¿afecta a la salud mental y al desarrollo de enfermedades neurodegenerativas en adultos?

Es difícil contestar ambas.

Por un lado, no existe evidencia de que tasas más bajas de DHA en vegetarianos se relacionen con efectos adversos a nivel cognitivo ni de salud, ni siquiera en niños nacidos de madres vegetarianas.[13]

Pero, por otro, hay revisiones recientes, en niños no vegetarianos sanos, que sí encuentran alguna mejoría en los niveles de aprendizaje y conducta con suplementación de DHA. No llega a ser una evidencia concluyente, tanto por la disparidad de la metodología usada en los estudios incluidos en la revisión como por los resultados neutros de al menos la mitad de ellos.[14] Ni siquiera revisiones exhaustivas encuentran respuesta hoy en día a este tema e incluso alertan del posible uso con fines puramente mercantilistas de los suplementos de DHA en productos dirigidos a población infantil.[15] E, insisto, estaríamos hablando en todo caso de suplementar a todos los niños, no solo a los vegetarianos.

Sobre el riesgo de demencia y la pérdida de función cognitiva en adultos de edad avanzada y el posible efecto protector de los ácidos omega 3, tenemos una revisión Cochrane, de 2012.[16] De nuevo, se hizo a partir de población general, no de vegetarianos, pero es lo que hay. Concluye diciendo que la evidencia directa de los efectos de los ácidos omega 3 en la incidencia de demencia es insuficiente y que su suplementación no muestra beneficios en la salud cognitiva.

Así que, de momento, el hecho de que los vegetarianos tengan menor estatus de DHA que los consumidores de pescado (ojo, no que los omnívoros en general) no parece que sea motivo para tomar medidas en forma de suplemento, sobre todo porque ni siquiera sabemos dónde está el límite inferior saludable de DHA. Ahora, eso no quita que tomemos algunas precauciones.

Omega 3 en personas vegetarianas. ¿Qué hacemos?

En principio, parece sensato garantizar el aporte de ALA de fuentes vegetales, controlando el aporte de ácidos grasos omega 6 que compiten por su metabolización. Es habitual que en el Primer Mundo la alimentación sea excesivamente rica en omega 6 y, cuando esto ocurre, el omega 3 y sus efectos positivos quedan relegados. Por tanto, es igual de importante mantener un consumo adecuado de omega 3 que mantener el omega 6 a raya, lo cual, en España, no debería ser mayor problema.

Me explico.

Las recomendaciones que tenemos sobre ingesta de ALA en vegetarianos están dirigidas a población estadounidense y, como sabemos, la dieta de los norteamericanos es distinta a la nuestra. Específicamente, en el perfil lipídico hay diferencias importantes: en España la grasa de referencia es el aceite de oliva, que contiene en su mayor parte ácidos grasos de la serie omega 9, que no compiten por la metabolización con el omega 3, como sí sucede con los omega 6.

En Estados Unidos, en cambio, suelen usarse habitualmente aceites de semillas u otro tipo de grasas ricas en omega 6, por lo que sus niveles de este ácido graso serían en principio más altos que los de un español con dieta saludable cuya grasa de referencia sea el aceite de oliva. Por tanto, el primer paso para cubrir requerimientos de omega 3, que es disminuir el consumo de omega 6, los españoles ya lo llevamos «de serie» y no debería suponernos mayor problema. Excepto para quienes lleven una dieta insana, con un consumo abundante de productos ultraprocesados, que son ricos en grasas de mala calidad, claro. Pero para ellos, el DHA es el menor de sus problemas.

En relación con las personas vegetarianas, hace años que el consejo que se suele facilitar es moderar el consumo de alimentos ricos en omega 6, ya que compiten por la vía de metabolización con el omega 3 –como ya advertíamos– y asegurar el aporte de este último para favorecer la conversión ALA-DHA. En este sentido, un metaanálisis publicado en 2015 viene a concluir que, aunque hacen falta más estudios y mejor diseñados, este sigue siendo aún hoy el mejor consejo.[17]

Y es que trabajos posteriores siguen llegando exactamente a la misma conclusión, como el de Santos *et al.* de 2020, que insiste en que, aunque la conversión de ALA en EPA y DHA no sea suficiente en humanos, los aportes vegetales de ALA se asocian con mejoras cardiovasculares y recomienda reducir el omega 6 para tener una ratio adecuada con el omega 3.[18]

Como estrategia para mantener ese adecuado equilibrio entre omega 6 y omega 3 y para un aporte suficiente de ALA de origen vegetal se propone:

- Reducir el consumo de aceites ricos en omega 6: aceites de semillas (girasol), maíz o soja, margarinas y otras grasas industriales. Es razonable que en España la grasa de referencia sea el aceite de oliva, que es además un aceite con bajo contenido en omega 6.

- Asegurar la ingesta de ALA (1-1,5 gramos por día): según las recomendaciones para población europea realizadas por la Fesnad. Es el equivalente, por ejemplo, al consumo de 10-15 gramos de nueces, 5-8 gramos de semillas de lino machacadas o rotas y 2,5-5 gramos de aceite de lino.

Existen otras fuentes vegetales ricas en ALA, como las semillas de chía, que no he incluido por tener menos distribución en nuestro país, ser bastante más caras y con un contenido en ALA inferior al de las semillas de lino.

Hay que señalar que la EFSA no nos da una IDR de ALA, porque no se dispone de información suficiente como para hacerlo, solo se anima a lo que se considera una «ingesta adecuada» *(adequate intake),* que se sitúa en un difuso «0,5 % de la ingesta energética total», para todas las edades y ambos sexos. Es decir, supongamos una ingesta energética total de unas dos mil kilocalorías, pues según la EFSA, 10 kilocalorías tendrían que provenir del ALA, lo que equivale a 1,1 gramo, ya que cada gramo de grasa son 9 kilocalorías. Se ajustarían por tanto a las recomendaciones de antes, teniendo en cuenta que ese entre «1 y 1,5 gr» coincidirían con las recomendaciones de la EFSA adaptadas a diferentes aportes energéticos.

Sobre el consumo de EPA + DHA sí nos da una cifra: 250 miligramos para los adultos, a los que en caso de embarazo se sumaría un extra de entre 100 y 200 miligramos más. Y nos recuerda que el organismo es capaz de sintetizarlo. Vamos, que también coge el camino de en medio.

Otro buen consejo, aunque aún no hay resultados concluyentes en humanos, es acompañar los alimentos ricos en ALA con cúrcuma, ya que la curcumina que esta contiene parece favorecer en gran medida la conversión del ALA en DHA en el cerebro, y los propios investigadores señalan como interesante su consumo en dietas pobres en pescado o que no lo incluyen en absoluto.[19] Este consejo, aunque no sea concluyente, tiene la ventaja de que tampoco os va a perjudicar, ya que estamos hablando solo de añadir cúrcuma a la comida, que, cuando menos, algún efecto antiinflamatorio sí sabemos que tiene.

Si se decide recurrir a suplementos, una dosis de 250 a 300 miligramos de EPA + DHA al día sería la adecuada, según afirman algunas investigaciones,[20] consistentes con las recomendaciones de la EFSA. Aunque en principio no habría por qué recomendar la suplementación de DHA de manera universal a la población vegetariana, podría ser prudente hacerlo en ancianos o personas con enfermedades crónicas.

En relación con las mujeres embarazadas, en España es habitual que se les recomiende suplementación con DHA a muchas embarazadas no vegetarianas y, por tanto, podemos deducir que a algunas embarazadas vegetarianas también se les pautará. En ese caso, los profesionales sanitarios deben conocer los productos existentes para la suplementación de DHA aptos para vegetarianos y, por supuesto, no recomendar nunca a una mujer embarazada vegetariana un suplemento de DHA fabricado a base de aceite de pescado o de kril. Siempre se buscará una referencia apta para veganos, como son los suplementos fabricados a base de microalgas, que hoy podemos encontrar con relativa facilidad y de varias marcas. Por principio de precaución, es un suplemento que no estaría de más durante el embarazo y la lactancia, también en el caso de aquellas mujeres cuyo consumo de pescado azul no sea demasiado frecuente, no solo las vegetarianas.

Un mensaje para los obcecados con este tema, que sé que son muchos: si hay que suplementar el DHA, se suplementa. No pasa nada. Porque vivimos en el Primer Mundo y podemos y, mal que os pese, no estamos tan mal (o eso dice la dichosa epidemiología).

Y para las personas veganas a las que este tema intranquiliza por las pocas certezas que tenemos, una suplementación en las dosis indicadas no les va a hacer daño, y la tranquilidad es mucho más importante que tomar o no un suplemento. Pero, en todo caso, no existe evidencia clara para recomendar la suplementación de DHA de manera general a la población vegetariana: seguimos sin tenerla. Incluso las revisiones más actuales que aconsejan suplementar, lo hacen basándose en unos valores plasmáticos determinados, no en algún tipo de sintomatología clínica o un aumento de riesgo contrastado de alguna patología atribuible a este factor en población vegana.[21]

Con esta información, la decisión está en vuestras manos o podéis delegarla en una dietista-nutricionista que os aconseje en vuestro caso particular, ya que hay condiciones que sí pueden hacer recomendable el uso de un suplemento de DHA, como padecer ciertas patologías o llevar dietas con alguna restricción.

TAMBIÉN HE OÍDO ALGO SOBRE EL ZINC...

Con el zinc hay mucha menos controversia, a pesar de que es otro de los minerales que suele aparecer en las listas de «nutrientes que vigilar» en la alimentación vegetariana.

Es cierto que el zinc no se encuentra en grandes cantidades en los alimentos vegetales y que su biodisponibilidad es menor por la presencia de fitatos. Según un metaanálisis de 2013 que analiza el efecto de la dieta vegetariana en el estatus de zinc, las personas vegetarianas tienen niveles más bajos de este mineral que el resto de la población,[22] pero hay grandes variaciones según el tipo de dieta vegetariana, por lo que no nos es de gran utilidad, ya que evidentemente una alimentación vegetariana mal planteada tendrá diversos problemas –igual que una omnívora mal planteada–, pero el problema en ambos casos será el mal planteamiento, no el estilo de alimentación en sí.

En poblaciones de países subdesarrollados sí es habitual encontrar niveles bajos de zinc, entre otras carencias, que a menudo responden más a que la dieta no es adecuada ni suficiente y no a que sea o no vegetariana: de ahí la importancia de valorar en qué tipo de población se han hecho los estudios y si es comparable a la nuestra o no, tal y como comentábamos en el primer capítulo.

En 2015, Foster y Samman evaluaron el impacto de la dieta vegetariana en los niveles de zinc a lo largo del ciclo vital y concluyeron que, para variar, no sabemos demasiado, pero que es prudente dar a esta población consejo sobre el tema.[23] Pues vale, gracias.

Parece que la menor biodisponibilidad de zinc en las dietas veganas no llega a suponer un problema si la alimentación es suficiente, como es habitual en el mundo occidental, y además vemos de nuevo cierta adaptación metabólica a las ingestas bajas de zinc en vegetarianos que hace que aumente su retención, por lo que a pesar de las diferencias de ingesta, no tienen mayor riesgo de déficit que la población en general,[24] de manera que no se necesitarían recomendaciones específicas para cubrir requerimientos de este nutriente más allá de las recomendaciones de mantener una dieta vegetariana saludable.

¿Dónde encontramos zinc? Son buena fuente de zinc los cereales integrales (especialmente la avena y el maíz), el tofu, el tempe, las legumbres (incluidos los cacahuetes), los frutos secos (sobre todo, anacardos y nueces), la levadura de cerveza y las semillas (especialmente las de calabaza).

Además, varias técnicas de cocina habituales, como el remojo de las legumbres, la germinación, la cocción y la fermentación de los preparados de panadería, reducen la unión del zinc con el ácido fítico, por lo que aumenta su biodisponibilidad, igual que hemos comentado anteriormente con otros nutrientes. Sí: sé que, a estas alturas, lo de remojar, germinar, fermentar y cocer lo tenéis todos más que claro, porque lo he repetido unas diez veces. También la ingesta conjunta con fuentes de vitamina C (fruta y verdura cruda) aumenta la absorción de zinc,[25] tal y como hemos visto que sucede con el hierro.

Y DE LA VITAMINA A, ¿TENGO QUE PREOCUPARME?

La vitamina A es uno de esos nutrientes que de repente salta a la palestra como «problema» en las dietas vegetarianas sin que sepamos muy bien cómo ni por qué.

Hubo un momento en el que estuvo de moda alertar de que la dieta vegana «no tiene vitamina A». Que ya ves tú, está el mundo lleno de vegetarianos con xeroftalmia y ceguera (síntomas típicos del déficit de vitamina A) y mientras tanto nosotros preocupados con la B12.

Pero como aquí hemos venido a eso y estas cosas dejan siempre poso y alguna URL en internet, vamos a hablarlo.

Pero bueno, voy a dejar de despotricar y ponerme seria. Vamos a empezar con alguna pincelada sobre la vitamina A y su metabolismo.

Vitamina A: lo básico (si no lo sabes, no deberías ni chistar sobre el tema)

La vitamina A es como conocemos al retinol, que abunda en los alimentos de origen animal ricos en grasa y en las vísceras, principalmente en el hígado, porque es donde se almacena.

En los alimentos de origen vegetal se encuentra en forma de betacaroteno, que es un precursor de dicha vitamina. Eso no supone ningún problema, porque nuestro hígado convierte ese precursor en la forma activa (retinil-palmitato en sangre, retinol tras el paso hepático) sin despeinarse. De hecho, los betacarotenos son la principal fuente de vitamina A de la mayor parte de la humanidad.

Asegurar que es un problema que la dieta vegana tenga solo precursores de vitamina A (betacarotenos) denota el mismo nulo conocimiento de fisiología y metabolismo que andar pregonando que el colesterol es un nutriente esencial que hay que ingerir obligatoriamente. Sí, también ha pasado.

En nuestro entorno, las principales causas de déficit de vitamina A son las enfermedades malabsortivas, la celiaquía, los problemas biliares y otras patologías digestivas. En ningún caso seguir una dieta vegana.

Aunque es cierto que se necesita más cantidad de betacarotenos que de retinol para cubrir necesidades, una dieta vegetariana normal y corriente, que llegue a requerimientos calóricos, también cubre sobradamente las necesidades de betacarotenos. De hecho, ni siquiera hay algún tipo de recomendación específica al respecto para la población vegetariana. Ni siquiera la menta el documento de posicionamiento de la AND sobre dieta vegetariana, actualizado a finales de 2016, ni le dedica una sección en la parte de «nutrientes importantes».

Andar criticando la alimentación vegana con este argumento es como ponerse a decir que las dietas tradicionales son más pobres en fibra y antioxidantes que las vegetarianas, como si fuera imposible llevar una dieta omnívora con un consumo adecuado de fibra. Y aderezándolo todo con casos de cáncer de colon en personas que comen carne (por cierto, infinitamente más abundante que el déficit de vitamina A en veganos...) y con ejemplos de déficits nutricionales en Somalia.

Pero que no se diga que nos quedamos con las obviedades, aunque sean más que suficiente. Lo que queréis son estudios, ¿verdad?

Voy a empezar dándoles gusto a los *haters* (sé que también me leen): aquí tenéis una publicación sobre UN caso de UN niño vegano con déficit de vitamina A.[26] Os explico que cuando se publican estudios sobre un solo caso, es porque este es lo bastante curioso, no porque haya una epidemia. Y cuando un caso es lo bastante curioso para ocupar una publicación, es porque no es habitual. De hecho, la publicación ganaría con diez casos en vez de con uno solo. O con cinco, al menos. Cuando un solo caso da para una publicación científica es porque es bastante excepcional.

Cuando miramos datos de estatus de vitamina A en vegetarianos del Primer Mundo (lo repito una vez más: usar datos de países en desarrollo para hablar de gente que vive en países industrializados es trampa), vemos que los vegetarianos tienen mayores niveles plasmáticos que la población general,[27] y lo mismo sucede en el caso de los niños[28] –de hecho, los pequeños que siguen una dieta vegetariana tienen mayor ingesta que quienes llevan un alimentación no vegetariana–.[29] En adultos sucede lo mismo: la ingesta de vitamina A es también mayor entre los vegetarianos que entre quienes siguen una dieta tradicional.[30]

Y además sabemos que la adopción intermitente de dietas vegetarianas no aumenta el riesgo de déficit.[31] Y como colofón, incluso en dietas crudiveganas, la ingesta de vitamina A está un 247 % por encima de las recomendaciones americanas para dicho nutriente.[32]

Ni siquiera con una dieta vegana baja en grasa se ve comprometida la vitamina A.[33] Recordemos que la grasa facilita la absorción de esta vitamina, que es liposoluble, es decir, incluso poniéndonos en un escenario poco favorable, sigue sin haber problema.

Yo creo que no hay mucho más que discutir y podemos avanzar con otro tema.

YODO, ALGAS Y SAL

En España, la deficiencia de yodo es endémica en algunas zonas y han existido programas de prevención en varias comunidades autónomas que han reducido la prevalencia de ese déficit, como en Asturias, que impuso el uso de sal yodada en los comedores escolares en la década de 1990.[34] Además, en España se recomienda un suplemento de yodo a las mujeres embarazadas[35] y a la población general se le aconseja el uso de sal yodada.[36]

Lo que sabemos de la ingesta de yodo de los vegetarianos españoles corresponde a una sola referencia, que dice que su consumo es inferior al de la población general,[37] basándose en recordatorios de veinticuatro horas (no es la mejor manera de establecer el estatus de yodo). Por otro lado, los estudios realizados en otros países no son vinculantes, puesto que la situación no es equiparable a la de España, que tiene condicionantes concretos, así que, por el momento, el mejor consejo para los vegetarianos es el mismo que le daríamos al resto de la población: usar sal yodada.

A menudo me preguntan si no es lo mismo emplear sal marina, que dado su origen parece que ya tiene que traer yodo *per se*. Y no, no es lo mismo. El proceso de limpieza de la sal y su refinado acaban con el yodo que pudiera contener o, al menos, con la mayor parte de él. Tampoco es fuente segura de yodo la sal marina sin refinar, porque pasa por un proceso de limpieza igualmente antes de su envasado. Solo la sal etiquetada como «yodada» tiene la cantidad de yodo necesaria. Ninguna otra.

Para conservar bien la sal yodada es importante mantenerla seca, en un lugar oscuro y fresco. Así que mejor usar un salero que tenga tapa y no sea transparente, y procurar no introducir nada mojado o húmedo para coger la sal.

¿Y por qué no algas?

Las algas están de moda. Ya no son ese producto exótico prácticamente inexistente por estos lares que comíamos con asquillo en los restaurantes japoneses. Ahora, las algas son como las galletas y se venden en los hipermercados.

En muchos sitios leeréis que las algas son muy buenas por ser riquísimas en minerales (entre ellos, yodo), vitaminas, fibra, y bajas en grasa y calorías. Parece que con introducir un consumo frecuente de algas en nuestra alimentación, estaremos supervitaminados y mineralizados. Y es cierto. Pero no es toda la verdad.

El uso de algas como fuente de yodo está desaconsejado, ya que a menudo presentan un contenido en este mineral que se sitúa por encima del límite superior establecido por las autoridades sanitarias y puede generar efectos adversos.[38] Además, sabemos que las algas europeas tienen concentraciones de yodo superiores a las asiáticas.[39] A mis pacientes, siempre les digo que utilicen las algas más como un condimento que como ingrediente principal de un plato. No es para nada seguro introducir de repente en la dieta un consumo elevado y frecuente de algas en una población tan poco adaptada a altas ingestas de yodo como la nuestra.

Los pueblos que llevan siglos consumiendo grandes cantidades de algas, como es el caso de Japón, están adaptados a este tipo de alimentación, y por ello soportan mucho mejor la sobrecarga de yodo y aun así no se libran de las consecuencias.[40]

En España, por el contrario, la deficiencia de yodo es endémica en muchas zonas –situación que aunque ha mejorado en los últimos años, sigue sin estar resuelta–.[41] Imaginad el festival que puede suponer para nuestro metabolismo empezar a ingerir cantidades astronómicas de yodo de golpe y porrazo. Y a eso le añadimos que es frecuente que las algas estén contaminadas con metales pesados,[42] lo que tampoco es un aliciente para consumirlas a destajo.

En este sentido, una revisión muy reciente, de 2021, concluye que la mejor opción para mantener un buen estatus de yodo es el uso de sal yodada y advierte específicamente de los problemas que puede acarrear usar algas con ese fin.[43]

En conclusión: es un error recomendar algas para suplir deficiencias nutricionales. Es un error creer que las algas son la panacea y que lo ideal es incluirlas en nuestra dieta de forma habitual, ya que su alto contenido en yodo puede tener efectos perjudiciales y podemos conseguir el resto de nutrientes que aportan con una alimentación saludable sin mayor problema.

Y, por supuesto, es un error creer que tomar algas compensa el resto de desaguisados nutricionales que hagamos con nuestra alimentación, como si fueran milagrosas. Ningún alimento concreto compensa una mala dieta. Nunca.

TAURINA Y CARNITINA. ¿TENGO QUE PREOCUPARME DE COSAS QUE NO SABÍA NI QUE EXISTÍAN?

Es habitual que a las personas vegetarianas se les pregunte por nutrientes de los que no se ha preocupado nadie nunca. Pero gracias a eso, tenemos ya respuestas para todo.

La taurina y la carnitina no son nutrientes esenciales, ya que el organismo es capaz de sintetizarlas a partir de la cisteína –la primera– y de la lisina y la metionina –la segunda–. Los vegetarianos suelen tener niveles más bajos de taurina sérica porque los alimentos vegetales no la contienen;[44] sin embargo, tal y como viene sucediendo con otros nutrientes, esos niveles no parecen tener ninguna implicación en la salud.

Algo similar ocurre con la carnitina: las diferencias de estatus no son significativas a nivel clínico ni siquiera en niños.[45] Las personas veganas son capaces de producir más del 90 % de la carnitina de manera endógena manteniendo los niveles plasmáticos en niveles normales.[46]

Si se cubren los requerimientos proteicos, existirán cisteína, lisina y metionina suficientes para sintetizar tanto la taurina como la carnitina. De hecho, el cambio de una dieta tradicional a una vegetariana no modifica la homeostasis de carnitina a los tres meses[47] y hay estudios que señalan que los vegetarianos tienen mayores concentraciones de L-carnitina, y eso les confiere cierta protección cardiovascular.[48]

El uso de suplementos de carnitina en deportistas debería ser pautado y controlado por una dietista-nutricionista experta en nutrición deportiva, tanto en el caso de personas vegetarianas como para quienes no lo son.

Pues nada, una cosa menos de la que preocuparse.

CREATINA, ESTO ME SUENA A SUPLEMENTO DEPORTIVO

La creatina es un nutriente que se obtiene, igual que los anteriores, a partir de determinados aminoácidos (arginina, metionina y glicina) y que está presente como tal principalmente en alimentos de origen animal. El ser humano es capaz de sintetizar endógenamente creatina a partir de los aminoácidos mencionados; de hecho, los bebés lactantes sintetizan el 90 % de la creatina que necesitan,[49] ya que la leche materna aporta solamente alrededor del 9 % de esta. La fórmula a base de leche de vaca aporta mucha más y la fabricada a base de soja mucha menos, aunque sin generar un problema en ninguno de los casos.

Esto también sucede, por ejemplo, con el colesterol, que se sintetiza en nuestro organismo, aunque el aporte dietético sea nulo, como ocurre con una alimentación vegana. Es decir, no necesitamos suplementarlo aunque no lo ingiramos porque fabricamos la cantidad necesaria.

La mayor parte de la creatina de nuestro organismo se encuentra en los músculos y se usa en el proceso de creación de energía (ATP) en unión con el fósforo. Por ello, es uno de los suplementos más usados por los deportistas (no por los deportistas vegetarianos, ojo) y uno de los pocos que cuenta con evidencia contrastada. Pero ya sabéis que yo no estoy hablando de deportistas.

Está bien conocer, antes de seguir, que no existe una deficiencia de creatina patológica, como sí sucede con otros nutrientes. Sí existen trastornos congénitos de déficit de creatina, pero evidentemente no son el asunto que nos ocupa y no voy a extenderme sobre ellos.

La principal referencia que tenemos de los niveles de creatina en vegetarianos es de 1989[50] y ya ha llovido desde entonces. Se ve que no es un tema candente precisamente, si nos salimos del ámbito deportivo en el que sí que hay multitud de referencias.

Si no sabemos por debajo de qué límite se presenta un déficit nutricional (es decir, hay manifestaciones clínicas), resulta un poco contradictorio pretender suplementar al grupo que lo tenga más bajo, ya que probablemente no sea un problema. Por ejemplo, las personas vegetarianas suelen tener mayores niveles de antioxidantes en plasma que las personas no vegetarianas sanas,[51] y no por ello pretendemos endosar a todos los no vegetarianos cápsulas de antioxidantes por si acaso.

Pero volvamos al tema…

No creáis que hay muchos estudios sobre los vegetarianos y la creatina que no sean de rendimiento deportivo, pero algo tenemos.

En 2011, Benton y Donohe estudiaron cómo afectaba la suplementación de creatina a la función cognitiva de vegetarianos y no vegetarianos.[52] En esta investigación se comprobó que el grupo vegetariano mejoraba la memoria tras la suplementación con creatina. Pero lo interesante es que al inicio del estudio no había diferencia significativa entre grupos, es decir, vegetarianos y no vegetarianos tenían una memoria similar, y tras la suplementación, los vegetarianos los superaron. La conclusión es que los vegetarianos son más sensibles a la suplementación con creatina, que son mejores respondedores –y no que su capacidad cerebral este mermada respecto a la población no vegetariana–. Hay que decir que los mismos autores tienen dudas sobre ese resultado, ya que se midió memorizando listas de palabras y creen que quizá unas listas fueran más fáciles que otras, o hubiera algún factor que afectara al resultado:

However, at baseline, memory did not differ depending on dietary style, so any hypothesised creatine deficiency in vegetarians did not influence memory, rather it was found that vegetarians were more sensitive to supplementation with creatine.

Más recientemente, un estudio de 2014 compara niveles de creatina en el cerebro entre vegetarianos y no vegetarianos.[53] Con una muestra ridícula, todo hay que decirlo, pero concluye que aunque la ingesta de creatina era menor en los vegetarianos, los niveles de creatina cerebrales eran similares. Por tanto, y copio literalmente, «la creatina dietética no tiene influencia en el contenido de creatina cerebral en individuos sanos, sugiriendo que en condiciones normales el cerebro depende de su propia síntesis de creatina».

Los autores añaden que esto refuta la hipótesis anterior que sostenía que quizá la suplementación de creatina tuviera efectos beneficiosos a nivel cognitivo en vegetarianos porque sus niveles cerebrales fueran más bajos, y refuerza los estudios que sugerían que el contenido cerebral de creatina depende principalmente de la síntesis endógena y no de la dieta. Uno de los estudios que sostenía la primera hipótesis era el de Rae *et al.* de 2003,[54] en el que, aunque el suplemento de creatina mejoraba la función cerebral, tanto el grupo de control como el grupo de intervención eran vegetarianos, por lo que no sabemos si habría pasado lo mismo con los no vegetarianos…

Entonces, ¿suplementamos la creatina de manera sistemática a toda la población vegetariana? No.

¿Y si soy deportista?

Si eres deportista, seas vegetariano o no, busca a una dietista-nutricionista especializada en nutrición deportiva para que te aconseje si en tu caso es adecuado o no suplementar la creatina o cualquier otro nutriente. Puede ser un suplemento interesante, ya que sabemos que la población vegetariana responde mejor, también en el caso de los deportistas que pueden beneficiarse de este suplemento, según una revisión de 2020.[55]

Pero recordad que antes de los suplementos van los alimentos. No pretendáis empezar la casa por el tejado: de nada servirá tener un plan de suplementación exquisito si vuestra dieta (vegetariana o no) es un desastre. Si los deportistas vegetarianos pueden beneficiarse del suplemento de creatina, no veo motivo por el cual no hayan de tomarlo, previo asesoramiento y como complemento a una buena dieta y un buen plan de entrenamiento.

Y LA COLINA, ¿NO VAS A HABLAR DE ELLA?

La colina no le había preocupado a nadie hasta que saltó a la palestra de la mano de la doctora Derbyshire y su texto, publicado en el *British Medical Journal* a finales de agosto de 2019.[56] En ese texto –que no es estudio científico–, la doctora cuestionaba la capacidad de la alimentación vegana para cubrir los requerimientos de colina y alertaba de los peligros de esta posible deficiencia, especialmente en embarazadas. Los medios se encargaron de hacer llegar a la población la preocupación de Derbyshire a base de titulares y afirmaciones alarmistas. Desde entonces, la colina se ha sumado a las filas de nutrientes de los que nadie nunca se ha preocupado salvo si eres una persona vegana.

Debéis saber que días después de la publicación de ese artículo, la *British Medical Journal* tuvo que informar sobre el conflicto de intereses que afectaban a la autora, ya que el texto se había publicado sin mencionar que Derbyshire formaba parte del Meat Advisory Panel, organización subvencionada por la industria de la carne roja. Con esta nueva información, la motivación de crear alarma sobre un nutriente sobre el que no existe alerta sanitaria alguna, y hacerlo además desviando el foco para mal sobre la alimentación vegana, parece algo más clara. Pero para ese entonces, la preocupación sobre la colina ya estaba sobre la mesa. Especialmente sobre la mesa de las familias vegetarianas y veganas. Las redes sociales y los medios de comunicación se encargaron de ello con esmero, como tienen por costumbre hacer cada vez que un vegano pilla un resfriado.

Lo cierto es que la colina está ampliamente distribuida en los alimentos vegetales, aunque estos tengan concentraciones menores que algunos alimentos de origen animal, y no exista, en principio, una especial preocupación por su deficiencia.

Pero ya que la han puesto en escena, vamos a hablar de ella. La colina es un nutriente esencial, hidrosoluble y precursor de la acetilcolina, que es un importante neurotransmisor. A menudo, se agrupa junto a las vitaminas del grupo B sin nombrarla específicamente.

Nuestro organismo puede obtener su propia colina, es decir, hay síntesis endógena de colina, ya que el hígado es capaz de fabricarla, con lo que el aporte necesario se cubre en parte con la producción hepática y en parte con la contenida en los alimentos que comemos.

¿Para qué sirve la colina? Pues bien, como precursora de algunos neurotransmisores, tiene efectos en la memoria y en el estado de ánimo. También actúa en el control muscular y está presente en las membranas celulares. Contribuye al normal funcionamiento hepático y, junto con el ácido fólico, es básica para el correcto desarrollo del sistema nervioso y del cerebro del bebé en el embarazo. También es necesaria para sintetizar el colesterol LDL.

Cuando hay un déficit de colina, este se manifiesta con daños musculares y hepáticos, entre los que se encuentra el hígado graso no alcohólico. En el embarazo puede suponer defectos del tubo neural. Pero hay que señalar que se trata de una deficiencia poco frecuente en países industrializados.

La colina está presente en mayores cantidades en los alimentos de origen animal, especialmente en el huevo. Pero también está ampliamente distribuida en alimentos vegetales, siendo los más reseñables la soja y sus derivados (sobre todo en la lecitina), el resto de las legumbres, la quinua, los cereales integrales, las crucíferas, los frutos secos y las semillas.

Según la EFSA, los adultos necesitan una ingesta diaria de 400 miligramos, que aumenta los 480 miligramos durante el embarazo y a 520 miligramos durante la lactancia. Respecto a los niños, nos movemos en un rango de 140 a 340 miligramos en función de la edad. No hay ninguna recomendación específica para personas veganas ni ninguna recomendación oficial que aconseje a este colectivo suplementos de colina, ni existen tampoco alarmas sanitarias sobre su déficit. Tampoco en embarazadas, y además sabemos que la leche de las mujeres veganas no presenta diferencias con la leche de las mujeres no vegetarianas en la cantidad de colina que contiene, con lo que sabemos que una alimentación vegana no repercute negativamente en este aspecto.[57]

Tampoco parece que suplementarla tenga especiales beneficios, una revisión publicada en *Nutrition Reviews* en 2015 concluye que la evidencia del efecto de la colina en la salud en diferentes etapas de la vida es escasa e inconsistente.[58] Asimismo, hay investigaciones que relacionan el exceso de colina con mayor riesgo de enfermedad cardiaca. Tenemos también una revisión Cochrane que dice que no se sostiene la recomendación de aumentar el consumo de colina, en este caso a base de lecitina, para tratar la demencia, el alzhéimer o el párkinson. Ni parece que niveles bajos de colina causen estas patologías.[59]

¿Cómo asegurar la ingesta de colina en una alimentación vegana?

Pues no es difícil. Si os preocupa mucho, podéis añadir a vuestros platos lecitina de soja o germen de trigo (los venden en muchos supermercados). Aunque en realidad es suficiente con que procuréis consumir cereales integrales; que el aporte de legumbres y derivados (tofu, crema de cacahuete) y el de frutos secos (especialmente almendras) sea diario; tomar crucíferas varias veces a la semana y frutas como el plátano o la naranja. Alimentos tan comunes como la patata o las setas también son fuente de colina. Y algunos más exóticos, como la quinua.

De manera que con una alimentación vegana normal no hay que tomar ninguna precaución extra para cubrir los requerimientos de colina. Y si por alguna razón estáis en una situación en la que necesitáis suplementarla, podréis hacerlo sin mayor problema.

POR FAVOR, UN RESUMEN DE TODO ESTO

Sí, es cierto. Llevo dos capítulos haciéndome la nutricionista seria con tanto estudio y tanta referencia. Y todavía os queda la B12, que esto no termina aquí.

En realidad, cubrir requerimientos de todos estos nutrientes se traduce en unos consejos sencillos.

– Comed lo suficiente y hacedlo a base de alimentos ricos en nutrientes, no de calorías vacías. Creo que a estas alturas ya sabéis qué alimentos son esos, pero por si acaso, lo repito: verduras, hortalizas, frutas, legumbres y derivados, semillas, frutos secos, cereales integrales y grasas de calidad, como el aceite de oliva virgen extra o el aguacate.

– Alternad el consumo de vegetales crudos y cocidos para beneficiaros de las ventajas de ambas preparaciones y procurad que estén siempre presentes en las comidas. Que no falten las hojas verdes (col, col rizada, berza...) ni las crucíferas (coliflor, brócoli).

– Procurad que haya al menos una porción de alimento proteico de calidad en todas las ingestas principales y también en los *snacks*. En el capítulo 3 propongo algunos ejemplos.

– Haced ejercicio físico y tomad el sol (con precaución).

– Bebed agua como bebida habitual. Ni zumos, ni refrescos ni, por supuesto, alcohol (el vino y la cerveza también cuentan como «alcohol»).

– Suplementad la B12.

Y, con esto, nos metemos de lleno en el tema del capítulo siguiente.

CAPÍTULO 5
LA VITAMINA B12 EN LA ALIMENTACIÓN VEGETARIANA

El que quiere hacer algo busca un medio. El que no, una excusa.

Proverbio árabe

Este es el capítulo en el que me voy a poner más seria. Es necesario.

La vitamina B12 es el caballo de batalla de la alimentación vegetariana. Sobre ella se habla en todos los foros, libros y webs dedicados al vegetarianismo. Se la nombra en toda las charlas. Está presente en todas las recomendaciones específicas dirigidas a este colectivo. O debería.

Se dicen muchas cosas sobre la B12, los debates se eternizan y parece que podemos dividir a los vegetarianos en tres grupos: quienes están en contra de la suplementación, quienes están a favor y quienes aún no se han enterado de nada.

Voy a ir al grano: la población vegetariana debe suplementar la vitamina B12 o, en su defecto, tomar alimentos enriquecidos, aunque a mí esta no me parece la mejor opción (luego veremos por qué). Ya está. No hay más. Esto es lo que sostiene toda la evidencia científica de que disponemos hasta el momento. No hacerlo es jugar con fuego, mientras que la suplementación no tiene efectos secundarios ni riesgos y es barata. Si un adulto decide jugar a la ruleta rusa, está en su derecho, pero suplementad a los niños, sean ovolactovegetarianos o veganos.

Es muy importante señalar que las últimas investigaciones señalan un muy frecuente déficit de B12 también en ovolactovegetarianos,[1] por lo que parece sensato suplementar esta vitamina, ya que, citando a Pawlak y colaboradores: «Mientras que puede tomar un tiempo relativamente largo que se agoten las reservas de B12, una vez agotadas, los síntomas de su deficiencia, algunos de los cuales son irreversibles, pueden ocurrir rápidamente».[2]

Así pues, la creencia habitual de que los ovolactovegetarianos no deben suplementarse está obsoleta. De cualquier modo, ¿sabéis qué cantidad de lácteos y huevos habría que tomar al día, aproximadamente, para cubrir requerimientos de B12? Porque es habitual oír que con un huevo o dos a la semana o con un poco de queso ya es más que suficiente. ¡Craso error!

¿CUÁNTA B12?

En primer lugar, veamos qué cantidad de B12 se recomienda tomar al día a la población general. Estas cantidades han sido revisadas por la EFSA en 2015: 4 microgramos al día para mayores de quince años, 4,5 microgramos en el caso de embarazadas y 5 microgramos en el de madres lactantes.[3] Estas cifras prácticamente duplican las que recomendaba la Fesnad en 2010 en su documento sobre ingestas dietéticas de referencia para la población española,[4] que eran de 2 microgramos a partir de los catorce años, de 2,2 microgramos en el embarazo y de 2,6 microgramos durante la lactancia.

Veamos en primer lugar qué cantidad de B12 tienen los huevos y algunos lácteos habituales, según las tablas de la Base Española de Datos de Composición de Alimentos (Bedca):

Huevo cocido (50 g)	0,6 µg
Leche entera (100 g)	0,3 µg
Leche semidesnatada (100 g)	0,4 µg
Leche desnatada (100 g)	0,22 µg
Yogur natural (125 g)	0,37 µg
Requesón (100 g)	0,78 µg

Queso fresco (100 g)	0,66 µg
Queso tierno (100 g)	1,4 µg
Queso semicurado (100 g)	1,5 µg
Queso curado (100 g)	1,5 µg
Queso azul (100 g)	0,59 µg

Vemos que sería necesario el consumo de unos tres huevos al día para cumplir las recomendaciones obsoletas de la Fesnad y más de seis para cumplir las recomendaciones actualizadas de la EFSA. Es bastante inviable, ¿no os parece?

Con un vaso de leche semidesnatada (220 mililitros) obtendríamos solo 0,88 microgramos de B12. Necesitaríamos dos vasos y pico al día para cubrir las recomendaciones de la Fesnad y unos cuatro vasos y medio para llegar a las de la EFSA.

Con el queso no hago ni los cálculos, porque 100 gramos ya son una cantidad considerable y aun así el aporte de B12 es bajo. Habitualmente, una ración de queso curado es de unos 30 gramos, y de unos 50 a 80 gramos si son quesos frescos. ¡Echad cuentas!

Lo mismo ocurre con el yogur natural: necesitamos más de cinco yogures solo para llegar a lo recomendado por la Fesnad (algo más de la mitad de la recomendación actual).

Antes de las nuevas recomendaciones de B12 de la EFSA, hacíamos una aproximación y decíamos que, más o menos, con tres raciones al día de lácteos o huevos se podían alcanzar niveles aceptables de B12. Quiero que tengáis en cuenta que si leéis ese consejo en algún libro, *post* o artículo, es anterior a 2015 o la persona que lo ha escrito no se ha actualizado y desconoce las recomendaciones más recientes (que tienen ya siete años, esto ya aparecía en la primera edición de *Vegetarianos con ciencia*, escrita el mismo año que la actualización de la EFSA).

Atendiendo a las recomendaciones de la EFSA, resulta casi imposible llegar cada día a cubrir los requerimientos de B12 con huevos y lácteos sin desplazar totalmente el consumo de otros alimentos y teniendo, por tanto, una dieta poco saludable.

Así que, ovolactovegetarianos, ¡suplementaos! Y haceos veganos, que ya casi lo tenéis.

Pero vayamos por partes.

¿QUÉ ES Y DÓNDE SE ENCUENTRA LA B12?

La B12 o cobalamina es una vitamina hidrosoluble de origen bacteriano. Sí, has leído bien. No es de origen animal: la sintetizan bacterias.

Sus funciones son esenciales: la B12 es necesaria para mantener el funcionamiento correcto del cerebro y del sistema nervioso, así como para la eritropoyesis o formación de los glóbulos rojos sanguíneos. También está implicada en la síntesis de ADN y en el metabolismo de las proteínas.

Los alimentos en los que encontramos vitamina B12 biodisponible, es decir, en un formato aprovechable por nuestro organismo, son de origen animal: carnes y derivados, pescados y mariscos, huevos y lácteos. La miel, a pesar de ser un alimento de origen animal, no tiene B12.

Hay alimentos de origen vegetal que se citan con frecuencia como fuente de B12: las algas, especialmente la espirulina; la levadura de cerveza, los fermentados, etcétera. Es muy importante saber que estos productos no contienen la forma de B12 activa apta para el organismo humano, sino que contienen corrinoides o análogos de B12, que son suficientes para el crecimiento bacteriano, pero no para las funciones de nuestro metabolismo.

Además de no ser activos, estos análogos de B12 puede entorpecer la absorción de la B12 activa y falsear una analítica, como veremos.

Es cierto que algunos estudios han encontrado B12 activa en el alga nori fresca[5] y también en el alga *Chlorella*.[6] Pero para considerarlas una fuente segura de B12 nos falta confirmación y, sobre todo, usabilidad. De momento, no son un recurso realista para el vegetariano occidental. En la espirulina, la mayor parte de la B12 está también en forma no activa y los estudios que se han hecho con ella para subir niveles de B12 se han realizado con ratas.[7] Además es un alga muy contaminada con cianotoxinas, metales pesados, pesticidas e hidrocarburos aromáticos policíclicos, lo que no la hace muy segura para un consumo continuo, aunque se confirmara con humanos su capacidad de aumentar el estatus de B12.[8] Un suplemento seguirá siendo una opción mucho más segura y probablemente también más barata.

El estudio sobre la *Chlorella* como fuente biodisponible de B12 es de octubre de 2015 y, en principio, en un primer vistazo, parece prometedor: es un estudio de intervención y, aunque la muestra no es muy grande, está bien diseñado.

Los test de laboratorio han mostrado que la B12 contenida en la *Chlorella* está en su forma activa, y no los análogos de vitamina B12 presentes de forma mayoritaria en otras algas. Por ello los investigadores decidieron ir más allá y pasar la «prueba de fuego», es decir, ver si consumiendo *Chlorella* se podía remontar un déficit de B12 en humanos.

Los resultados fueron razonablemente buenos, aunque la estadística podría ser discutible: en cinco de los diecisiete participantes en el estudio, los resultados no fueron los esperados y no nos indican el motivo. Aun así, los investigadores concluyen que la *Chlorella* puede ser una buena fuente natural de B12 biodisponible, aunque haría falta replicar el estudio en una muestra más grande de población.

Además, este estudio podría resultar sesgado por un conflicto de intereses, ya que el trabajo lo pagó Sun Chlorella Corporation y, a pesar de que se trata en principio de una investigación bien diseñada y realizada, es una información que hay que tener en cuenta a la hora de valorar los resultados, quizá demasiado optimistas, dados el tamaño de la muestra y la significancia estadística.

Por tanto, aunque el resultado es interesante, a la hora de la verdad no tiene mucha utilidad por el momento. Y tened en cuenta que implicaría comprar comprimidos de alga *Chlorella* de una marca determinada, lo cual sigue sin presentar ninguna ventaja económica, ni mejora la efectividad o la seguridad respecta a la suplementación tradicional. De hecho, empeora los tres parámetros.

La B12 también se encuentra presente en la tierra y, por tanto, las verduras sin lavar pueden tener algo. Pero, evidentemente, aconsejar consumir verduras sin lavar como fuente posible (ni siquiera segura) de B12 parece poco menos que una locura, ya que nos arriesgamos a contraer infecciones y enfermedades. Muchas verduras, incluso las de cultivo ecológico, contienen restos fecales provenientes de abonos (y parte del contenido de B12 proviene ni más ni menos que de la contaminación fecal) y del agua de riego, así como parásitos y restos de pesticidas. A nadie en su sano juicio se le debería ocurrir dar una recomendación semejante, ni seguirla. Así que no me voy a extender más sobre este punto, dando por hecho que tenéis dos dedos de frente.

Puede que os estéis preguntando, y con razón, de dónde obtienen su B12 los animales herbívoros. En un entorno natural ellos sí que comen sus «vegetales sin lavar», evidentemente. Pero en un entorno de cría industrial, la B12 que consumen proviene de la suplementación de los piensos.

Es decir, aquí y ahora, nos suplementamos todos, de forma directa o indirecta, salvo quienes solo consumen productos de animales criados en libertad y comiendo pasto, que es una ínfima minoría.

Así que criticar la suplementación de B12 diciendo que es «poco natural» mientras estamos sentados en un sofá, llevando zapatos, con la luz eléctrica encendida y un *smartphone* en el bolsillo parece un poco raro. Y si encima la B12 administrada al ganado proviene del mismo suplemento que la de un vegetariano, ya roza lo ridículo. No hagáis el ridículo.

Las personas vegetarianas y veganas creen en su mayoría que tomar un suplemento de B12 es un perjuicio nimio y totalmente asumible que no supone el menor trastorno. Cuando somos conscientes de las implicaciones éticas, políticas, económicas, filosóficas y medioambientales de la dieta vegetariana, usar la B12 como ataque en un mundo como este parece un recurso a la desesperada. ¿Y para justificar qué? Eso es lo que me gustaría que respondieran los atacantes. ¿Qué queréis justificar, en conciencia, cuando en un mundo totalmente alejado de lo natural, con una política alimentaria como la que tenemos, os parece criticable consumir un suplemento y no os lo parece perpetuar un sistema que provoca tanto sufrimiento a millones de seres sintientes y que causa estragos en el planeta?

No tengo respuestas lógicas a esta pregunta. De hecho, me parece que no existen. Así que continuemos. Vamos a ver un poco mejor qué hace la B12 en nuestro cuerpo.

METABOLISMO Y ABSORCIÓN DE B12

La B12 contenida en los alimentos se encuentra unida a proteínas. La acción del ácido clorhídrico y de la pepsina (la enzima que hidroliza las proteínas) en el estómago hacen que la B12 se separe de esas proteínas a las que va unida y se una a otras proteínas llamadas cobalofilinas o proteínas fijadoras de la B12. De ellas se libera a su vez cuando actúan las proteasas pancreáticas, ya en el intestino delgado. La función de las proteasas es romper las proteínas en trozos más pequeños para permitir que sean digeridas. En ese momento, si las condiciones de pH son favorables, la B12 se une al factor intrínseco (FI), formando un complejo que es reconocido por receptores específicos del íleon terminal (una parte del intestino delgado), donde se absorbe y, ya dentro de las células del intestino, pasa a la transcobalamina 2 (TC2), que es la proteína que se encarga de transportar la B12 por el organismo y llevarla adonde se la necesita.

Esto sucede así con las dosis fisiológicas, que son las cantidades de B12 contenidas en los alimentos o incluso en la suplementación diaria. Pero si hablamos de dosis farmacológicas (mil microgramos o más), la absorción ya no depende del factor intrínseco, y la B12 se puede difundir atravesando directamente la barrera intestinal y apareciendo en sangre mucho antes que por la ruta anterior. Este hecho se puede aprovechar en individuos con problemas de absorción,[9] evitándose inyectar la B12, ya que la suplementación con dosis farmacológicas ha demostrado ser igual de eficaz,[10] incluso en pacientes gastrectomizados (personas a las que por algún motivo se les ha extirpado el estómago o una parte de él).[11]

Por tanto, para garantizar la absorción de B12, la dosis farmacológica es la más segura.

¿CÓMO SABER SI UNA PERSONA VEGETARIANA TIENE DÉFICIT DE B12?

El déficit típico de B12 es el que cursa con *anemia megaloblástica*, también llamada *anemia perniciosa*. Es un tipo de anemia diferente a la ferropénica (la causada por déficit de hierro, que es la más habitual); se trata, en este caso, de una anemia macrocítica. Veamos qué significa.

El término *megaloblástica* viene de *megalo* (que significa «muy grande») y *blastos* (células precursoras de médula ósea). Esas células se vuelven así porque su núcleo no madura adecuadamente, pero sí lo hace su citoplasma (lo que rodea el núcleo de la célula). Con este tipo de anemia se frena la síntesis de ADN y las células en lugar de dividirse, crecen más de lo normal (de ahí lo de *macrocítica*).

Es un tipo de anemia fácilmente detectable mediante una analítica de sangre y habitualmente tiene cura, salvo algunas variantes genéticas poco comunes.

La anemia megaloblástica no solo está causada por un déficit de B12, sino también de vitamina B9 (ácido fólico). De hecho, en muchos casos, la sola suplementación con B9 puede revertir los síntomas de esta patología.[12]

Al ser la dieta vegetariana rica, por lo general, en ácido fólico, es difícil que un déficit de B12 se presente como una anemia megaloblástica. Esto parece en principio una buena noticia, pero no lo es y vamos a ver por qué.

La anemia megaloblástica se diagnostica sin mayor problema y si es debida a un déficit nutricional, el tratamiento es sencillo. En cambio, el déficit de B12 que no cursa con anemia megaloblástica es difícil de diagnosticar y además puede no presentar síntomas hasta que el problema es grave. Esto no sería alarmante si nuestros profesionales sanitarios tuvieran una formación sólida en este tema en cuanto a pacientes vegetarianos se refiere (que no tienen malabsorción, están sanos, no sufren anemia ni déficit de B9…, es decir, que se salen del cuadro clásico). Pero no la tienen.

Un vegetariano que acuda al médico de cabecera para conocer su estatus de B12 saldrá probablemente con un volante para una analítica con determinación de B12 sérica (en sangre). Si este parámetro sale en rango, seguramente se concluirá que no hay ningún problema. Además, la analítica no mostrará alteraciones de anemia perniciosa, como un volumen corpuscular medio (VCM) elevado (que es lo que los sanitarios solemos esperar si hay un déficit de B12), por lo que se quedan más tranquilos aún.

Sin embargo, se calcula que el 25 % de los pacientes que tienen alteraciones neurológicas debidas a un déficit de B12 no presentan anemia. Y hablamos de población general, así que, si pudiéramos acotar a vegetarianos, es probable que el porcentaje fuera superior.[13] Y también puede ser un déficit asintomático,[14] lo que hace que sea aún más peligroso, porque puede no detectarse hasta que es demasiado tarde.

Pretender valorar un déficit de B12 teniendo en cuenta solo la determinación sérica es como pretender diagnosticar una anemia ferropénica pidiendo solo el hierro en sangre. No se le ocurriría a nadie. Pedimos hierro, transferrina, ferritina, hematocrito, etcétera.

Si la determinación sérica muestra un resultado bajo (si la B12 está baja en un análisis de sangre), sí que podemos sospechar un déficit y tomar medidas; pero si sale en rango no significa que todo vaya bien, por dos motivos:

– **La determinación sérica de B12 no distingue análogos de B12 activos.** Recordemos que los análogos son corrinoides, con composición química similar a la B12, que son suficientes para el crecimiento bacteriano, pero no para el metabolismo humano. Los alimentos vegetales a los que se atribuye tradicionalmente ser fuente de B12 (algas, espirulina, levaduras, algunas setas…) contienen en realidad análogos.[15] Además, son productos que la población vegetariana consume, por lo general, de manera recurrente. No quiero ni pensar en cuántos de vosotros os tomáis religiosamente cada mañana la espirulina pensando que estáis tomando B12, hierro, un montón de proteínas y a saber cuántas cosas más. Por tanto, como el consumo habitual de análogos puede falsear una analítica y estamos ante una población que suele consumir productos que los contienen, tenemos un primer motivo para tomar con pinzas un resultado de B12 sérica en rango. Hay que añadir que ese consumo habitual puede estar entorpeciendo la absorción de la B12 activa si nos suplementamos con ella, porque ambas moléculas compiten por la vía de metabolización.

– **La determinación sérica no detecta si la TC2 va cargada.** La TC2 es la proteína que distribuye la B12 por el organismo y la introduce en las células. Su déficit congénito es el que causa anemia megalo-blástica en neonatos. Cuando la absorción intestinal es baja, la TC2 no «se llena», por lo que la B12 no llega a los tejidos y, aunque la determinación sérica puede ser normal, la B12 puede no estar siendo transportada.[16]

Entonces, ¿cómo podemos conocer nuestro estatus de B12? ¿Qué hacemos ante una analítica de un paciente vegano que no se suplementa y, sin embargo, presenta la B12 en rango? ¿Qué hacemos con los ovolac-tovegetarianos sabiendo como sabemos que la prevalencia de déficit de B12 entre ellos es alta?[17]

Recordad que durante años se ha creído que los ovolactovegetarianos no necesitaban suplementación, pero hoy sabemos que eso no es cierto y que entre ellos es también habitual el déficit de B12, bien porque el consumo de lácteos y huevos no sea suficiente para mantener un estatus óptimo, bien porque la absorción no sea la adecuada o bien por ambos factores a la vez. Así que repetid conmigo: el consejo más prudente es suplementar a toda la población vegetariana sin excepción.

Qué pedir en una analítica: ácido metilmalónico y homocisteína

Vamos a intentar entender el metabolismo de la B12. En primer lugar, es necesario explicar que la B12 participa en dos reacciones enzimáticas:

- La conversión del ácido metilmalónico en succinil-coenzima-A (succinil-CoA) que se va al ciclo de Krebs (al sistema de respiración celular de nuestro cuerpo).

- La conversión de homocisteína en metionina.

No hace falta que entendáis estas dos reacciones: solo que sepáis que la B12 es necesaria para convertir unas cosas en otras dentro de rutas metabólicas imprescindibles y que si por falta de B12 esas rutas no pueden llevarse a cabo en nuestro organismo, tendremos un problema.

Así pues, un déficit de B12 hará que el ácico metilmalónico se encuentre por encima de niveles normales, ya que no está siendo convertido en succinil-CoA. Y lo mismo sucederá con la homocisteína, que si no se está convirtiendo adecuadamente en metionina se acumulará y aparecerá elevada.

Parece que ya tenemos el problema resuelto, ¿verdad? Hacemos una determinación de cualquiera de estos dos parámetros, consultamos la B12 sérica y la historia clínica y dietética del paciente y ya estamos en condiciones de realizar un diagnóstico mucho más acertado. Y sí, así es.

Pero ocurre que, en primer lugar, es raro que en consultas de atención primaria se haga una historia dietética completa de un paciente, ya que ni es su trabajo (para eso estamos las dietistas-nutricionistas) ni tienen tiempo para ello. Es muy probable que no se tenga ni idea de si la persona se suplementa o no, en qué dosis, desde hace cuánto, si toma análogos regularmente, etcétera. De hecho, incluso cabe la posibilidad de que no sepa que el paciente es vegetariano o vegano, ya que no pocos lo ocultan por miedo a juicios de valor sobre su decisión.

Y en segundo lugar, es muy difícil conseguir una determinación de ácido metilmalónico en la sanidad pública española, especialmente si se trata de una persona aparentemente sana y sin alteraciones analíticas que lo justifiquen. Tampoco suele ser una prueba que se pida desde atención primaria, además.

Bueno, pero nos queda la homocisteína, ¿no? Sí, aunque no es un parámetro tan fiable como el ácido metilmalónico, porque la elevación de la homocisteína puede tener más causas que un déficit de B12.

Por ejemplo, puede ser causada por un déficit de B6, de B9, por alteraciones genéticas, por consumo de algunos medicamentos, por problemas metabólicos, por hipotiroidismo… ¡Ah! Y el ácido metilmalónico puede estar elevado también a causa de una insuficiencia renal, pero evidentemente eso no pasaría por alto en ninguna consulta.

A pesar de todo, la determinación del nivel de homocisteína es un parámetro más fácil de obtener y es más probable que desde atención primaria lo incluyan en una analítica de rutina si lo pedimos. En ese caso, si nos encontramos con una homocisteína elevada en una persona vegetariana que no se suplementa o que toma análogos habitualmente y de la que no tenemos constancia de otra patología, la primera base que tendríamos que cubrir sería un déficit de B12, aunque sería un diagnóstico por descarte y por probabilidad. Y como la suplementación con cianocobalamina es segura, en principio, dar una tanda de suplementación de remonte para luego seguir con dosis de mantenimiento no supondría ningún perjuicio al paciente, en caso de que el diagnóstico estuviera mal.

¿Y qué pasa con la holoTC?

Nos falta hablar aún de un parámetro analítico más: la holotranscobalamina (holoTC), que puede ser un marcador precoz de la deficiencia de B12 y además su determinación es de bajo coste. De hecho, se barajó que podría ser el primer marcador que aparece cuando empieza la depleción de B12, antes de aparecer el déficit (la llamada *hipótesis de Herbert*); sin embargo, estudios posteriores han moderado las expectativas en este marcador, ya que al parecer no sucede exactamente eso, pues la recuperación enterohepática es capaz de mantener niveles adecuados de holoTC durante ese periodo de depleción de las reservas previo al déficit, con lo que solo daría señales cuando el hígado hubiera agotado lo que tenía almacenado.[18] Es decir, no presentaría ventajas sobre otros marcadores.

Lo que sí obtenemos al medir la holoTC es la capacidad del paciente para absorber B12, porque mide la forma activa y biodisponible de esta, evitando los problemas que nos dan en ese sentido otras determinaciones, como la B12 sérica, que –como hemos dicho–, no distingue los análogos de la B12 activa.

Como curiosidad, en algunos perfiles se ha visto que el ácido metilmalónico no aparece aumentado a pesar de que el paciente presente B12 sérica y holoTC bajas. Suele pasar en individuos con déficit de hierro y aún no hay una explicación clara a por qué sucede tal cosa.[19] Pero quiero recordar que de aparecer la B12 sérica baja, ya consideraríamos un déficit, sin necesidad de medir ácido metilmalónico, con lo que en la práctica no nos llevaría a error.

La holoTC también puede dar resultados poco fiables en pacientes que siguen algunos tratamientos de quimioterapia, que sufren macrocitosis o que tienen un determinado polimorfismo de la TC. De momento, es el marcador menos estudiado.

Para hacer una buena determinación del estatus de B12 necesitaríamos al menos dos de los biomarcadores comentados: homocisteína, ácido metilmalónico y holotranscobalamina. Aunque de momento el ácido metilmalónico sigue siendo el marcador más fiable en población de todas las edades con función renal normal.[20]

Me he liado, dime cuáles son las conclusiones

De todo lo expuesto, se extrae una conclusión bastante básica: *si eres vegetariano, supleméntate.* Aun así, puedes tener un déficit, igual que cualquier omnívoro: por cualquier problema que cause malabsorción (aunque de esto pudiera protegerte la megadosis semanal), por consumir habitualmente determinados medicamentos (un ejemplo clásico, el omeprazol y otros inhibidores de la bomba de protones de uso muy habitual), por ser mayor de cincuenta años o por cualquiera de las otras razones que afectan a la población general (en este caso, se te diagnosticará igual que a población general).

Para lo que no está preparada la inmensa mayoría de la profesión sanitaria es para diagnosticar un déficit de B12 en una persona sana con aporte dietético nulo o muy bajo, y que además cabe la posibilidad de que tome análogos.

En este país, la dieta vegetariana no es lo suficientemente común, ni se la tiene en cuenta en protocolos dietéticos ni casi de ningún tipo, ni está presente en la mayoría de planes de estudios (incluso en la carrera de Nutrición Humana y Dietética se toca de manera tangencial y a menudo con tópicos obsoletos, como lo de complementar las proteínas), por lo que estamos fuera del cuadro. No salimos en la foto. Nuestro caso no se contempla.

¿Y CUÁNTO DURAN LAS RESERVAS?

Es probable que hayáis oído que las reservas de B12 en el hígado duran varios años y que, por tanto, no hace falta que os preocupéis del suplemento durante vuestros primeros años como vegetarianos. ¿Me equivoco?

Es cierto que existe una reserva de B12 hepática. Además, el organismo reaprovecha parte de la B12 por vía enterohepática, como sucede también con otros compuestos como el colesterol. Esto significa que se rescata una parte de la B12 del intestino que, a través de la vena porta –que une el intestino y el hígado–, lleva los nutrientes al hígado para que los metabolice.

Por tanto, la B12 que entra en la porta vuelve al hígado para ser utilizada en lugar de ser expulsada en las heces. Estos dos factores (reserva existente y recuperación enterohepática) hacen que el déficit de B12 pueda tardar años en manifestarse (hasta cuatro años, coinciden la mayoría de fuentes). Pero ojo, esto no significa que las reservas de cualquiera duren cuatro años, sino que a algunas personas pueden durarles unos cuatro años. A otra persona pueden durarle un año o seis meses: es imposible saberlo, ya que por regla general no conocemos el estado previo de esas reservas ni la recuperación enterohepática es igual de eficiente en todas las personas. Y además, depende de otros muchos factores.

Por ejemplo, una dieta rica en fibra disminuye la recuperación enterohepática, porque la fibra captura compuestos en el intestino. Ese es uno de los mecanismos a través del cual la dieta rica en fibra baja el colesterol, pero también la reserva de B12. Y resulta que la dieta vegetariana es rica en fibra si está bien planteada.

Por ello, la recomendación es suplementar la vitamina B12 desde el momento en que se inicia una alimentación vegetariana, a fin de no llegar a agotar la reserva y prevenir un déficit. Es importante tener en cuenta que, una vez que se agota la reserva, la caída es en picado, y los síntomas pueden ser directamente neurológicos y poco agradables. Ya hemos comentado las dificultades para diagnosticar el déficit en vegetarianos, por lo que hacerse analíticas periódicas de control puede no ser la mejor idea si únicamente medimos la B12 sérica.

HABLEMOS DE LOS SUPLEMENTOS

En el mercado podemos encontrar suplementos de varias formas químicas de B12:

- **Metilcobalamina.** Es la forma en la que la B12 está en la sangre y también en algunos alimentos.

– **Dibencozida.** También llamada 5-desoxiadenosilcobalamina o adeno-silcobalamina. Es la forma en la que la B12 se almacena en el hígado.

– **Cianocobalamina.** Es una de las formas comunes en suplementos y alimentos fortificados.

– **Hidroxicobalamina.** Es la forma más común en los alimentos.

Aunque la metilcobalamina y la dibencozida ofrecen ventajas de absorción, se recomienda suplementar con cianocobalamina por varios motivos:

– Es la forma más estable y que mejor resiste cambios de temperatura, la luz y las variaciones de pH.[21]

– Es la presentación más económica y más fácil de encontrar, y estamos hablando de suplementación a largo plazo, por lo que son factores que tener en cuenta.

– Es la forma más estudiada como suplemento, así que podemos afirmar que es segura incluso en dosis absurdamente altas, mientras que otras formas de B12 no han sido suficientemente estudiadas como para recomendar su uso como suplemento a largo plazo. Tanto el IOM de Estados Unidos como el Expert Group on Vitamins and Minerals de Reino Unido inciden en su seguridad. De hecho, ni siquiera marcan una dosis máxima. Así mismo, expertos en nutrición vegetariana, como Norris, Mangels y Messina recomiendan que la suplementación de B12 se haga con cianocobalamina, ya que, además, no hay investigación suficiente como para fijar dosis de suplementación a largo plazo con otras formas de B12.

Asimismo, Virginia Messina apunta en su web que la suplementación con metilcobalamina debería ser con dosis más altas que la de cianocobalamina para conseguir una suplementación adecuada.[22]

Ahora bien, en casos de déficit instaurado, patologías o situaciones especiales puede ser recomendable usar metilcobalamina o dibencozida de manera puntual o a largo plazo en pacientes concretos. Pero eso debe ser valorado de manera individual por un profesional. En principio, para vegetarianos sanos, la recomendación es usar cianocobalamina.

Asimismo, hay que señalar que los fumadores excretan más cianocobalamina porque sus niveles de cianuro son altos, por lo que los fumadores vegetarianos cuya única fuente de B12 fuese la cianocobalamina podrían presentar más riesgo de déficit por una elevada excreción de la misma. Esto es una hipótesis, porque no hay estudios en veganos fumadores. Norris sugiere que sería prudente suplementar en este caso con metilcobalamina (entre quinientos y mil microgramos al día), pero mantener una dosis de cianocobalamina para mayor seguridad. Yo añado que sería mucho mejor, más barato y más seguro dejar de fumar.

DOSIS DE SUPLEMENTACIÓN CON CIANOCOBALAMINA RECOMENDADAS PARA ADULTOS SANOS

Existen tres opciones, teniendo en cuenta que no se dirigen a personas con déficit instaurado, sino que son dosis de mantenimiento:

- Tomar a diario alimentos enriquecidos en B12 (bebidas vegetales, yogures de soja, cereales...), asegurándonos de llegar a los cuatro microgramos diarios en al menos dos tomas.

- Tomar a diario entre cincuenta y cien microgramos de suplemento. Si es en pastilla, hay que masticarlo, ya que la saliva aporta haptocorrina, que favorece la absorción.

- Tomar un suplemento semanal de dos mil microgramos o uno de mil microgramos dos o tres veces por semana. En este caso, se puede tragar sin masticar, ya que se considera una dosis farmacológica y atraviesa directamente la barrera entérica, como ya hemos comentado.

La dosis de dos mil microgramos semanales es segura y adecuada, pero para quien quiera una seguridad aún mayor, no hay problema en tomarla en dos veces, o incluso en tres, subiendo a tres mil microgramos semanales, como se aconseja en algunas webs. Lo importante es suplementarse y ser constante (no tomar B12 un mes sí y cuatro meses no). En un adulto sano, en cualquier caso, hacer tres tomas de mil microgramos semanales es un desperdicio. Yo reservaría esta opción para casos concretos, no para la población general.

El porcentaje de absorción de B12 depende del tamaño de la dosis, pero no existe una correlación matemática. A mayor dosis, menor porcentaje de absorción. Así que no hagáis cálculos caseros con las dosis.

Alimentos enriquecidos con B12

Antes os dije que a mí la opción de recurrir a alimentos enriquecidos no me parecía buena idea. Os voy a explicar por qué. Existen ya en España numerosos productos enriquecidos con B12. Los más habituales son algunas bebidas vegetales y algunos cereales de desayuno. Por nombrar algunos productos conocidos y disponibles a nivel nacional, las bebidas vegetales de Alpro (soja y almendra) aportan en un vaso (250 mililitros) 0,95 microgramos de B12, por lo que sería necesario consumir más de un litro al día para cubrir los requerimientos habituales, cantidad que resulta poco aconsejable en el marco de una dieta saludable y, además, no parece muy práctico.

Por otro lado, los cereales de desayuno Corn Flakes de Kellogg's (por elegir otro producto disponible en cualquier tienda) aportan 0,63 microgramos de B12 por cada ración de 30 gramos, lo que nos deja en una situación similar a la anterior. Habría que consumir unos 200 gramos al día para alcanzar la dosis recomendada. Y, aunque menos que otros cereales, los Corn Flakes son cereales azucarados.

Además de estos dos ejemplos de productos muy conocidos, existen multitud de opciones de productos enriquecidos de distintas marcas, pero es necesario consultar el etiquetado nutricional de manera minuciosa si se desea cubrir los requerimientos de B12 con estos alimentos, y calcular cuidadosamente para alcanzar las dosis recomendadas, lo que puede implicar consumir estos productos a diario. Probablemente, no sea la opción más adecuada, ya que además estamos hablando de productos industriales, muchos de ellos ultraprocesados, que –como hemos visto– lo mejor es evitar en nuestra dieta. Así que a pesar de ser la manera más similar al aporte natural de B12 (y, por esa razón, la opción defendida por algunos nutricionistas), a mí me parece una pésima idea. Tal vez en países como Estados Unidos o Alemania, donde la oferta de productos enriquecidos es mucho mayor, pueda ser una opción. Pero aun así, teniendo en cuenta que uno de los principales consejos alimentarios es basar nuestra dieta en productos frescos, depender de ultraprocesados para obtener B12 –cuando se puede obtener mucho más fácilmente y de manera más segura de un suplemento que no compromete la calidad de nuestra dieta– no tiene demasiado sentido.

Personalmente, en un adulto sano optaría por dos mil microgramos semanales de cianocobalamina, que es la suplementación más cómoda y económica, y que además garantiza la absorción en casos de hipoclorhidria o ausencia de factor intrínseco.

¿Y si ya tengo déficit?

Si ya tienes un déficit diagnosticado, sigue los consejos de tu médico o de tu dietista-nutricionista para remontarlo. Si solo sospechas que puedes tenerlo, porque te has dado cuenta de que llevas tiempo sin suplementarte correctamente, puedes tomar un suplemento de dos mil microgramos de cianocobalamina a diario durante dos semanas, y luego seguir con la suplementación de mantenimiento (dos mil microgramos semanales).

Ante cualquier duda, lo mejor es que confirmes tu estado con una analítica adecuada y acudas a la consulta de un profesional.

Más pistas sobre los suplementos

En 2016, en España, encontrar el suplemento de mil o de dos mil microgramos no era sencillo, porque los suplementos de venta en farmacia suelen ser de dosis mucho más bajas. Era habitual tener que recurrir a tiendas especializadas, herboristerías o similares. Me alegra poder deciros que en 2021 existen bastantes opciones muy asequibles y fáciles de conseguir tanto en comercio físico como *online*. Ya no hace falta pedir a Estados Unidos para conseguir un precio bajo, tenemos webs españolas de empresas de suplementación y alimentación que ofrecen productos a precios muy económicos y en dosis adecuadas y cómodas. Hoy podemos comprar ciento veinte cápsulas de mil microgramos de cianocobalamina fabricadas en España por unos seis u ocho euros. Excusa..., ninguna.

No es necesario comprar B12 acompañada de otras vitaminas o del resto del complejo B, tal y como se aconseja algunas veces. La dieta vegetariana no es deficitaria en ninguna otra vitamina del grupo B y, además, cuando hablamos de la dosis semanal, sería totalmente irrelevante ese pequeño aporte. Podéis comprar solo B12.

Por último, no quiero dejar de nombrar el Optovite, que muchos vegetarianos conocerán porque suele ser el suplemento al que se recurre en atención primaria. Se trata de ampollas de 1000 microgramos de cianocobalamina que se venden en cajas de cinco unidades a un precio de unos 2,30 euros. A mí no me saben bien y me resultan incómodas. Es normal que no tengan buen sabor, porque en realidad son inyectables pensados para pacientes con alguna patología que les impida absorber la B12 de los alimentos, y no para vegetarianos, aunque sabemos que en la mayoría de los casos, esos pacientes podrían beneficiarse igualmente de la dosis farmacológica por vía oral.

La buena noticia es que el Optovite sí está en cualquier farmacia. Además, lo cubre la Seguridad Social con receta médica. Sin embargo, no es la mejor opción, ya que los médicos solo lo recetan en caso de déficit por un tiempo limitado. A la larga, sale bastante más caro que las opciones en cápsulas, porque nos obliga a comprar dos cajas cada cinco semanas y su consumo –como comentaba– es incómodo por tratarse de ampollas. No vale la pena usarlo como suplemento habitual, pero nos servirá para un apaño.

CAPÍTULO 6
COMER VEGANO ES FÁCIL Y SANO, SI SABES CÓMO

Tancam es ulls, imaginam
fosca i silenci totals.
Espai obert, fins i tot el cel
són platges infinites.
Es aliments més primordials
falta i defecte brutals.

ANTONIA FONT, «DINS AQUEST IGLÚ»

La vida real no es calcular cantidades de omega 3 o gramos de proteína. La vida real es ir a hacer la compra, elegir entre la inmensa cantidad de productos que nos inunda, preparar el desayuno, la comida y la cena. Comer a veces en restaurantes. Salir de viaje. Llevarse un táper. Ir a un evento. Todas esas cosas que parecen más complicadas si eres una persona vegana.

En realidad, con un poco de organización, práctica y algo de previsión, se puede gestionar sin mayores problemas. ¿No os lo creéis? Pues en este capítulo vamos a verlo.

Empecemos por el principio: la compra. De lo que nos llevemos a casa va a depender en gran medida nuestra alimentación. Una compra saludable se traduce en unos menús saludables. Una compra bien pensada y organizada nos facilitará la vida a la hora de cocinar y comer bien.

HACER LA COMPRA: MÁS PRODUCTO FRESCO Y MENOS APLICACIONES DE MÓVIL

Con todo lo que hemos aprendido antes de llegar aquí, sabremos que hacer la compra no es fácil. Los supermercados son una carrera de obstáculos y, por cada producto que exponen que es una elección saludable, hay otros veinte que son una pésima idea. Ya hemos visto en capítulos anteriores cuáles eran los puntos básicos de una alimentación saludable, no vamos a repetirlos, pero sí os animo a que los recordéis: por eso no incluyo en la compra productos como pasta refinada, galletas, mermelada, pan blanco o postres de soja.

Una de las cosas que podemos implementar en nuestra rutina es la de hacer la mayor parte de la compra en un mercado y no en un supermercado. Es cierto que no todo el mundo puede hacerlo, porque los mercados suelen tener horarios más restringidos que las grandes superficies y para mucha gente son incompatibles con su horario laboral. Además, por desgracia, tampoco tenemos tantos mercados: habrá quien no tenga ninguno a mano o quien se encuentre con que en su pueblo no hay mercado fijo, sino que se monta solo un día a la semana. En cambio, cualquier pueblo tiene un supermercado abierto a diario y cualquier barrio de ciudad tiene incluso más de uno.

En su favor hay que decir que los mercados suelen abrir más temprano que los supermercados, por lo que quizá haya quien pueda aprovechar esa primera hora, con el género recién expuesto y en general poco trajín. También suelen abrir los sábados, al menos por la mañana, y acudir al mercado a hacer la compra puede ser una actividad atractiva para un día sin trabajo, especialmente con niños, si es que tenemos la suerte de no trabajar el fin de semana.

Y otra cosa más: hay puestos que ofrecen el servicio a domicilio o que nos preparan el pedido que hagamos por teléfono para que solo tengamos que pasar a recogerlo. En algunos mercados ya se puede incluso pedir *online* y que te lo lleven a casa.

En resumen, os animo a investigar los horarios y servicios del mercado que tengáis más cerca. Quizá os sorprenda.

Pero ¿por qué creo que es mejor comprar en un mercado? Os cuento…

– **Porque en el mercado, al contrario de lo que ocurre en el súper, la inmensa mayoría de las opciones son elecciones saludables.** Los productos envasados o muy procesados brillan por su ausencia o son anecdóticos. Si compramos en un entorno en el que la oferta es buena, es más probable que elijamos bien.

– **Porque tienen producto fresco y de temporada.** Los puestos del mercado cambian con las estaciones: pasamos de melones y sandías en verano a granadas, boniatos, castañas y setas en otoño; naranjas, manzanas y coles en invierno; fresas en primavera… No se repite el mismo lineal con los mismos productos, como sucede en el súper. Para comer alimentos de temporada, el mercado es la mejor opción.

– **Porque es mucho más probable que encontremos producto local, incluso que nos lo venda el propio agricultor.** Encontraremos variedades autóctonas, producciones pequeñas y alimentos que no están en el súper. Y, además, los compraremos sin que haya una gran empresa de alimentación como intermediaria, a menudo más baratos y dejando un mayor beneficio para los agricultores.

– **Porque producen menos residuos.** En el mercado no vamos a encontrar los productos en bolsas y cajas, ni en bandejas de poliestireno cubiertas con plástico. Se venden a granel. Incluso sin llevar nuestra propia bolsa, la cantidad de envases que generaremos será mínima o ninguna. En el supermercado, cada producto lleva un envase o varios.

– **Porque nos darán atención personalizada.** El personal de los puestos te atiende, te sonríe, responde a tus dudas, te aconseja el mejor producto e incluso te cuenta una receta para que pruebes esa verdura nueva. Y te conocen y te regalan unas uvas, una mandarina o un melocotón para que lo pruebes, o ese manojo de albahaca, porque sabe lo que te gusta. Es mucho más agradable que llenar un carro y pasar por la línea de caja

¿Qué productos encontramos en el mercado?

– Frutas, verduras y hortalizas, por supuesto.

– Frutos secos y semillas a granel.

– Legumbres secas a granel y, a menudo, también cocidas.

– Cereales a granel y harinas.

– Especias, hierbas y condimentos a granel. También infusiones y tés.

– Pan, normalmente de algún negocio local con obrador propio. Pedidlo integral.

– Encurtidos y conservas en vinagre: aceitunas, pepinillos, cebolletas, piparras…

– En mercados grandes, ya es habitual que haya algún puesto con productos veganos tipo hamburguesas o similares.

Como veis, estos productos conforman el grueso de la compra diaria y el 90 % de una alimentación vegetariana o vegana saludable.

¿Para qué productos seguiríamos recurriendo al supermercado, si no los compramos ya en otro lugar? Pues sobre todo productos no alimentarios y el «fondo de despensa», es decir, aquellas cosas que no son producto fresco:

– Productos de limpieza.

– Productos de aseo personal.

– Legumbre cocida en tarro.

– Verduras en conserva (tomate triturado, espárragos, pimientos del piquillo…), aunque cada vez es más frecuente hallarlas en los mercados.

– Congelados (guisantes, habitas, alcachofas…).

– Bebidas y yogures vegetales sin azucarar.

– Pasta integral y pasta de legumbres.

– Cereales: arroz integral, copos de avena, maíz para palomitas…

– Sal yodada.

– Aceite de oliva virgen extra, si es que no tenemos una opción mejor para comprarlo, como alguna cooperativa local.

– Tofu, soja texturizada, hamburguesas veganas decentes…

- Café, cacao 100 % o chocolate negro con alto porcentaje de cacao.

- Crema de cacahuete o de frutos secos (sin azúcar).

Ya tenemos la compra hecha. Es hora de llegar a casa y pensar qué vamos a hacer con todo lo que hemos comprado.

PREPARAR EL MENÚ SEMANAL: COMIDAS Y CENAS

Planear el menú semanal puede significar la diferencia entre comer bien o comer a salto de mata e improvisando. Si somos personas ocupadas, invertir un ratito a la semana en planear el menú nos puede ahorrar mucho tiempo *a posteriori,* nos facilitará hacer la lista de la compra y nos ayudará a estar más organizados.

Antes de empezar a plantear el menú, voy a hacer un inciso para comentar algo respecto a las cantidades: una persona sana en un peso saludable debería comer en función de su apetito, que puede variar a lo largo de los días. Por tanto, las cantidades indicadas son solo una aproximación y en modo alguno deben tomarse como una recomendación en firme. Fijarse en la calidad de los ingredientes del menú y mantener la proporción aproximada es lo importante, mucho más allá de cantidades concretas.

Si alguien necesita indicaciones precisas sobre cantidades por cualquier motivo (es un deportista de alto nivel, necesita perder o ganar peso, tiene un problema de salud…), lo adecuado es que visite a una dietista-nutricionista que pueda darle consejo personalizado y adaptado a su historia clínica, a sus gustos, a su día a día y a sus necesidades concretas.

¿Qué es lo básico que debemos tener en cuenta a la hora de preparar el menú?

Verduras y hortalizas deben estar presentes a diario, en la comida y en la cena, en cantidades abundantes. La pregunta es qué entendemos por cantidades abundantes. Muy sencillo: que sea de lo que más hay, en volumen, en el plato. Es decir, una rodaja de tomate no es una ración de verdura. Un puñado de lechuga, tampoco. ¿Y una hoja de perejil? Tampoco.

La cantidad de verdura debería ocupar al menos un plato entero si hacemos una comida de primero y segundo o la mitad de un plato único. Recordad la recomendación de la OMS: hay que tomar un MÍNIMO de cuatrocientos gramos de frutas y verduras... Veamos algunos ejemplos:

Esto sí es una ración de verduras:

- Un bol grande de crema de verduras o de gazpacho.

- Un plato grande de ensalada, que incluya variedad de hortalizas de temporada.

- Un plato grande de verduras asadas o a la parrilla.

- Un plato de *crudités* (palitos de apio, pepino, pimiento, zanahoria, etcétera) con guacamole o *baba ganush* (paté de berenjenas) para mojar.

- Un plato de hervido de verduras (brócoli, puerro, zanahoria, coliflor, judías verdes...).

- Un plato de espinacas a la crema o salteadas.

- Un tomate grande aliñado, pero grande, grande, ¿eh?

- Un buen manojo de espárragos, aunque sean en conserva.

- Un wok de verduras variadas cortadas en juliana (col, cebolla, calabacín, setas, pimiento, *bok choy*...)

- Un plato de pisto.

Son solo algunas ideas generales, por supuesto. El concepto es que sea una buena ración, la parte más importante de la comida, no un adorno o una guarnición.

Cuando la ración de verduras va mezclada, por ejemplo, con arroz, pasta o patatas, en un potaje, guiso o ensalada, lo que más se tiene que ver son las verduras. ¿Os suenan esas ensaladas de pasta en las que, en un plato o bol grande de pajaritas o espirales, se ve algún trozo de tomate o un hilito de zanahoria rallada o un par de cuadraditos de pimiento? Pues bien, eso no cuenta ni como ración de verduras ni como ensalada. Deberíamos ver un gran plato colorido, por ejemplo, con rúcula, tomate, cebolla morada, aguacate, pimiento rojo y verde, zanahoria, pepino… y algo de pasta intercalada, mejor si es integral.

Seguimos…

Debemos incluir una ración de algún alimento proteico de calidad. Ya sabemos cuáles son esos alimentos: el principal aporte proteico de una dieta vegetariana viene de las legumbres y de los derivados de estas, especialmente de los derivados de soja, como el tofu, el tempe, el *natto* o la soja texturizada.

También el seitán es una fuente proteica, aunque de menor calidad, lo que no significa que no podamos consumirlo, pero no debe sustituir por norma a las legumbres y sus derivados.

Sin olvidarnos de los cereales integrales, los frutos secos y las semillas que también aportan proteínas, aunque en menor medida en el caso de los cereales. En el caso de frutos secos y semillas, como la ración de consumo suele ser más pequeña, actúan como complemento al aporte más importante de las legumbres. Las hamburguesas y otras carnes vegetales son una opción aceptable, pero no todas, ni siquiera la mayoría. Elegid aquellas cuyo primer ingrediente sea una opción proteica, como tofu, soja o guisantes. Y a poder ser, que contengan una grasa de calidad (oliva o canola) y poca sal. Como la oferta va variando a un ritmo vertiginoso, si tenéis interés, en mi cuenta de Instagram hago a menudo análisis y comparativas de los diferentes productos que van saliendo. Podéis ver los vídeos y *post* que hay publicados en @dimequecomes.

¿Qué parte de nuestro menú deberían ocupar estos alimentos? Pues más o menos entre un cuarto y la mitad del plato. En la página 102 se incluyen varias opciones e ideas en la tabla sobre alimentos proteicos y cantidades. Consultadla si tenéis dudas.

No todas las raciones proteicas que comáis tienen que contener un aporte proteico equivalente, pero sí debéis incluir esos alimentos en todas vuestras comidas. Teniendo en cuenta que la elección variará de una ingesta a otra, es fácil que el cómputo final sea adecuado tomando unas mínimas precauciones, como la de añadir una porción de alimento proteico a todas las comidas principales.

Evidentemente, las personas con requerimientos especiales, como los deportistas, las embarazadas y lactantes o quienes sufran de alguna patología o tengan un problema de peso, deberán buscar un consejo mucho más personalizado con la ayuda de una dietista-nutricionista, como hemos comentado al principio de este capítulo. Pero lo vuelvo a recalcar.

Además, podemos añadir al menú alguna porción de alimentos ricos en hidratos de carbono, como los cereales y sus derivados (arroz, pan, pasta, mijo, avena, maíz, polenta…) o tubérculos (patata, boniato, yuca). En el caso de los cereales y sus derivados, lo importante es que sean integrales.

Para un adulto normal, no deberían ser más de un cuarto del volumen total de la ingesta (un cuarto de un plato único o un tercio de un plato en un menú de dos platos).

Tengamos en cuenta que las legumbres también son ricas en hidratos de carbono, por lo que no es necesario añadir más, si no nos apetece. La parte de carbohidratos es opcional y la más prescindible, podemos comer verduras con tofu (que no tiene casi hidratos de carbono) y estaría bien. Priorizaremos siempre que haya verduras y una parte proteica, valorando la parte de cereales o patatas siempre en función de nuestra actividad física y necesidades. Sí, ya sé que esto va en contra de los socorridos «pasta con…» y «arroz con…», pero seguro que lo superaréis.

También incluiremos un aporte de grasa saludable para cocinar, aliñar o condimentar. En España, lo lógico es que la grasa de referencia sea el aceite de oliva virgen extra, pero en las zonas del mundo en que el acceso a ese aceite es difícil o caro, puede ser buena opción el aceite de colza, la grasa de coco virgen o el aceite de girasol alto oleico, entre otros.

Otros alimentos que aportan grasa saludable al menú son el aguacate, los frutos secos y las semillas.

Seguro que habéis visto alguna vez el modelo de guía de alimentación saludable de la Universidad de Harvard, el conocido como «plato de Harvard». Ese modelo es aplicable también a la población vegana, porque incluye opciones veganas en la sección proteica.

No obstante, también podemos coger ese plato, dividido tradicionalmente en cuatro partes (frutas, verduras, cereales integrales y proteínas) y dividirlo solo en tres (frutas, verduras y legumbres) o en dos (verduras y legumbres), sacando la fruta fuera del plato, como hacen –por ejemplo– con el aceite. Es decir, no hay una única manera válida de organizar el menú y lo habitual es que vayamos cambiando de una a otra según el día.

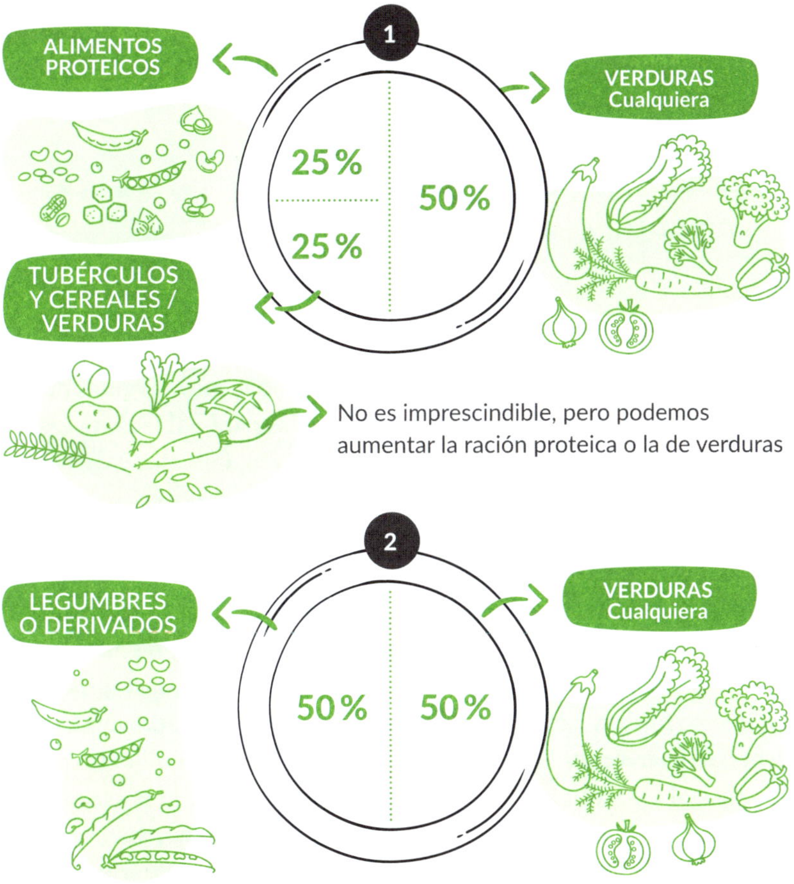

1

ALIMENTOS PROTEICOS

VERDURAS
Cualquiera

25 %

50 %

25 %

TUBÉRCULOS Y CEREALES / VERDURAS

No es imprescindible, pero podemos aumentar la ración proteica o la de verduras

2

LEGUMBRES O DERIVADOS

VERDURAS
Cualquiera

50 %   50 %

PARA COCINAR Y ALIÑAR: aceite de oliva virgen extra
PARA PICAR ENTRE HORAS: frutos secos y fruta
PARA BEBER: agua
COMO POSTRE: fruta

H2O

Otra guía de alimentación saludable que también puede resultar útil, aunque se dirige a población general y por tanto incluye alimentos de origen animal, es la pirámide australiana, que incluye en el escalón proteico el tofu y las legumbres, y las bebidas de soja junto a los lácteos. Son herramientas que sirven a toda la población sin excluir a nadie. Además, es una pirámide con una base de frutas y verduras en la que no encontramos ni alcohol ni alimentos poco saludables, al contrario de lo que sucede en la pirámide española –por eso no consideramos a esta última una buena herramienta–. En el siguiente código QR podréis leer un breve artículo de Nutrition Australia en el que explican la pirámide australiana:

Es posible que os estéis preguntando por qué no menciono guías de alimentación saludable específicamente diseñadas para población vegana, en lugar de hablaros de propuestas que incluyen animales y derivados de animales. Pues bien, porque ninguna de las que conozco me convence. En nuestro país, la pirámide de la Unión Vegetariana Española sigue con la obsoleta base formada por cereales y el pico lleno de alimentos insanos que no deben aparecer en ninguna recomendación, porque el mensaje que damos es que son necesarios y deben estar presentes en pequeñas porciones, cuando esto no es así. Aquellos productos que es mejor que no formen parte de la dieta, ni siquiera en cantidades ínfimas, no deberían aparecer en los modelos de alimentación saludable (lo mismo se aplica al alcohol). Incluirlos no mejora nada, ya que la población los consume igualmente; de hecho, se confunde el mensaje, mientras que quitarlos no perjudica a nadie y mejora el consejo alimentario, haciéndolo más acorde a la evidencia científica.

Otros modelos, como el *plant plate* de Virginia Messina, no son adecuados para población española por un tema de adaptación cultural. Nos presenta el aceite de oliva como opcional y lo relega a un rincón, junto con la bebida de almendra, cuando para nosotros el primero es la grasa de referencia y debe ocupar un lugar importante en una representación de alimentación saludable. Incluye además como consumo habitual cosas que en España no existen siquiera, como el zumo de naranja enriquecido en calcio (recordemos, además, que no es recomendable tomar zumos como bebida habitual) o la crema de cacahuete como alimento proteico cuando en nuestro entorno es un alimento con una presencia todavía baja que no forma parte de la alimentación cotidiana, aunque esté de moda en Instagram.

Lo mismo sucede con otros modelos anglosajones de plato o de pirámide vegana saludable, que aunque no terminan de sernos muy útiles, sí pueden darnos una idea general.

Una guía visual de alimentación saludable –como los platos o las pirámides mencionados– no solo debe ajustarse a la evidencia científica disponible y no estar diseñada según los intereses de la industria alimentaria –como le sucede a la pirámide española de la SENC–, sino que también ha de estar adaptada a la cultura gastronómica y a la disponibilidad de alimentos de la población a la que se dirige.

CÓMO HACER UN MENÚ SEMANAL

Veamos ahora un ejemplo de menú semanal.

En primer lugar, vamos a pensar qué alimento proteico vamos a comer en cada ingesta y, a partir de él, pensaremos el resto del menú.

	Comida	Cena
Lunes	Alubias blancas	Tofu ahumado
Martes	Lentejas	Bebida de soja, levadura de cerveza y almendras
Miércoles	Tofu	Garbanzos (falafel)
Jueves	Pasta de lentejas	Yogur de soja y frutos secos
Viernes	Frijoles negros	Tempe
Sábado	Seitán	Tiras de Heüra
Domingo	Soja texturizada	Garbanzos (humus)

Ahora toca pensar el plato y asegurarnos de que cubrimos la parte de verduras y ya tenemos los dos imprescindibles. No hace falta decidir qué verduras concretas usaremos en cada elaboración, porque, como hemos hecho muy bien la compra, seguro que no faltan en casa y podemos elegir según nos apetezca en ese momento o lo que tengamos.

Todos los menús tienen que tener verde (verduras) y gris (parte proteica) al menos. Podemos usar rotuladores de colores las primeras veces para asegurarnos de ello y ver si los menús habituales de nuestra casa cumplen con los requisitos mínimos y adaptarlos o mejorarlos en caso de ser necesario.

- Ración de verduras
- Ración proteica (a veces formada por la combinación de más de un alimento).
- Alimentos que aportan sobre todo carbohidratos (no son imprescindibles, por eso no están en todas las ingestas).

	Comida	Cena
Lunes	• Ensalada de alubias blancas con pimientos asados, alcaparras y cebolla morada	• Crema de calabaza • Tofu ahumado con guisantes
Martes	• Lentejas con sofrito de verduras y arroz integral	• Brócoli gratinado con bechamel de bebida de soja, levadura de cerveza y almendra molida para gratinar
Miércoles	• Calabacines rellenos de tofu y verduras • Pan integral	• Espinacas a la catalana (con pasas y piñones) • Falafel y salsa tahína
Jueves	• Gazpacho • Pasta de lentejas con salsa de tomate y champiñones	• Ensalada de col, apio, manzana, pasas con salsa de yogur de soja, nueces, queso de anacardos y crostones
Viernes	• Burritos (con tortillas integrales) de frijoles, guacamole, lechuga y tomate	• Tempe a la plancha con judías verdes al ajillo
Sábado	• Seitán con pisto • Patata al horno	• Wok de verduras y tiras de Heüra con salsa de cacahuete
Domingo	• Musaca de soja texturizada (pastel de berenjenas)	• Crema de puerros • Humus con palitos de verdura (apio, pepino, pimiento, endivia...) y picos integrales

Cuando nos falten verduras, una opción simple es añadir una ensalada o una crema de primero y reducir un poco la ración del segundo o reducir la cantidad de pasta o de arroz en favor de los vegetales.

Cuando nos falten proteínas, un recurso fácil es tomar de postre un yogur de soja sin azucarar con un puñado de frutos secos o semillas o añadir legumbres o tofu a nuestra preparación.

No hace falta decirlo, pero usaremos aceite de oliva virgen extra para cocinar y aliñar. ¡Y acordaos de la sal yodada!

COMER DE TÁPER

Muchísima gente hoy se lleva el táper al trabajo o a la universidad. Y puede ser un verdadero quebradero de cabeza prepararlo y asegurarnos de que sea apetecible y saludable. Igual que hemos hecho con el menú semanal, se puede planear. Un buen táper no debería diferenciarse mucho de un buen menú en casa, ya que constituye una de las comidas principales. Por tanto, esto es lo que debería llevar.

Verduras. Es una parte fundamental del menú, como ya sabemos, que tendemos a descuidar o a no poner en la cantidad adecuada en el táper porque no cabe, porque no hay nada preparado, porque la ensalada se queda «pocha»… No valen las excusas: la verdura es de lo que más tiene que haber. Como decía en un ejemplo anterior, si optamos por un plato de pasta, «no es pasta con verduras, sino verduras con pasta». Y recuerda que tenemos más opciones que la ensalada: hay platos de verduras que podemos tener ya hechos y congelados en raciones: pisto, espinacas con bechamel, berenjenas rellenas, escalivada, todo tipo de cremas, boloñesa vegetal, bases de verduras salteadas, champiñones con ajo y perejil, salsa de tomate…

En el caso de las ensaladas, es mucho mejor llevarlas sin aliñar y hacerlo en el momento para que conserven la frescura. Podemos tener en el trabajo una botellita de aceite y vinagre, por ejemplo, o llevar el aliño aparte.

Además, en un tiempo récord, nos podemos meter en el táper unas flores de brócoli o de coliflor crudas, porque si tenemos microondas en el trabajo, en pocos minutos las hacemos allí mismo.

– **Cereales integrales y tubérculos.** Puedes cocer una cantidad grande una sola vez y tenerlos en la nevera para completar tu táper. El arroz integral, el mijo, la pasta integral, la quinua, el trigo sarraceno… aguantan bien en la nevera cocidos unos días. Que solo sea coger un puñado y añadirlo.

En la versión «de emergencia», una patata o un boniato troceado crudo, igual que el brócoli, se puede hacer en unos minutos en el microondas de la oficina.

Y, por supuesto, una rebanada de pan integral siempre es una opción, si no hay nada más a mano.

Esta parte no es imprescindible: podemos llevarnos un táper saludable y adecuado sin meter cereales y tubérculos. Las otras dos secciones (verduras y proteínas), en cambio, no son negociables.

– **Parte proteica.** Que no os falte. No caigáis en llevar siempre pasta o arroz con verduras o ensalada porque es el recurso fácil: siempre tiene que haber una ración proteica de calidad en vuestra comida, lo repito de nuevo.

Los guisos y potajes de legumbres se hacen muy rápido en la olla exprés y los podéis congelar por raciones. Son un plato completo y no necesitáis nada más. Más práctico, imposible.

El humus también se puede congelar, a lo sumo puede quedar un poco separado al descongelarse, pero se remueve un poco, ¡y listo! Es un gran recurso cuando no tengáis la opción de calentar la comida.

También se pueden tener congeladas hamburguesas de legumbre o albóndigas hechas en casa.

Las legumbres cocidas de bote son una buena opción: las enjuagáis bien y tenéis salvación en un minuto.

Además, el tofu en todas sus versiones (duro, *silken*, ahumado…) es un gran aliado y muy cómodo. Lo mismo que el seitán, que se puede incluir de vez en cuando.

La soja texturizada preparada ya en una salsa, una lasaña o una musaca, congelada por raciones, también es una buena alternativa.

Además, como complemento, podéis añadir unos frutos secos o unas semillas y levadura de cerveza.

– **Postre.** Elegid como primera opción fruta o fruta desecada. Si os lleváis yogures vegetales, que sean sin azúcar. Y el chocolate negro con más del 80 % de cacao también está bien como capricho, ¡en porciones pequeñas!

– **Bebida.** Seré breve: agua.

Para planear el táper, vamos a seguir la misma estrategia que con el menú semanal. Primero, elaboramos una planilla básica semanal con la opción proteica, de este tipo:

Lunes	Martes	Miércoles	Jueves	Viernes
Lentejas	Tofu o tempe	Humus, seitán, hamburguesa casera	Garbanzos o azukis	Soja texturizada

Sobre esta base, planeamos el menú para un mes.

SEMANA 1

Lunes	Martes	Miércoles	Jueves	Viernes
Pimientos asados rellenos de lentejas	Wok de brócoli y tofu con tallarines integrales	Humus con palitos de verdura y rebanada de pan integral	Guiso de azukis con zanahoria especiada	Calabacines rellenos de soja texturizada y mijo

SEMANA 2

Lunes	Martes	Miércoles	Jueves	Viernes
Lentejas con patatas	Tofu ahumado con pisto y arroz integral	Falafeles con pan de pita y ensalada de col con salsa de yogur vegetal	Garbanzos con puerro y calabacín	Lasaña de boloñesa de soja texturizada

SEMANA 3

Lunes	Martes	Miércoles	Jueves	Viernes
Curri de lentejas con verduras	Hervido de judías verdes y boniato con tofu *silken*	Estofado de seitán con patata y guisantes	Pastel de *azukis* y setas	Hamburguesas de soja texturizada y brócoli al vapor

SEMANA 4

Lunes	Martes	Miércoles	Jueves	Viernes
Crema de lentejas rojas y calabacín con semillas de sésamo	Salteado de tofu con setas, cebolla, zanahoria y macarrones integrales	Hamburguesas de legumbre y avena con tomate y aguacate	Garbanzos con espinacas	Patatas guisadas con soja texturizada grande y verduras

LAS LEGUMBRES ME SIENTAN MAL

En la alimentación actual de gran parte de la población, las legumbres brillan por su ausencia. Parece que incluirlas en el menú una vez a la semana es suficiente, y eso quienes se organizan, ya que en muchas casas sencillamente ni aparecen y gran parte de la población infantil solo las consume en el comedor escolar. Así que es bastante normal que nuestro aparato digestivo no esté todo lo acostumbrado que debería a digerirlas.

Es normal que las personas que consumen legumbres de forma muy esporádica tengan digestiones pesadas y gases y esto las empuja a dejar cada vez más de lado este alimento. Es una pena, la verdad, porque el consumo de legumbres está directamente relacionado con una disminución del riesgo de sufrir varias enfermedades[1] y con el mantenimiento de un peso corporal saludable.[2] Eso por no hablar de su impacto beneficioso en el medioambiente y la sostenibilidad, ya que son un cultivo que mejora la absorción de carbono en los suelos –parte de las emisiones naturales de CO_2 resultan capturadas por la propia tierra–; además, necesitan poca agua, por lo que son adecuadas para tierras de secano, y son un cultivo bastante resistente.[3]

¿Qué podemos hacer para mejorar la tolerancia?

Si somos personas sanas sin ningún problema digestivo diagnosticado, deberíamos ser capaces de comer legumbres de manera habitual sin que nos produjeran molestias excesivas. Si venimos de un consumo muy bajo o inexistente, podemos necesitar un pequeño periodo de transición de unas pocas semanas para permitir que nuestro sistema digestivo y, sobre todo, nuestra microbiota y enzimas digestivas se adapten. Recordad que hay bebés comiendo legumbres a diario en buena parte de Latinoamérica sin inmutarse. No vais a ser vosotros, personas adultas hechas y derechas, más delicados.

En consulta, es habitual hacer esa transición con personas que quieren pasar de una alimentación tradicional a una vegana. Empezamos con media ración tres veces por semana y, al cabo de seis a ocho semanas, ya están comiendo platos enteros sin problema.

En el caso de que realmente tengáis un problema digestivo que os obligue a limitar el consumo de legumbres, como es lógico, tendréis que resolver antes ese problema o adaptar el tipo de preparaciones y cantidades para que os siente bien. Para ello, lo mejor es que os aconseje una dietista-nutricionista sobre vuestro caso concreto.

Aquí van algunos consejos para mejorar esa sintomatología digestiva leve que, aunque puede ser molesta, especialmente los gases, no reviste gravedad alguna:

- **Incrementar el consumo gradualmente.** Necesitamos que las bacterias de nuestro colon se adapten a la dieta (y una microbiota que digiere bien las legumbres es más saludable que una que no), así que es importante empezar con raciones pequeñas, que poco a poco iremos incrementando en cantidad y frecuencia. Podemos comenzar añadiendo un par de cucharadas de lentejas rojas a una crema de verduras o un puñado de alubias a una ensalada o tomarnos una tostada con una capa fina de humus –casi todo el mundo tolera esto– y, poco a poco, ir aumentando hasta que comernos un plato de lentejas no nos suponga un problema. Lo más efectivo para que las legumbres no nos produzcan molestias es consumirlas frecuentemente.

- **Pelarlas.** Las legumbres peladas son las que mejor se digieren, porque en la piel están algunos de esos compuestos que causan más dificultades a nuestras bacterias intestinales. La lenteja pelada es muy fácil de encontrar y suele tener una tolerancia excelente, pudiendo usarse incluso en dietas de protección gástrica. Pelar garbanzos cocidos, de los de bote, también es bastante sencillo, basta con sumergirlos en agua y frotarlos entre sí suavemente con las manos. La piel se desprenderá y quedará flotando, por lo que podremos eliminarla fácilmente. Otra opción es usar un pasapurés, que dejará el hollejo en la parte superior, y podremos retirarlo; este sistema es muy útil si, por ejemplo, vamos a hacer humus, un paté de legumbres, hamburguesas o una crema.

- **Ponerlas a remojo.** El remojo prolongado antes de la cocción (una noche es más que suficiente) mejora bastante la digestión de las legumbres y favorece la absorción de sus nutrientes (más adelante se desarrolla este punto en el apartado sobre antinutrientes). Es importante descartar el agua de remojo y enjuagarlas, ya que en ella quedan disueltos algunos compuestos que no nos interesan (podemos usarla perfectamente para regar las plantas o para el cubo de la fregona).

Si el agua de tu zona es muy dura (tiene mucha cal), añade una puntita de bicarbonato al agua de remojo. Eso hará precipitar parte de esa cal y las legumbres quedarán más tiernas

— Asegurar una buena cocción. La olla exprés es una opción excelente en este sentido. También las legumbres en conserva, ya que la industria alimentaria garantiza una cocción óptima. Una legumbre cruda o medio cruda es terriblemente indigesta, así que si aún está dura, no os las comáis. Déjala en la olla un buen rato más. Añadir laurel y comino a la preparación también mejora la digestibilidad.

¿SON TODAS LAS FUENTES PROTEICAS VEGANAS RICAS EN HIDRATOS DE CARBONO?

Aún hay mucha gente que cree que no es posible llevar una alimentación vegana *low carb* o baja en hidratos de carbono, «porque todas las fuentes proteicas veganas son altas en hidratos». Esto lo dicen incluso algunos nutridinosaurios. ¿En serio?

En realidad, no es cierto, y cuando los especialistas necesitamos pautar una dieta de ese tipo, no tenemos mayor problema para ello. Incluso podemos hacer pautas cetogénicas si por algún motivo así lo precisamos.

En general, consideramos que una dieta es *low carb* cuando aporta entre 60 y 100 gramos de hidratos de carbono al día. Cuando bajamos de los 60 o 50 gramos de carbohidratos al día, ya es una dieta cetogénica o *very low carb ketogenic diet* (VLCKD). Estas cifras son una aproximación, ya que los gramos de carbohidratos necesarios siempre dependerán de la persona, su peso, su actividad, etcétera, y se valorarán de forma individual. Con los mismos gramos de carbohidratos, una pauta puede ser *low carb* para una persona y VLCKD para otra.

En lo que respecta a las opciones proteicas, tenemos varias alternativas: el tofu clásico tiene una cantidad muy baja de hidratos de carbono (alrededor de un gramo por cada cien), lo que lo convierte en una excelente opción de proteínas de calidad. Lo mismo ocurre con los bocados de Heüra (solo 1,8 gramos de carbohidratos por cada 100 gramos) y las Vegan Pieces de Quorn (menos de 4 gramos de carbohidratos por cada cien gramos).

Del mismo modo, los yogures de soja sin azúcar añadido son bajos en carbohidratos; de hecho, un yogur natural de leche de vaca ronda los 5 gramos de carbohidratos por envase de 125 gramos, mientras que uno de soja tiene aproximadamente la mitad y además no contiene azúcares. Lo mismo sucede con la bebida de soja comparada con la leche, su contenido en carbohidratos no es mayor (insisto, elegiremos siempre productos sin azúcares añadidos), por lo que el uso de estas opciones sería similar al de lácteos en una *low carb* clásica.

El seitán tiene entre 3 y 4 gramos de carbohidratos por cada 100 gramos, por lo que es una buena opción, aunque no sea proteína de gran calidad. Y la soja texturizada, aunque presenta más carbohidratos (unos 20 gramos por cada cien de producto), al usarse en raciones más pequeñas, porque pesa poco y aumenta mucho en volumen al hidratarse, también es muy útil en este tipo de pautas porque no nos consume demasiada ración de los hidratos diarios. Pensemos que una ración de cuarenta gramos en seco de soja texturizada aporta 20 gramos de proteína y 8 de carbohidratos, unas cantidades muy asumibles en una comida principal.

Y no nos olvidemos de la levadura de cerveza, que en 20 gramos (de dos a tres cucharadas) aporta 10 gramos de proteínas y solo 3,4 gramos de carbohidratos.

Una dieta *low carb* bien calculada soporta una ración de frutos secos y media ración de legumbres al día (el tamaño de la ración dependerá de la organización de la dieta y de los gramos de carbohidratos pautados en función de las necesidades del paciente). Siempre será mejor priorizar raciones de legumbres a pequeñas raciones de cereales o derivados, porque su aporte nutricional nos interesa mucho más en un paciente vegano.

Frutos secos como nueces, nueces de macadamia, avellanas y cacahuetes (sé que los cacahuetes son legumbres, pero los usamos gastronómicamente como frutos secos y por eso los nombro aquí) no llegan a los 5 gramos de carbohidratos en una ración estándar de 30 gramos. Almendras, anacardos y pistachos contienen una cifra un poco superior.

Las legumbres cocidas rondan entre 20 y 22 gramos de carbohidratos por cada 100 gramos, salvo el tempe y la soja, que tienen la mitad (de 9 a 10 gramos de carbohidratos por cada 100 gramos, en el caso de la soja cocida) y algún tipo de alubia, que tiene un poco más.

Es decir, media ración de legumbres cocidas (unos 100 gramos) y una de frutos secos al día aportarían alrededor de 25 a 28 gramos de carbohidratos. Nos queda bastante margen para incluir los carbohidratos de las verduras y las pequeñas cantidades de otras fuentes proteicas mencionadas incluso con el límite bajo (60 gramos de carbohidratos al día, que sería una cetogénica). Con el límite alto (100 gramos de carbohidratos al día), podríamos incluir más cantidad sin mayor problema. Y sí, se cubren requerimientos proteicos si hacemos un buen planteamiento dietético. En caso de ser necesario, tenemos a nuestro alcance proteína aislada en polvo que podemos añadir a batidos u otras preparaciones si nos resulta más cómodo.

Si seguimos una dieta de este tipo, lo adecuado es acudir antes a una dietista-nutricionista especializada que pueda adaptarla a nuestros gustos y necesidades, pero sobre todo valorar si es o no un enfoque correcto para nuestro caso en concreto o si puede haber una opción mejor, así como hacer los cálculos de nuestros requerimientos en particular y construir una pauta con ellos.

En resumen: no se puede afirmar que todas las fuentes proteicas veganas son altas en carbohidratos y que eso dificulta algunas dietoterapias sencillamente porque no es cierto.

¿QUÉ ES EL QUORN?

He nombrado un par de veces este producto en lo que llevamos de libro y puede que no estéis familiarizados con él. Así que voy a contaros un poco más sobre esta proteína vegetal, que es bastante interesante.

El Quorn es un producto muy popular en países como Estados Unidos, Francia, Alemania y, sobre todo, en Reino Unido, donde se descubrió en 1960 y se aprobó para consumo humano en 1984.[4] Sin embargo, en España no es demasiado conocido. Recuerdo que hasta hace unos años, en Mallorca, solo se encontraba en supermercados de productos ingleses, en el Iceland concretamente, en esas zonas de la isla que los autóctonos procuramos no pisar si no es estrictamente necesario, por si se nos cae encima un turista desde un balcón. Actualmente puede encontrarse en tiendas especializadas con más facilidad, pero sigue sin estar tan extendido como otros productos mucho más recientes que han encontrado mejor distribución y son mucho más conocidos. Y la verdad es que es una pena que no esté más normalizado, porque es un producto versátil y con muy buen perfil nutricional.

Se elabora con micoproteína, un tipo de proteína vegetal que se obtiene a partir de un hongo, el *Fusarium venenatum*, que se cultiva en tanques o barriles, donde fermenta, y gracias a un proceso tecnológico algo complicado de explicar y que yo tampoco tengo excesivamente claro, se obtiene el preparado de micoproteína. El nombre Quorn es realmente la marca comercial que lo fabrica y que ha pasado a ser el nombre genérico del producto a nivel coloquial, como pasa con otras marcas muy representativas.

La micoproteína tiene un perfil nutricional muy interesante, como comentábamos: es rica en proteínas (11,5 gramos por cada 100) y baja en carbohidratos (menos de 2 gramos por cada 100) y grasas; también tiene un aporte de fibra nada despreciable (6 gramos por cada 100).[5] Todo ello en 86 kilocalorías, lo que lo hace un producto a tener en cuenta para dietas *low carb*, por ejemplo.

Además, la proteína del Quorn tiene aminograma completo, es decir, contiene todos los aminoácidos esenciales en cantidades adecuadas, y tiene muy buena digestibilidad. Su capacidad de promover la síntesis muscular es idéntica a la de la proteína de origen animal, según un RCT de 2020 en el que se comparó una dieta omnívora con otra vegana rica en microproteína (ambas isocalóricas y con las misma cantidad de proteínas) en adultos deportistas.[6]

También sabemos que tiene un poder saciante elevado, por encima del pollo, según un trabajo de 2005 de la Universidad de Louisiana.[7]

Respecto a la salud, está estudiada su capacidad de disminuir las glucemias posprandiales y también mejora el perfil lipídico.[8] Una revisión sistemática de 2020 vuelve a hacer hincapié en su gran poder saciante, lo que puede ser de ayuda en personas con sobrepeso y, como es habitual, insiste en la necesidad de investigar más acerca de sus efectos en la salud.[9]

Al principio, los productos de Quorn no eran veganos ya que llevaban clara de huevo, pero desde 2010 existe una línea vegana que se suele encontrar en cualquier sitio que venda el producto. Hay que fijarse en que lleve la palabra *vegan* escrita en el paquete para poder distinguir las preparaciones libres de cualquier producto de origen animal de las que llevan huevo o incluso algún derivado lácteo. La de mejor perfil nutricional es la denominada *Pieces*. Porque, ojo, no todos los productos de Quorn son saludables: la mejor opción será siempre la que lleve los mínimos añadidos posibles; por eso, lo mejor es descartar aquellas versiones tipo *nuggets*, hamburguesas o salchichas y optar por las *Vegan Pieces* (trocitos sin más), que sí contienen un 89 % de microproteína y serían la mejor opción dentro del surtido vegano.

Que yo sepa, no se comercializa la microproteína 100 % sin más, que sería, sin duda, la opción más interesante nutricionalmente hablando.

Respecto a la sostenibilidad, su huella de carbono es muy inferior a la de la producción de proteína animal (un 90 % inferior a la de la ternera, nada menos) y consume muchos menos recursos hídricos y, por supuesto, de suelo, ya que se produce en barriles o tanques, por lo que es una opción sostenible y respetuosa con el medioambiente, con lo que, según parece, es una alternativa de cara al futuro, por ser una fuente efectiva de proteína de calidad con un coste bajo de recursos naturales.[10] Aunque hay estudios que señalan que su impacto es algo mayor al de otras proteínas vegetales, con una emisión de gases efecto invernadero similar a la del pollo pero un uso de agua y tierra muy inferior.[11]

¿CUÁNTAS COMIDAS TENGO QUE HACER AL DÍA?

Respuesta rápida: las que vosotros queráis o las que os vengan bien. A pesar de que hayamos escuchado montones de veces frases del tipo «hay que hacer cinco comidas al día», «el desayuno es la comida más importante», «lo mejor es comer cada tres horas»…, todas ellas son afirmaciones muy apreciadas por los cuñados del mundo y por algún que otro sanitario que no se ha parado a pensar en si existía o no evidencia científica que las sustentara. ¿Tienen alguna base?

Hoy sabemos que no. No hay argumentos para afirmar –como consejo universal a la población– que realizar cinco ingestas diarias sea mejor que realizar tres, cuatro o seis. Es más, sabemos que animar a hacer cinco comidas, dos de las cuales son tentempiés o comidas rápidas que a menudo se realizan fuera de casa, ha derivado en muchos casos en dos comidas basadas en el picoteo de alimentos insanos: galletas, picos de pan blanco, dulces o bollos, zumos, refrescos, *snacks,* chocolatinas, postres azucarados, etcétera. Por tanto, en ese caso, hacer cinco comidas es francamente una mala idea.

El número de comidas diarias depende tanto de la apetencia personal como del tipo de vida que uno lleve: trabajo, horarios, actividad deportiva. Siempre que demos el consejo de hacer un tentempié a media mañana o a media tarde, debemos acompañarlo de indicaciones precisas sobre qué comer en ese momento, para evitar que se caiga en pésimas elecciones con la excusa de las cinco comidas. Por eso tenéis un apartado dedicado a desayunos y meriendas lleno de ideas y aclaraciones en este libro.

Salvo casos concretos, es mucho más importante la calidad de las comidas que el número de ellas. Hacer elecciones saludables tiene un impacto infinitamente más relevante que comer tres veces o cinco.

Del mismo modo, ninguna comida es más importante que otra, tampoco el desayuno. Especialmente si detrás de la insistencia en que desayunemos están los intereses de las grandes industrias fabricantes de lácteos, galletas y cereales azucarados.

Es cierto que hay situaciones metabólicas, como la diabetes, que sí pueden beneficiarse de un número de comidas concreto a unas horas determinadas. En ese caso, sí puede ser un buen consejo hacer cinco comidas al día. Algunas patologías digestivas hacen aconsejable comidas frecuentes poco copiosas, o, por el contrario, dejar más horas de ayuno para mejorar la recuperación del aparato digestivo. También para los deportistas es básico el *timing* a la hora de pautar sus ingestas para asegurar un buen rendimiento y una correcta recuperación tras el entreno. Pero todas estas son situaciones que deben ser controladas por profesionales, de las cuales no podemos extraer un consejo de salud pública extensible a toda la población.

PASARSE A UNA ALIMENTACIÓN VEGANA CON BUEN PIE

Las primeras semanas o meses de seguir una dieta vegana suelen estar llenas de dudas y también hay una colección de errores habituales que las dietistas-nutricionistas vemos de manera repetida en consulta, especialmente cuando se hace un cambio radical de dieta tradicional a vegana.

Hay mucha gente que prefiere hacerlo así, de un día para otro, mientras que otros se lo plantean de manera progresiva, bajando poco a poco el consumo de carnes y pescados, pasando por esa tierra de nadie que llamamos dieta flexitariana, por el ovolactovegetarianismo, para acabar (o no) en el veganismo en un proceso que puede durar meses o años. Desde aquí mi aplauso a quienes hacen un clic y se sienten incapaces de seguir participando ni un solo día más del sistema carnista.

Así que en la medida de lo posible, vamos a intentar evitar algunos de los errores más habituales de la gente vegana novata, sea cual sea el camino que recorran. No me extenderé demasiado, porque la respuesta a cómo hacerlo bien la tenéis detallada en distintos apartados de este libro. Solo quiero que hagáis un chequeo rápido, para ver si se os está pasando algo.

– **Hay que sustituir la carne y el pescado por otros alimentos proteicos.** No caigáis en la tentación de sustituir los alimentos de origen animal por platos de arroz o pasta o por más verduras. El aporte proteico debe mantenerse, así que a medida que elimináis carnes, huevos, lácteos y pescados de la dieta, añadid legumbres en todas sus formas y derivados –como el tofu, el tempe o la soja texturizada–. Incluid también semillas y frutos secos. Si coméis en familia, no es suficiente con apartar el pollo y echar más guarnición o más patatas. Siempre debe haber una ración proteica en las comidas principales. En la página 191 podéis consultar un cuadro resumen con algunas raciones proteicas habituales que os servirá de guía.

– **Es decir, no baséis vuestra alimentación en cereales.** Aunque se lleva repitiendo décadas que los cereales deben ser la base de la dieta –incluso la pirámide de la alimentación española mantiene una base formada por pan, pastas y harinas–, esta es una recomendación obsoleta, que no tiene justificación ninguna y menos para una población con unas tasas de obesidad y sobrepeso espeluznantes y en aumento, donde el consumo de harinas refinadas no es precisamente bajo. En las pirámides más modernas y mejor documentadas –como la australiana o la recién estrenada pirámide belga–, podemos ver que esa base está formada por un montón de coloridas hortalizas, verduras y frutas. Ese es el mensaje correcto y esa debe ser la base de la dieta. Consumiremos los cereales y sus derivados en raciones acordes con nuestra actividad física, procurando además que sean integrales.

– **No os paséis a la «carne vegetal» sin criterio.** No cambiéis la carne y el pescado por opciones como hamburguesas y salchichas veganas, embutidos veganos, *nuggets* veganos y productos similares. No suelen ser opciones muy saludables ni con un buen valor proteico, aunque hay algunas excepciones, como algunos preparados de Heüra o Quorn. Pero, en general, son productos ultraprocesados cuyo consumo se debe limitar, exactamente igual que con sus homólogos cárnicos. Haz tus propias hamburguesas caseras y ten siempre alguna en el congelador.

– **Los lácteos son el menor problema, no os estreséis con ellos.** Si al eliminar los lácteos os preocupa el aporte de calcio, tenéis una opción sencilla: sustituirlos por bebidas y yogures vegetales enriquecidos en ese mineral. Pero fijaos en que sean sin azúcar añadido. Aunque consumir estos productos no es en absoluto imprescindible, sí puede ser muy cómodo y sencillo. Podéis aumentar el consumo de crucíferas, frutos secos, tofu, legumbres, verduras de hojas verdes (salvo espinacas, cuyo calcio es de muy baja biodisponibilidad), tomar el sol y controlar vuestro estatus de vitamina D. Lo hemos contado todo en el capítulo 3.

– No busquéis la «versión vegana» de cada alimento. Aprovechad para eliminar o reducir productos insanos de la dieta y hacer un cambio a mejor para vuestra salud, para los animales y para el medioambiente: si tomáis a menudo dulces, bollos, refrescos, comida rápida, *snacks*…, no busquéis una opción vegana. En su lugar, comed más frutas, más verduras y más frutos secos. Ya que iniciáis una transformación, hacedlo bien. Engrosemos las filas del veganismo con gente saludable, con mucha energía y con años por delante para seguir peleando por un mundo mejor.

– Probad nuevas recetas y ampliad horizontes. Tenéis un montón de blogs de cocina estupendos a vuestra disposición para elegir qué os apetece cocinar y probar. Probad al menos una receta nueva a la semana. Es un objetivo muy asumible y en pocos meses habrá aumentado mucho vuestro repertorio. Apuntad las recetas que os hayan gustado para poder repetirlas. Si no sabéis por dónde empezar, ya os lo digo yo: por las webs y libros de Virginia García (@creativegan en redes sociales).

– Elegid bien vuestras fuentes de información sobre dieta vegana saludable. Hay mucha información errónea e incluso peligrosa pululando por los mundos digitales y editoriales; si tenéis dudas, contactad con una dietista-nutricionista especializada que pueda aconsejaros en vuestro caso concreto. Desconfiad de quien cuente cosas demasiado bonitas o inverosímiles, de quien pretenda que compréis «superalimentos» de elevado precio o de quien no tenga ningún aval profesional detrás y hable solo desde «su experiencia». Sed críticos y escépticos. Hay fuentes oficiales fiables, como la AND de Estados Unidos, que ofrecen información sobre dieta vegetariana para el público general que se puede consultar online.

– Los suplementos no compensan una mala alimentación. «Yo no me preocupo de lo que como, pero tomo vitaminas y minerales en suplementos y así no me falta de nada»: craso error. Ninguna pastilla puede suplir una dieta saludable. Los alimentos tienen muchos otros componentes, además de la matriz que los contiene, que hacen que no sean sustituibles por píldoras. Y si lo que comemos no es saludable, ningún suplemento lo va a compensar, toda esa comida insana hará mella a la larga en nuestra salud. Los suplementos son muy útiles cuando se necesitan, y en la forma y las dosis adecuadas, que deben ser pautadas por un profesional. Tomarlos al tuntún no aporta ningún beneficio adicional, en el mejor de los casos solo perjudica a nuestro bolsillo; en el peor, pueden tener efectos no deseados en nuestra salud.

– **El único suplemento que de manera universal debe tomar la población vegetariana es la vitamina B12.** Tienes todo lo que necesitas saber al respecto en el capítulo 5.

EL DRAMA DEL QUESO

Os sorprendería la cantidad de gente que dice que lo más le costó dejar o lo que más echa de menos es el queso. O que ha dejado de consumir todos los productos de origen animal salvo el queso. Y es que hasta hace muy poco no había nada en versión vegana que realmente fuera similar.

Pero la industria alimentaria ha venido al rescate y ahora existen multitud de quesos veganos razonablemente bien conseguidos, que –además– se venden en muchos supermercados, se funden y tienen texturas muy similares, prácticamente indistinguibles del queso animal en platos como *pizzas* o gratinados.

Eso sí, no son productos saludables nutricionalmente hablando. Están hechos básicamente de grasas poco recomendables, almidones y colorantes. Son una solución para un capricho, pero no un alimento que recomendaríamos para consumo habitual.

Existen otros quesos veganos de infinita más calidad nutricional y organoléptica: aquellos que se hacen a base de fermentar frutos secos, especialmente anacardos. Podemos encontrar versiones del camembert, de quesos curados y semicurados, de quesos azules e incluso de quesos de untar. Eso sí, su precio es más elevado que el de los anteriores y son más difíciles de encontrar, teniendo que recurrir por lo general a tiendas especializadas.

Este tipo de quesos no son para camuflar en una *pizza*, están pensados para degustarse igual que lo haríamos con un buen queso animal. Y su potencia de sabor también está mucho más cerca de esos quesos que del queso malo típico del *fast food*, sea vegano o no. Os recomiendo que los probéis, porque os van a sorprender. Algunas marcas que los fabrican son Mommus o The Living Food. Por supuesto, a nivel nutricional son un producto saludable que contiene básicamente frutos secos y fermentos, más algún saborizante ocasional (romero, pimentón, etcétera).

DESAYUNOS Y MERIENDAS

El desayuno no es la comida más importante del día; ni siquiera es imprescindible. Si eres quienes que se levanta sin hambre o de quienes a primera hora solo le entra un café, no pasa nada. No tienes por qué cambiar tus hábitos para llevar una alimentación saludable.

Una buena alimentación no tiene normas horarias ni ingestas imprescindibles. Si comemos de acuerdo a nuestras necesidades eligiendo alimentos sanos, importa poco el momento en el que lo hagamos. Puede haber excepciones, como los deportistas que sí que deben adecuar sus ingestas a sus horas de entrenamiento y no digamos a las competiciones, pero en ese caso lo lógico es que tengan un asesoramiento profesional e individualizado. Para el humano de a pie, no hay problema en no desayunar: si nos entra hambre a media mañana, ya comeremos más.

Para quienes sí desayunan, vamos a ver cómo elegir bien lo que comemos a primera hora de la mañana. Y es que el desayuno es un momento bastante propicio para comer regularmente alimentos insanos que además nos venden como especiales para esta ingesta: todo tipo de cereales azucarados, galletas, magdalenas y otros bollos, panes «especiales», mermeladas, margarinas, bebidas y batidos, cacaos solubles cargados de azúcar, zumos, untables…, una lista infinita de productos poco recomendables.

Es muy posible que muchos de vosotros desde pequeños toméis leche en el desayuno y que al volveros vegetarianos la hayáis sustituido por algún tipo de bebida vegetal, ya que gastronómicamente cumple la misma función y permite seguir disfrutando del café con leche o al menos de un vaso con líquido blanco calentito. Evidentemente, no es imprescindible, pero sí muy habitual, así que vamos a hablar de las bebidas vegetales.

Bebidas vegetales

En la actualidad, podemos encontrar un montón de tipos diferentes de bebidas vegetales en casi cualquier supermercado. El auge de esta línea de productos en los últimos tres o cuatro años ha sido alucinante y ya ocupan el mismo espacio que la leche de vaca, si no más. Las bebidas de soja, avena, arroz y almendra son productos comunes y los fabrican marcas de gran distribución que hasta hace poco se dedicaban exclusivamente al sector lácteo. También todas las cadenas ofrecen su propia línea de marca blanca. A las clásicas, ha venido a sumarse una amplia variedad de bebidas vegetales: de kamut, de espelta, de cáñamo, de quinua, de avellana, de coco con arroz, de nueces... ¿Cómo elegir entre tanta oferta? Veamos en qué nos tenemos que fijar:

— **Escoge un producto sin azúcares añadidos.** Para eso, debemos comprobar en la lista de ingredientes de la etiqueta que no lleva azúcar —tampoco «integral» o «de caña»—, sirope ni melaza. Hoy en día no es nada complicado, incluso muchas marcas tienen una línea específica sin azúcares añadidos bien señalizada en el envase.

— **Si, además, va enriquecida en calcio, puede ser una buena opción, sobre todo si la usamos en sustitución de la leche de vaca.** Este es otro punto que actualmente cumplen muchísimas marcas y no supone tampoco tener que buscar mucho.

— **También es bueno que aporte vitamina D, pero tened en cuenta que la vitamina D3 no suele ser de origen vegetal.** Si lleva D2, todo en orden. Si lleva D3 y no indica el origen, puede que no se trate de un producto vegano, ya que su procedencia más común es la lanolina (de la lana de las ovejas) o el aceite de pescado. Esto le sucedió a una conocidísima marca con su primera línea de bebidas de soja, pero creo que ahora ninguna caería en un error tan burdo. No obstante, mantengo la advertencia por si acaso.

– **Huid de las versiones con cacao, de vainilla, con café...** Ya que suelen ser ricas en azúcar y son un batido, un dulce, no un producto de consumo habitual.

Entre todos los tipos, ¿cuál es la mejor? ¿La de avena?, ¿la de arroz?, ¿la de soja?, ¿la de coco? Si queremos sustituir nutricionalmente la leche de vaca, la única que lo hace es la bebida de soja enriquecida en calcio, ya que tiene un valor proteico similar tanto en cantidad como en calidad. Pero tomarla no es imprescindible, porque, como hemos visto, podemos cubrir requerimientos proteicos tranquilamente con otros alimentos, así que, siempre que cumpla con los puntos anteriores, elegid el sabor que os guste más o id alternando. Lo cierto es que, salvo la de soja, el resto de bebidas vegetales no tienen un aporte nutricional especialmente interesante: son sobre todo carbohidratos (poquitos) y, en todo caso, si van enriquecidas, sí pueden ser un buen aporte de calcio.

Sé que hay muchos consejos sobre cómo elegir bebidas vegetales que tengan al menos un porcentaje x del producto principal y bla, bla, bla. Sinceramente, me parece una chorrada. Un 1 % o un 2 % no van a suponer una gran variación en la calidad nutricional de estos productos, ni los tomamos para eso. Si queremos o necesitamos los nutrientes de las almendras, comamos almendras, no bebida de almendras. Y ojo, que a muchos parece que se les olvida que la leche de vaca también es un 90 % o más agua. Y es que son bebidas, no piedras, ¡claro que son sobre todo agua! ¡Cómo cualquier otra bebida!

Cereales

Otro de los típicos productos de desayuno son esas cajas de cereales que nos venden específicamente para este momento del día. Copos, hojuelas, palitos, cereal inflado... Los conocéis, ¿verdad? Son productos que parecen adecuados porque suelen tener un excelente *marketing* detrás y, además, casi todos son veganos, salvo algunos que llevan algún derivado lácteo o miel, que serían solo vegetarianos. En principio, parece que tenemos mucho donde elegir. Pero nada más lejos de la realidad.

La inmensa mayoría de cereales de desayuno son productos ultraprocesados, fabricados con harinas refinadas y, sobre todo, muy ricos en azúcar. Lo normal es que ronden el 20 % de azúcares añadidos, incluso más en los productos chocolateados o dirigidos a público infantil. Pero es que incluso aquellas referencias que se publicitan como las más adecuadas para guardar la línea (y que se enfocan siempre al público femenino, razón de más para no comprarlos) es habitual que contengan más de un 20 % de azúcar.

En primer lugar, ¿cómo sabemos si son verdaderamente *integrales*?

Esto sirve para cualquier producto derivado de cereales (salvo para el pan, que tiene una norma específica): mi consejo, de nuevo, es consultar la lista de ingredientes y olvidar las leyendas publicitarias del frontal del envase. Debe constar la palabra *integral* o la expresión *de grano entero*. Por ejemplo, «copos de arroz integral» o «copos de trigo de grano entero». Si lleva varios cereales, tiene que figurar el porcentaje de cada uno de ellos e indicar en todos los casos que es integral o de grano entero. Por ejemplo, si pone «copos de trigo, 40 %» y a continuación «copos de arroz integral, 15 %», ese producto solo tiene un 15 % de cereal integral y la mayor parte es refinado, aunque en la caja venga escrita con bonitas letras la palabra *integral* bien grande.

En segundo lugar, el *azúcar*. Puede aparecer de tantas formas en la lista de ingredientes (azúcar, sacarosa, glucosa, jarabe de…, maltosa, sucrosa, melaza de…, miel…), que lo más rápido es mirar la tabla nutricional. En ella se indicará «hidratos de carbono» y, debajo, «de los cuales, azúcares». Si en este último apartado superan los tres o cuatro gramos por cada cien de producto, tiene azúcares añadidos. Veréis que casi todos superan el 15-20 %. Eso, si no habéis podido identificarlo antes en la lista de ingredientes.

Entonces, ¿ningún cereal de desayuno es saludable? Sí: los copos de avena. Aunque claro, no son tan sabrosos como los cereales azucarados y refinados, ni suelen ir en cajas tan atractivas.

Los copos de avena son una buena opción para el desayuno. Pueden tomarse con bebida o yogur vegetal. Seguro que habéis oído hablar del *porridge* o gachas de avena. Se prepara cociendo los copos en leche o bebida vegetal caliente hasta que quedan blandos. Según pongamos más o menos líquido, las gachas quedarán más o menos espesas, en función de nuestro gusto personal.

Si tenemos poco tiempo por las mañanas, se puede preparar una cantidad grande y guardarla en la nevera. Por la mañana, nos servimos la ración en un bol y la calentamos en el microondas o, si nos apetece, la tomamos fría; en todo caso, es un desayuno rápido y sano.

Otra opción es dejar por la noche la mezcla hecha de copos de avena y bebida vegetal fría. Cuando nos levantemos, los copos se habrán ablandado y estarán listos para tomar, calientes o fríos. Si en vez de avena, usamos semillas de chía, solo con dejarlas en remojo la noche antes tendremos una especie de pudin para desayunar (más o menos dos o tres cucharadas por medio vaso de líquido). Y sí, podemos mezclar avena y chía. Haced pruebas hasta que deis con vuestra consistencia favorita.

UN BUEN DESAYUNO

El *porridge* y el pudin de chía ofrecen muchas posibilidades. A continuación tienes algunas ideas:

- Al calentar la bebida vegetal, añadir piel de limón o naranja y canela y dejar hervir unos minutos antes de retirarla. Así tendremos *porridge* con sabor a leche merengada.
- Agregar trozos de fruta fresca una vez listo o permitir que cueza junto con la fruta, si queremos una consistencia que nos recuerde a la compota.
- Incorporar frutos secos o semillas.
- Añadir cacao puro en polvo, coco rallado o cualquier especia (canela, nuez moscada, pimienta de Jamaica, cardamomo...).
- Incluir pasas u otra fruta seca, como ciruelas, orejones, higos... si buscamos un toque dulce. También la fruta iofilizada es una opción interesante.
- Rallar chocolate de más del 80% de cacao.
- Mezclarlo con una cucharada de tahína, de mantequilla de cacahuete, de almendras o de otro fruto seco.
- Incorporar zanahoria rallada y canela.

Además de los copos de avena, otras opciones sanas pueden ser los cereales inflados, siempre que no lleven azúcar. Los más habituales son los de arroz inflado, pero en tiendas especializadas podemos encontrar también quinua o espelta inflada. El único ingrediente debería ser el cereal de referencia inflado, nada más.

Los copos de maíz o de trigo integral que no lleven azúcares añadidos también nos sirven, pero es bastante raro que no lleven azúcar. Comprobadlo siempre.

Y como apunte final: mucho ojo con los mueslis y las granolas, que a menudo parecen una opción sana y en realidad pueden ser de los que más azúcares contengan. Lo habitual es que para formar las pelotillas crujientes se use algún tipo de melaza o miel y que lleven frutas desecadas bañadas en azúcar o en glucosa. Pueden ser verdaderas bombas. Nunca dejéis de revisar los ingredientes, ponga lo que ponga el frontal de la caja. ¡Ah! Y que un producto sea ecológico no es ninguna garantía en este sentido: puede ir cargadito de azúcares ecológicos y estar fabricado con refinadísimos cereales ecológicos.

Yogures y postres vegetales

La sección de yogures y análogos vegetales de los supermercados es cada vez más grande, la oferta es cada día mayor y cada vez cuesta más encontrar en esa maraña un producto saludable. En realidad, la mejor opción es muy simple: el yogur de soja natural normal, el básico, sin azucarar ni edulcorar. Esa es la mejor elección y casi estoy por deciros que es la única buena.

Vamos a repasar un poco, *grosso modo*, las tipologías de productos que encontramos en esta sección:

- **Yogures vegetales con «sabor» a fresa, a limón, a frutas del bosque, a mango… Esos yogures no son un producto saludable.** Son un postre azucarado sin más. Tienen entre 10 y 15 gramos de azúcar añadido por unidad y, en general, su «sabor» se logra a base de saborizantes artificiales. Hay alguna excepción, pero tendréis que revisar el etiquetado.

- **Natillas, flanes, *mousses*… aún contienen más azúcar y grasas de mala calidad que los anteriores.** Además, ni siquiera tienen bacterias vivas.

– **Los que no son de soja.** Existen ya yogures de almendra o de coco, a veces mezclados con soja o elaborados con un cien por cien de ese ingrediente. Si solo llevan el ingrediente principal, *Lactobacillus* y algún espesante, como tapioca, son una buena opción. Si incluyen azúcar o edulcorantes, ya no. Recordemos que el consumo de edulcorantes no es inocuo: por un lado, mantienen a nuestro cerebro acostumbrado a sabores anormalmente dulces y, por otro, tienen efectos poco deseables en la microbiota intestinal,[12] así que mejor limitar su consumo a momentos esporádicos y que no estén presentes en la dieta habitual.

Este tipo de yogures suelen ser bastante caros y a menudo solo se encuentran en tiendas especializadas, pero en previsión de que pronto se expandan al comercio minorista, por eso aquí os dejo el comentario, por si acaso.

Pan

Las tostadas son una opción tradicional de desayuno que pueden ser una buena idea, siempre y cuando se hagan con un pan integral de calidad. Desde que cambió la ley en 2019, los fabricantes están obligados a usar harina integral si dicen que el pan es integral (antes podían simplemente añadir salvado) y, además, deben indicar el porcentaje de esta. Intentaremos elegir aquellos que sean cien por cien de harina integral o que tengan, al menos, un porcentaje superior al 75 %.

Es buena idea variar el tipo de pan que consumimos: de trigo, de centeno, de espelta, de varios cereales…, pero cuidado con el pan de centeno, porque, como es más oscuro que el de trigo de forma natural, a menudo damos por hecho que es integral y no es así: muchos panes de centeno se hacen con harina refinada de este cereal, mirad siempre la composición.

Cuando el pan no va envasado porque lo compramos en una panadería, la única manera de saber si es realmente integral es preguntar y que nos digan con qué harina está hecho. Mucho mejor si encontráis una panadería con obrador propio, que hagan panes con masa madre y harinas de calidad.

Sabed que en el pan integral los nutrientes del grano entero son mucho más fáciles de absorber (tienen mayor biodisponibilidad) que en otras elaboraciones de harina integral, porque tanto la fermentación como la cocción larga destruyen gran parte de las fitasas (un compuesto presente en los cereales integrales que secuestra minerales como el calcio y el hierro y que dificulta su absorción). Cuanto más larga haya sido la fermentación, mejor digestibilidad y disponibilidad de nutrientes. Si consumís pan a diario, vale la pena elegirlo bien.

Cacaos solubles

Son un clásico en los desayunos, pero no son una buena elección. Se trata de productos que suelen rondar el 70 % de azúcar. Si queremos dar un punto chocolateado a nuestro desayuno, es mucho mejor elegir cacao puro. El sabor es mucho más intenso y, aunque sea más amargo, es cuestión de acostumbrarse o incluso de endulzarlo nosotros mismos y bajar poco a poco la cantidad de azúcar. Para mí, pocas cosas mejores se pueden tomar por la mañana que una taza de café solo con media cucharadita de cacao puro y un poco de canela. ¡Ahí os lo dejo!

Untables

En esta categoría se incluyen desde la margarina hasta las cremas de chocolate o de tofu, los patés vegetales, las mermeladas, la tahína, la mantequilla de cacahuete o de frutos secos, el humus o incluso el aguacate.

De entre estas opciones, las mejores son el aguacate, el humus, la tahína y las cremas de frutos secos o de cacahuete sin azúcares añadidos. Las margarinas en general no son una opción demasiado interesante y, si entre los ingredientes hay grasas hidrogenadas o parcialmente hidrogenadas, directamente son una pésima opción, ya que ese tipo de grasas son las menos saludables que podemos encontrar.

En cuanto a los patés vegetales, si no son caseros, hay que revisar los ingredientes, ya que muchos son ricos en sal, almidones y grasas de mala calidad y no contienen ningún ingrediente interesante. Es bastante fácil hacer untables caseros de frutos secos, tofu, calabaza, guisantes, berenjena, tomate seco, etcétera. O simplemente untar el tomate de siempre.

Respecto a las opciones azucaradas, como las mermeladas, las cremas de chocolate o las mantequillas de cacahuete tradicionales (que llevan muchísimo azúcar y a menudo también aceite de palma), cuanto más lejos, mejor.

Otros

El aceite de oliva virgen extra, los frutos secos, cualquier fruta u hortaliza como el tomate, las especias, las semillas… son buenas opciones para nuestro desayuno o merienda. El tofu en lonchas puede ocupar su lugar en una tostada o bocadillo. Ojo con los quesos veganos, los del súper no aportan nada más que grasa de mala calidad y algo de fécula. Solo serían buena opción los realizados a base de fermentación de frutos secos, que están deliciosos, pero aún son un producto bastante caro comercializado solo en tiendas especializadas. Aunque confío en que pronto lo hagan a gran escala también.

Como muchos ya sabéis, ni las galletas ni la bollería, ni los bizcochos o magdalenas son una buena opción, aunque sean caseros. Son productos ricos en azúcar, habitualmente refinada y hechos con grasas baratas e insalubres. Y aunque en casa los hagamos con harina integral y aceite de oliva, siguen siendo un producto azucarado (sí, el azúcar de caña, la panela, la miel o los siropes y las melazas también son un azúcares añadidos y sus ventajas sobre el azúcar blanco no son relevantes). Podemos incluir bizcochos o galletas caseras en un día especial, un cumpleaños o una fiesta, pero nada más.

En el día a día, desayunemos y merendemos fruta, frutos secos, pan integral, aceite de oliva, tomate, leche o bebidas vegetales sin azúcares añadidos, yogures naturales o vegetales sin azucarar ni edulcorar, avena, semillas, cacao puro, especias, humus, aguacate… ¿No os parece una oferta suficiente?

EN RESUMEN

- **Bebidas:** café, bebidas vegetales sin azúcar añadido, batidos hechos con la fruta entera, infusiones, tés, agua. Podemos añadir cacao puro, algarroba, canela u otras especias.

- **Cereales y derivados:** copos de avena, cereales inflados o copos sin azúcar (de trigo, maíz, quinua, mijo...), pan integral de cualquier cereal.

- **Yogures y quesos vegetales:** naturales sin azucarar ni edulcorar. También kéfir vegetal. Quesos de frutos secos.

- **Fruta:** toda, mejor fresca. Si es batida, que sea entera, no zumos ni licuados con los que le quitamos a la fruta toda su fibra. También fruta seca (pasas, higos, ciruelas, orejones...).

- **Frutos secos:** todos, tostados o crudos.

- **Semillas:** todas, mejor rotas, molidas o machacadas para que podamos acceder con más facilidad a sus nutrientes.

- **Untables o cremas:** tahína, humus, patés vegetales caseros, mantequillas de frutos secos, aguacate. Y aceite de oliva virgen extra.

- **Otros:** lonchas de tofu o tempe, cualquier verdura u hortaliza, especias, hierbas aromáticas, levadura de cerveza, chocolate negro de más del 85 % de cacao...

Con todo eso podemos hacer mil combinaciones, desde un tradicional café con bebida vegetal y una tostada integral con tomate y aceite hasta un *porridge* de avena con fruta y semillas, pasando por un yogur de soja con pasas y frutos secos o un batido de plátano y cacao con bebida vegetal. También podemos hacer sándwiches integrales con aguacate, pepino, tomate y lonchas de tofu; tomar algo rápido, como una manzana y un puñado de nueces; algo dulce, como una tostada integral untada con tahína y rodajas de pera espolvoreadas con canela; algo ligero como un café solo y un par de higos secos; algo fresco, como un bol de melón con menta junto con un puñado de almendras...

COMER FUERA DE CASA

Hasta aquí todo parece muy fácil, ¿verdad? Es sencillo cuando uno puede controlar lo que compra y lo que come, pero ¿qué pasa cuando se come fuera de casa? ¿Y cuando se sale de viaje? ¿Estamos los vegetarianos condenados a comer mal o conformarnos con lo que haya? Bueno, a veces sí, pero se pueden tomar precauciones.

Kit de emergencia para salidas cortas

Para días en los que vais a estar mucho tiempo fuera de casa o en medios de transporte, estaciones y aeropuertos, que ya sabemos que no brillan precisamente por lo saludable de su oferta gastronómica (no digamos ya si encima buscamos opciones veganas), que no falte en vuestro bolso o mochila algo de fruta, mejor si es fácil de pelar y de comer, y que no manche demasiado (los plátanos son los reyes, pero también las manzanas, las mandarinas y las peras). Otra opción es llevarla limpia y cortada en un táper o un bote de cristal, donde podemos meter lo que nos apetezca.

Es imprescindible también la bolsita de frutos secos: ocupan poco, se conservan bien y son fáciles de comer. Añadid un par de trozos de chocolate negro en esa bolsa y seréis la envidia de quienes estén pagando una fortuna por cualquier porquería.

Incluid un sándwich o bocadillo, ya que quienes podáis comprar rara vez serán veganos u os tendréis que conformar con lechuga y tomate. Ocupa poco y permite un sinfín de variedades. Hacedlo con pan de calidad y rellenadlo de algo realmente rico, como tomate seco, seitán y berenjena asada o manzana; rúcula, mostaza y tofu ahumado, o tahína, plátano en rodajas y chocolate negro. ¿En serio preferís pagar una pequeña fortuna por un bocadillo chicloso en un aeropuerto?

Una terrina de humus también es fácilmente transportable (incluso se puede comprar hecho) y lo podéis acompañar con una bolsa de palitos de zanahoria y apio. Añadid unos tomates cherri y unos picos integrales y comeréis de lujo en cualquier parte. No se necesitan ni cubiertos.

Restaurantes

En los restaurantes, hay veces que no queda otra opción que comer ensalada y patatas, pero por suerte cada vez sucede menos, basta con elegir con un poco de ojo para comer bastante mejor. Es fácil que los italianos tengan algo vegano, aunque sea una *pizza* sin queso o un plato de pasta con verduras o con salsa de tomate. Los chinos y los restaurantes orientales en general suelen tener opciones veganas, muchos tienen incluso tofu: son la salvación.

En los típicos restaurantes con «menú del día», puedes intentar combinar dos primeros, por ejemplo, ensalada y lentejas. Si tienes la suerte de que las lentejas no lleven chorizo, claro. O pedir algún cambio en alguno de los platos. Creo que son donde más difícil es encontrar una buena opción, pero arroz, verduras y, con mucha suerte, alguna legumbre, siempre puedes encontrar.

Es muy probable que cuando nos toque comer fuera, se quede coja la parte proteica del menú. Si sois veganos, la opción de legumbres no suele abundar (menos sin carne) y solo los restaurantes orientales suelen tener tofu.

Simplemente, tenedlo en cuenta si vais a comer fuera y reforzad la parte proteica, aunque si es algo puntual, no pasa absolutamente nada y no hay por qué preocuparse. Solo si sucede a menudo. Una opción es incluir una ración proteica en el desayuno o a media mañana si sabemos que en la comida lo vamos a tener difícil.

Ahora mismo, la oferta de restaurantes veganos no deja de crecer y las grandes cadenas están incorporando opciones veganas a sus cartas a toda máquina. Hasta en un aeropuerto o estación será fácil encontrar algo vegano, aunque no sea lo más saludable del mundo. No pasa nada, estamos hablando de comidas muy puntuales.

Si estáis de viaje y vais a comer y cenar varios días fuera y no tenéis en el alojamiento opción de cocinar o prepararte nada, no es mala idea llevarse un paquete de proteína en polvo. Hay muchas opciones veganas y siempre se puede disolver en agua o bebida vegetal. Como solución de emergencia, es fácil de transportar y de preparar..., menos da una piedra. Con dos batidos al día y tomando en las comidas verduras y arroz, pan o pasta, sobreviviréis. Es una solución de emergencia, ojo, sobre todo en países o zonas donde la oferta vaya a ser muy limitada o estemos en zonas aisladas y no podamos ir cargados con un montón de comida en viajes que vayan a durar varios días o semanas. De todos modos, lo habitual es que haya supermercados o tiendas a mano en los que reponer la reserva de fruta, frutos secos, e incluso comprar algún bote de legumbres cocida, humus preparado o tofu para bocadillos.

Nos estamos poniendo en lo peor, ya que lo cierto es que en muchos lugares, especialmente en el norte de Europa, Asia y en algunas zonas de Estados Unidos, las opciones veganas pueden ser incluso mucho más amplias que en España (aunque nos estamos poniendo las pilas a gran velocidad) y podemos encontrarlas en multitud de restaurantes. En toda Latinoamérica es fácil conseguir el típico plato de arroz y frijoles, que recibe distintos nombres a lo largo del continente. Y en gran parte de Asia comer vegano no es un problema en absoluto. Así que tampoco penséis que va a ser tan malo.

NOTA DE LA AUTORA

Si queréis un libro con recursos prácticos para todas las situaciones mucho más desarrolladas, con capítulos específicos para comer en viajes, fuera de casa, en celebraciones, etcétera, consultad *Vegetarianos concienciados*, que es un volumen mucho más práctico y lleno de ideas. En este capítulo solo os he dado unas pinceladas rápidas con lo básico, sin extenderme en exceso, precisamente porque tengo un libro completo que desarrolla estos conceptos.

CAPÍTULO 7
ALIMENTACIÓN VEGANA Y MUJERES: GÉNERO, HORMONAS, EMBARAZO Y MENOPAUSIA

> He trabajado para que en este país los hombres encuentren a las mujeres en todas partes y no solo donde ellos vayan a buscarlas.
>
> CLARA CAMPOAMOR

¿HAY MÁS VEGANAS QUE VEGANOS?

¿Hay relación entre el consumo de carne y el género? Así, sin complicarse mucho en buscar la respuesta, parece que sí. No en vano, en todos los países del mundo de los que tenemos datos, en la población vegetariana y vegana el número de mujeres supera ampliamente al de hombres. También en España, donde se calcula que ellas son aproximadamente el 70 % del movimiento[1] y ese es un porcentaje conservador, ya que hay varias encuestas que dicen que son mujeres más del 80 %.

El caso es que, número arriba o número abajo, claramente somos muchas más mujeres que hombres y esto no es casualidad: cuando existe una desigualdad de sexos tan reseñable en un grupo, siempre hay motivos socioculturales en el fondo y condicionantes fruto del sistema patriarcal ayudando a inclinar la balanza a uno u otro lado. Y el veganismo no es ajeno a ello. De hecho, el consumo de carne y el concepto de *hombre* tienen una fuerte ligazón cultural y eso influye en que a ellos se les pueda hacer más cuesta arriba el cambio. Y no es una percepción mía, sino un fenómeno estudiado. Existe una revisión polaca de 2020 que explica cómo las dietas vegetarianas son percibidas como «menos masculinas» y las personas no vegetarianas expresan mayores prejuicios hacia los hombres vegetarianos que hacia las mujeres y también que los hombres no vegetarianos tienen actitudes más negativas hacia el vegetarianismo que las mujeres no vegetarianas.[2] Y aunque sea un estudio reciente, en absoluto es un tema que se haya empezado a analizar hace poco. La obra más importante y de referencia en lo que a consumo de carne y estereotipos y condicionantes de género respecta la escribió Carol J. Adams y se publicó en 1990. Se titula *La política sexual de la carne*,[3] y si la leéis hoy (os la recomiendo, tenéis la traducción al español en la editorial Ochodoscuatro), os parecerá descorazonador lo poco que difiere la situación actual, más de treinta años después, de la que Carol refleja en su ensayo

Real men eat meat

Sin ahondar demasiado, podemos ver a nuestro alrededor y en las redes sociales que el ensalzamiento del consumo de carne en términos jocosos y a menudo con pullas hacía el veganismo suele venir de hombres (o de Provacuno…). Porque ya se sabe, *real men eat meat*.[4] En mi cabeza, esos señores que creen que reducir su consumo de animales muertos va a mermar su masculinidad son los mismos a quienes atemoriza el Satisfyer. Pero es un sesgo personal.

Si nos ponemos un poco más serias, vemos que sobre el tema se ha escrito bastante. En general, a nivel sociológico, se observa que en aquellas culturas más tradicionales y con más diferencias de género, los hombres están más apegados al consumo de carne,[5] mientras que en culturas más igualitarias se observan menos diferencias entre sexos. Parece que los hombres más identificados con las «nuevas masculinidades» comen menos carne y tienen una actitud más positiva hacia las personas vegetarianas,[6] así como un menor apego al consumo de cárnicos y menos reticencia a abandonarlo. Se entiende por *nuevas masculinidades* aquellas que se alejan del estereotipo tradicional de roles y actitudes de género que tradicionalmente asociamos a los hombres, pero no me hagáis meterme en este jardín, que no salimos. En cualquier caso, conste en acta mi amor por esas nuevas masculinidades capaces de separar su testosterona de un chorizo. Si es que nos conformamos con *na*…

Otros estudios recientes confirman que, en general, los hombres comen más carne y están menos abiertos a ser vegetarianos. Cuando se asumen los roles tradicionales femeninos y masculinos, los segundos tienen más tendencia a consumir más carne, especialmente ternera, y a rechazar el vegetarianismo, mientras que en el caso de las mujeres que asumen roles tradicionales femeninos no se observan diferencias que permitan hacer una predicción hacia uno u otro lado. En el caso de hombres menos identificados con los roles masculinos tradicionales, existe una mayor tendencia a abrirse al vegetarianismo por motivos medioambientales y, en el caso de las mujeres, a hacerlo por motivos de salud. Son conclusiones de un trabajo de 2021 del Departamento de Psicología de la Universidad de California que va bastante en consonancia con los anteriores.[7]

En pleno siglo XXI, la carne se sigue asociando a valores típicamente ligados a lo masculino en esos estereotipos de género de los que hablábamos y que siguen totalmente vigentes:[8] valor, fuerza, vigor e incluso crueldad o falta de empatía (ya nos los dijo The Cure, que los chicos no lloran, y menos por un cerdito). Ligar la carne a esos valores cuando tenías que salir a por ella con un arma blanca fabricada con un palo y una piedra, el bicho te sacaba tres cabezas y no había hospitales ni drogas intravenosas, pues vale, puedo entenderlo. Ahora bien, asociar esos valores al consumo de carne en 2021, cuando te ha traído tu hamburguesa un *rider* porque estás cansado y hace frío afuera…, yo no lo veo. Pero qué sé yo. Aunque los datos dicen que al que ha llamado al mismo *rider* para pedirse una Beyond se le ve menos masculino.[9] No me quiero imaginar si en lugar de pedir a domicilio a una empresa que explota a sus trabajadores, se le ocurre cocinar. Ahí ya sí que su hombría no tendría salvación. No lo quiera Dios.

De los roles de género y de cómo deberíamos estar trabajando para abolirlos ya, si eso, hablamos otro día.

Muchos intentos de reducir el consumo de carne en entornos fuertemente masculinizados (en número de individuos y en cultura) han fracasado. Por ejemplo, en Noruega intentaron implantar el «lunes sin carne» en las fuerzas armadas,[10] que al parecer son un reducto fuerte de masculinidad de la viejuna y no solo en Noruega. No funcionó. Los soldados expresaron gran preocupación por su consumo proteico en relación con sus arduas tareas diarias.[11] Y que se quedaban con hambre. Llamadme loca, pero me parecen excusas muy fáciles de desmontar. ¿No tienen nutricionistas en la armada noruega? ¡Qué era UN día a la semana sin carne! ¡Menos mal que son el «sexo fuerte», *amiguis*...!

En resumen, muchos hombres creen que no consumir carne les hace parecer menos masculinos, menos vigorosos y menos atractivos sexualmente. Y esa es una barrera extra que tienen que saltar aquellos que se planteen cambiar su dieta a una alimentación vegetariana o vegana, además de todas las que trae consigo esta decisión y que son inmunes al género.

Me imagino que para muchos hombres esta barrera nunca existió y ni se plantearon que su masculinidad (o lo que sea que entendamos por ella) pudiera quedar en entredicho por comer garbanzos, pero que para otros puede estar funcionando como principal freno a la hora de cambiar hábitos de consumo, a pesar de que sean conscientes del impacto que la ganadería industrial tiene en el medioambiente y del trato a los animales en dicha industria, que debería parar a cualquiera que tenga otra opción para alimentarse. Pero el patriarcado puede más que la razón también aquí.

Es un escollo más que nos dificulta el paso a un mundo más justo y más sostenible. Y un motivo más para que la lucha sea transversal: una sociedad con menos brecha de género y más igualitaria favorece un consumo más adecuado en términos de ética y de sostenibilidad, y también una dieta más sana, porque aunque no es el tema, resulta que comer sano o no pedirse la porción grande, es visto como más femenino,[12] y eso también es una construcción social de género que hay que tumbar.

Puede que os estéis preguntando si realmente afecta en algún sentido la alimentación vegetariana o vegana a los hombres por el hecho de ser hombres. La respuesta es no. Ni sus niveles hormonales[13] ni su salud sexual se ven afectados. De hecho, cuando se les ha preguntado en algunas encuestas, suelen referir mejoras en su vida sexual y el porcentaje de satisfacción con esta es mayor en hombres vegetarianos que en no vegetarianos. Teniendo en cuenta que en ese tipo de encuestas las respuestas son muy subjetivas y hay que cogerlas con pinzas, parece que, como mínimo, peor que a los omnis no les va.

¡Chicos, señores! Estamos con vosotros: #govegan y #gofeminist.

Y ya paso a hablar de cosas que les pasan a las mujeres, pero antes, y aunque este sea un libro de nutrición, no quiero dejar de señalar algo importante: aunque como hemos visto las mujeres somos una amplia mayoría en el movimiento, la presencia mediática, los focos, los puestos de responsabilidad y las caras visibles siguen siendo en su mayoría las de los hombres. El feminismo sigue siendo una lucha necesaria en el activismo vegano y antiespecista, porque muchos compañeros la han obviado o no consideran que sea «el momento» de prestarle atención. Vamos, que pasa lo mismo que en el resto de los movimientos sociales y políticos de izquierdas, que suelen dejar «lo de las mujeres» para otro momento, no es una excepción y sigue siendo algo que combatir a nivel interno. Desde aquí mi reconocimiento a las que pelean por ambas cosas. A ellas les he dedicado este libro.

EMBARAZO Y LACTANCIA EN MUJERES VEGANAS

Voy a empezar diciéndoos que las mujeres veganas bien alimentadas tienen embarazos normales y dan a luz a bebés sanos que amamantan sin problema, por si alguien llega a este apartado buscando una respuesta rápida. Obviamente, una mujer sana y bien alimentada puede tener un embarazo con alguna dificultad o un bebé que sufra alguna patología o tener tropiezos en la lactancia. Pero de ninguna de esas cosas te salva comer animales y te pueden suceder seas vegana o no lo seas.

Sé que es una obviedad, pero teniendo en cuenta que aún tenemos que responder a cosas como «las plantas también sufren», hay obviedades que prefiero dejar por escrito.

Casi todos los estudios sobre embarazo en mujeres veganas terminan señalando que «hay poca investigación» o que «faltan más estudios», pero también solemos ver que cuando la dieta es suficiente en nutrientes y energía, el riesgo de complicaciones es el mismo que en población general. La AND, como ya vimos capítulos atrás, nos señala que la alimentación vegetariana y vegana es adecuada en todas las etapas de la vida, lo que obviamente incluye el embarazo y la lactancia.[14] Lo importante es que a las mujeres veganas embarazadas se les dé un consejo alimentario adaptado y, a partir de ahí, según las necesidades de cada una y los posibles factores de riesgo (diabetes, trastornos de la conducta alimentaria, obesidad, bajo peso, trastornos digestivos…), una pauta personalizada. Igual que al resto de embarazadas, vamos.

En 2021 se publicó una revisión italiana sobre el efecto de la alimentación vegetariana en la salud de la madre durante el embarazo. Las investigadoras nos señalan la poca calidad de los datos que tenemos y que muchos trabajos extrapolan dietas vegetarianas seguidas por mujeres en países pobres para sacar conclusiones que hacen extensibles a todas las embarazadas vegetarianas,[15] cuando para esas mujeres el principal problema es la pobreza (y, por tanto, la alimentación insalubre y a menudo insuficiente) y el poco o nulo acceso a servicios sanitarios, no que la dieta sea o no vegetariana. Ya hemos comentado cómo en nutrición es importante que saquemos conclusiones de grupos con condiciones de vida similares a la población a la que nos dirigimos, no os voy a dar esa chapa por segunda vez. Pero tenedlo en cuenta al valorar a partir de qué datos se sacan determinadas conclusiones.

Un par de años antes, en 2019, se publicaba un trabajo español, del grupo de neonatología del Hospital Clínic de Barcelona, con la misma temática que el anterior. También señalan la necesidad de diseñar buenas intervenciones nutricionales para las mujeres vegetarianas y veganas antes y durante el embarazo, más que alertar de los riesgos más que prevenibles en nuestro entorno.[16] Puede que el mayor riesgo nutricional al que se enfrenta una mujer embarazada en un país industrializado sea la falta de formación e información sobre su patrón dietético de los profesionales que la atiendan. Este trabajo catalán vuelve a señalar lo mismo: la malnutrición en embarazadas vegetarianas es típica de países en desarrollo, donde a menudo esta dieta se sigue por motivos económicos; por el contrario, en los países desarrollados, donde las mujeres vegetarianas tienen acceso a una alimentación suficiente y saludable, no hay diferencias significativas entre ellas y el resto de la población.

Así que vamos a ver cómo podemos dar buenos consejos a estas mujeres.

Necesidades energéticas

Las necesidades calóricas o energéticas no necesitan aumentarse durante el primer trimestre de embarazo en la mayoría de las mujeres, aunque es cierto que la EFSA indica un aumento de 70 kilocalorías diarias en ese periodo. Ese aumento es tan pequeño que dentro de lo que es una alimentación normal es casi imposible afinar tanto, además de innecesario ajustar una cantidad tan ínfima. Tenemos variaciones mucho mayores entre un día y otro, por lo que a nivel práctico no tiene sentido dar un consejo específico para este periodo.

En el segundo y tercer trimestre, las recomendaciones ya sí son más sustanciales. En concreto, de 260 kilocalorías más al día en el segundo trimestre y de 500 kilocalorías más al día en el tercero,[17] es decir, casi el doble. Esta última recomendación también se aplica al periodo de lactancia.

En caso de sobrepeso, se necesitarían menos calorías y, en caso de bajo peso, se necesitarían más: esto es solo una orientación general y nadie debe tomarlo al pie de la letra. Lo adecuado es que si se parte de alguna condición especial, sea una dietista-nutricionista quien nos dé un consejo acorde a nuestras circunstancias.

Si la embarazada tiene un peso adecuado antes del embarazo y no tiene ningún problema de salud, es suficiente con que lleve una dieta saludable como la que hemos explicado en otros capítulos, en función de su apetito, que será mayor a medida que avance la gestación; probablemente, ella misma cubrirá ese aporte extra sin darse cuenta.

En caso de presentar bajo peso o de querer asegurarse ese aporte extra, podemos seguir algunos sencillos consejos.

– **Asegurarse de comer lo suficiente.** Podemos aumentar las calorías diarias agregando meriendas o picando a media mañana, si no solemos hacerlo. Además, a medida que avance el embarazo es probable que sienten mejor comidas frecuentes menos copiosas que llenarse mucho haciendo pocas ingestas.

– **Aprovechar las bebidas, que a menudo son más fáciles de tomar.** Podemos hacer batidos para incluir más alimentos densos en nutrientes, como crema de cacahuete, tahína, dátiles, avena, bebidas vegetales enriquecidas, yogur de soja sin azúcar, fruta o verdura.

- **Incluir aceites y frutos secos.** El aceite de oliva virgen extra siempre será el mejor complemento y no debe faltar en las comidas principales. Si vivís en una zona del mundo en la que no es fácil conseguirlo, usad aceite de colza o canola. Podéis agregar frutos secos y semillas al plato para aumentar la densidad de las comidas.

- **Usar fruta deshidratada.** La cual aumenta las calorías y los nutrientes de las comidas, aportando menos saciedad, en ciertas preparaciones como muesli, barras caseras, *porridge* o yogur. También podéis picotearla directamente, ya que además es muy fácil de transportar.

En caso de sobrepeso, una mujer embarazada nunca debe hacer restricciones por su cuenta, ya que podrían acarrear déficits nutricionales. Si realmente necesita una pauta, ha de acudir a una dietista-nutricionista que pueda aconsejarle y acompañarla, asegurándose de que come todo lo que necesita.

¿Cuánta proteína necesito durante el embarazo y la lactancia?

Ya sabemos que es habitual que la primera preocupación de las personas que deciden llevar una dieta vegetariana o vegana sea el aporte proteico. Si habéis venido directamente a leer este apartado, os aconsejo que paséis primero por el capítulo 3 y lo leáis. En el embarazo, el tema de la proteína vuelve a ser uno de los más comentados por profesionales y no profesionales, y la realidad es que, aunque en el embarazo el requerimiento proteico pueda ser más elevado, se cubre perfecta y fácilmente mediante una dieta vegana o vegetariana con un mínimo de planificación. De nuevo, la alarma es injustificada.

La proteína es esencial siempre y, por supuesto, también en el embarazo. Es responsable de la formación y de la estructura correcta del músculo y de los huesos, del funcionamiento del sistema inmune, de una correcta digestión; incluso muchas hormonas tienen bases proteicas. Además, ayuda al mantenimiento de una piel, un pelo y unas uñas saludables. Todo eso ya lo sabemos. Además, en el embarazo, el bebé la necesita para la formación y el crecimiento de sus huesos, órganos y músculos, y la mujer, para el crecimiento de los pechos, del útero, la formación de la placenta y el aumento del volumen sanguíneo que conlleva la gestación.

En el primer trimestre de embarazo, la EFSA aconseja aumentar el consumo proteico en 1 gramo al día. Como nos pasaba con el aporte energético, en la práctica podemos decir que no hace falta aumentar el consumo de proteínas, ya que 1 gramo es una cantidad insignificante, solo con la variación diaria nuestra ingesta oscila mucho más.

En el segundo trimestre, los requerimientos aumentan en 9 gramos al día y, ya en el tercero, en veintiocho gramos al día. En este caso, ya podemos dar algún consejo específico para aumentar el aporte, que ya es un poco más reseñable, sobre todo en el tercer trimestre.

En cuanto a la lactancia, la EFSA nos recomienda un aumento de 19 gramos al día durante los primeros seis meses, y de 13 gramos a partir de entonces, coincidiendo con el inicio de la alimentación complementaria del bebé, que empieza a rebajar la demanda de leche.

ALGUNAS IDEAS PARA AUMENTAR EL APORTE CALÓRICO Y PROTEICO EN EL EMBARAZO Y LA LACTANCIA

En muchos casos, el aumento del apetito que lleva a las mujeres embarazadas o en periodo de lactancia a comer más o mayores porciones hará que se cubran esos requerimientos aumentados. Pero es cierto que existe el riesgo de cubrir perfectamente el aporte calórico extra, pero no el proteico. Por eso quiero dejar algunos ejemplos de tentempiés extras que cubrirían razonablemente bien ese aporte y os pueden servir de inspiración. Por supuesto, también está la opción de aumentar la ración en comidas y cenas.

Sobra decir que todo lo comentado en capítulos anteriores sobre alimentación vegana saludable sigue siendo válido en estas etapas de la vida.

En el segundo trimestre (aproximadamente 260 kilocalorías + 9 gramos proteína):

- Un *porridge* hecho con 30 gramos de avena, 200 mililitros de bebida de soja sin azúcar y un plátano.

- Un sándwich de 60 gramos de pan integral con una cucharada sopera de crema de cacahuete

- Un yogur de soja natural sin azúcar, 25 gramos de nueces y un puñado de fresas.

- 100 gramos de humus untados en palitos de zanahoria.

- 100 gramos de tofu con una patata mediana asada y una cucharada de aceite de oliva.

- 15 aceitunas y 2 tostadas integrales tipo Wasa con aguacate y dos cucharadas de levadura de cerveza.

- Un vaso de gazpacho con *topping* de 30 gramos de semillas de cáñamo.

- 80 gramos de pasta integral cocida con boloñesa de soja texturizada (con 20 gramos de soja en seco).

- Un cuenco mediano de palomitas y unos 50 gramos de queso vegano de anacardos.

- 25 gramos extras de seitán y unos 50 gramos en crudo de arroz integral con verduras.

- 2 dátiles con 30 gramos de cacahuetes y una pera.

- Pudin de chía de chocolate (20 gramos de chía, 200 mililitros de bebida de soja sin azúcar y 20 gramos de chocolate negro del 85 % de cacao).

- Medio plato de lentejas cocidas (unos 100 gramos) al curri con 50 gramos de leche de coco.

En el tercer trimestre (aproximadamente 500 kilocalorías + 28 gramos de proteína):

- El doble de cualquiera de las opciones del segundo trimestre o dos de estas opciones al día.

- Además, añadir a cada comida y cada cena una cucharada de semillas de cáñamo (unos 10 gramos, que son 2,5 gramos de proteína, es decir, 5 gramos al día en total) y una cucharada de levadura de cerveza (unos 8 gramos, que son 4 gramos de proteína, es decir, 8 gramos al día en total). Con esto añadimos un total 13 gramos de proteína extra al día, sin necesidad de aumentar demasiado ni el volumen de la ingesta ni el aporte calórico.

En los primeros seis meses de lactancia (aproximadamente 500 kilocalorías + 19 gramos de proteína):

- El doble de cualquiera de las opciones del segundo trimestre, o dos opciones al día.

Qué no se debe comer durante el embarazo y la lactancia, y precauciones de seguridad alimentaria

Seguro que sabéis que para evitar riesgos microbiológicos hay ciertos alimentos que se aconseja que no consuman las embarazadas. La buena noticia es que en su mayoría son productos de origen animal, así que mirad todo lo que me voy a ahorrar en daros la chapa con el jamón y otros cárnicos, el pescado crudo o los pescados azules grandes y su contenido en metales pesados.

¿Qué consejos sí son aplicables a las embarazadas veganas?[18]

- Lavar las frutas y verduras que se van a consumir crudas. Se puede utilizar agua con lejía apta para desinfección del agua de bebida o para uso alimentario (consultar la etiqueta, es la lejía normal y corriente, no hacen falta productos caros específicos). Se necesita una cucharadita de lejía por cada litro de agua. Dejaremos las frutas y verduras en remojo unos diez minutos y luego las aclararemos bien con agua corriente. Evitad consumir fruta o verdura cruda fuera de casa si no tenéis garantías de cómo se ha lavado.

La Aesan, en su actualización de 2020, recomienda evitar el consumo de brotes crudos o germinados, como los de soja o de alfalfa.

– **Guardar las sobras refrigeradas.** Y, antes de comerlas de nuevo, calentarlas muy bien, que lleguen a 70 grados centígrados (tienen que quemar) durante un par de minutos. Controlad que esta condición se cumple si calentáis los alimentos en el microondas.

– **Evitar las bebidas alcohólicas.**

– **No usar directamente frutas y verduras congeladas envasadas cuando en el etiquetado se indica que se deben cocinar** (batido con espinacas congeladas, por ejemplo). Si consumís zumos envasados, deben estar pasteurizados.

Y si aún consumís huevos o lácteos:

– **Evitar la leche cruda y los quesos frescos o de pasta blanda** (*brie*, camembert, de Burgos y similares, quesos latinos, *mozzarella* y quesos azules) si en la etiqueta no dice específicamente que estén hechos con leche pasteurizada.

– **Evitar el huevo crudo o preparaciones que puedan llevarlo** como ingrediente (salsas y mayonesas caseras, *mousses,* merengues crudos y pasteles caseros tipo tiramisú, helados caseros, ponches de huevo, *biscuits*), asegúrate de que se han hecho con huevo pasteurizado (el que viene en botellas o briks en los supermercados)

¿Qué pasa con los antojos?

Durante el embarazo, pueden presentarse antojos o caprichos por ciertos alimentos. A algunas mujeres veganas a veces les sorprende tener fuertes antojos de algunos alimentos de origen animal (atún en lata, embutido o quesos son los que yo me he encontrado más en consulta). Es habitual también que aparezca apetencia por productos que antes del embarazo nos parecían desagradables. Esto no significa que exista una deficiencia de ningún nutriente –es un mito enorme eso de que los antojos son un aviso del cuerpo para que no tengamos déficits–. Nadie tiene déficit de helado de chocolate ni de patatas fritas (antojos muy comunes); de hecho, los antojos suelen producirse por alimentos de poco interés nutricional y sin contenido reseñable en micronutrientes concretos. Parece más plausible que estén relacionados con cambios hormonales que a veces afectan al gusto y al olfato, así como a bajadas de glucosa, especialmente durante la noche o cuando se llevan varias horas sin comer, a los que las embarazadas son más propensas.

Por supuesto, esto no pasa en todos los casos, y aún no se puede explicar la razón de ciertos antojos tan específicos, sin embargo, sabemos que el antojo en sí no tiene nada que ver con una deficiencia de nutrientes. Y aprovecho para desmentir otro mito sin ningún fundamento científico: no, el bebé no va a nacer con una mancha en forma del alimento que se le ha antojado a la madre si no se lo come.

Los antojos también pueden deberse a información preconcebida o al simple recuerdo de un momento placentero asociado a ciertos alimentos. A veces, consumir proteínas que se parezcan a la proteína animal (como seitán o soja texturizada o hamburguesas tipo Beyond o Heüra) pueden paliar los antojos, así como tomar alimentos más salados o grasos, como frutos secos, humus o crema de cacahuete.

Es vuestra decisión consumir o no carne, pescado, queso, etcétera, pero si lo hacéis, que sea libremente, no porque creáis que es imprescindible para el embarazo o porque temáis sufrir un déficit nutricional.

Algunas cosas que podemos hacer para prevenir los antojos, sobre todo si nos suelen apetecer cosas poco saludables, son estas:

– **Evitar las hipoglucemias**, ya que pueden dar paso a estos antojos. Es útil comer pequeños tentempiés entre las comidas principales o, si cenáis muy temprano, tomar algo antes de irse a la cama (un pequeño sándwich, un yogur vegetal con frutos secos, un plátano…).

– **El estrés, la ansiedad, cualquier emoción intensa**, incluso el aburrimiento, también pueden afectar. Intentad identificar si los antojos van ligados a esas situaciones.

Aun así, si os apetece algo insano, comedlo. ¡No va a pasar nada!

Si el deseo es muy frecuente, intentad encontrar un sustituto más saludable. Si os apetece chocolate, buscad chocolate negro o cacao puro; si tenéis ganas de patatas fritas de bolsa, hacedlas horneadas y caseras; si os llama el helado, elaboradlos con fruta congelada; si os apetecen bollos, preparad un bizcocho…

¿Hay que modificar la dosis del suplemento de vitamina B12 durante el embarazo?

A todas las mujeres embarazadas se les pauta un suplemento de ácido fólico; de hecho, se pauta incluso antes de la concepción, cuando es posible. Ese suplemento muy a menudo contiene también B12 y con frecuencia también yodo.

Muchas mujeres tienen dudas tanto sobre si deben dejar su suplemento habitual, ya que ahora toman otro que ya lleva B12, como si deben aumentar la dosis. La cantidad de B12 que suelen llevar los suplementos prenatales no cubre las necesidades de una mujer vegetariana o vegana, por lo que, en general, no van a ser suficiente.

Aunque durante muchos años se ha mantenido el consejo de seguir con la suplementación semanal durante el embarazo, sin que ello haya ocasionado problemas, las recomendaciones más actuales aconsejan pasar a la suplementación diaria, porque no se tiene la seguridad de que la vitamina B12 de las reservas de la madre atraviese la placenta, como sí hace la B12 circulante.

Así que usaremos un suplemento que contenga como mínimo 50 microgramos de cianocobalamina y lo tomaremos cada día junto al suplemento prenatal con ácido fólico. No pasa nada por tomar una cantidad mayor, muchas marcas tienen presentaciones de 100 microgramos, que también son seguras.

¿Y el yodo?

Los requerimientos de yodo aumentan durante el embarazo y la lactancia. Por eso, como comentábamos, muchos suplementos prenatales incluyen yodo en su composición. La EFSA calcula que las necesidades aumentan unos 50 microgramos al día, lo que supone un total de 200 microgramos durante el embarazo y la lactancia.[19]

Aunque el consejo debe individualizarse, la recomendación general es tomar un suplemento que aporte 150 microgramos de yodo al día, ya que en España el déficit de yodo es bastante habitual.[20] No obstante, la dosis puede variar según el caso, por lo que tomaremos aquella que nos recomienden los profesionales sanitarios que nos traten.

¿Hay que tomar más hierro?

Como vimos en el capítulo 3 (página 115), las recomendaciones más actualizadas (las de la EFSA) mantienen la misma recomendación de ingesta para mujeres embarazadas y lactantes que para mujeres en edad fértil. Y tampoco indican una ingesta superior para población vegetariana. Las recomendaciones que habéis leído en esas páginas os siguen sirviendo ahora.

Si durante el embarazo se presenta anemia, se recetará un suplemento de hierro, exactamente igual que haría con una embarazada no vegetariana.

Pero calcio seguro que hay que tomar más...

¡Tampoco! De nuevo nos remitimos a las recomendaciones de la EFSA. No hay que aumentar la ingesta de calcio en el embarazo. Los consejos que habéis leído en el capítulo 3 sobre el calcio siguen siendo los mismos si estáis embarazadas. Igual es buen momento para darles un repaso (página 120).

Esto está siendo más fácil de lo que pensabais, ¿verdad?

MENOPAUSIA EN MUJERES VEGANAS

Si eres una mujer vegana que se viene alimentando de manera saludable y estás llegando a los cincuenta años (edad sobre la que suele aparecer la menopausia), lo más probable es que no tengas que hacer nada especial con tu alimentación…, nada más que seguir comiendo bien.

Si vienes de una dieta poco saludable, estaría bien que hicieras cambios para mejorarla, pero este consejo es independiente de tu sexo y de tu edad.

Y si vienes de una alimentación tradicional, los consejos para pasarte a una dieta vegana saludable no varían demasiado si estás en esta etapa.

Os voy a hacer un resumen de lo que sucede con la menopausia: a nivel hormonal, se reduce la cantidad de estrógenos. Esta bajada puede ser gradual en algunas mujeres y mucho más brusca en otras, con lo que la sintomatología asociada también puede variar muchísimo en cada caso. Algunas mujeres no notan nada o casi nada, mientras que otras sufren grandes cambios.

Pueden aparecer los típicos sofocos, bajada de energía, alteraciones del ánimo y problemas de salud ósea y cardiovascular. Con la menopausia se reduce el gasto energético y, además, el cambio hormonal favorece que se acumule más grasa y que lo haga especialmente en la zona abdominal, motivo por el cual puede empeorar el perfil lipídico y la salud cardiovascular. También puede aumentar el riesgo de cáncer de mama asociado a estos cambios físicos.

Llevar un buen estilo de vida, con una alimentación sana, actividad física regular y mantener un peso saludable ayudará a que el impacto de esos cambios sea menor y no afecten negativamente a nuestra salud, tanto si somos veganas como si no.

Lo cierto es que es difícil señalar diferencias en la menopausia de mujeres veganas y no veganas, principalmente porque tenemos pocos datos, porque muchas veces no sabemos cuántos años llevan las mujeres que han participado en un estudio siendo veganas o si han empezado a serlo ya en la menopausia, y también cuesta diferenciar aquello que es fruto de la genética y de otros factores del estilo de vida, de lo que es provocado por una dieta concreta.[21]

Lo que sí sabemos es que ser vegana no está relacionado con más problemas en la menopausia que no serlo. De hecho, pudiera tener algunas ventajas y hay estudios que señalan la existencia de menor sintomatología molesta en mujeres veganas comparadas con las omnívoras.[22] De hecho, ya en un estudio de 1981 se observó que había diferencias en los niveles hormonales de mujeres posmenopáusicas vegetarianas y no vegetarianas, y se achacaron a estas diferencias las menores tasas de cáncer de mama y de endometrio que presentaban las vegetarianas.[23]

También es posible que las mujeres veganas sufran menos sofocos en esta fase. Sabemos que una dieta rica en soja y sus derivados ayuda a tener menos sofocos o a que estos sean más suaves, gracias a su contenido en fitoestrógenos, que mitigan la bajada de estrógenos producidos por los ovarios. Es cierto que se puede llevar una dieta con un consumo frecuente de soja sin ser vegana o ser vegana y no hacer un consumo frecuente de soja. No obstante, en líneas generales, la población vegana suele tener un consumo más regular de esta legumbre y sus derivados. Sabemos, por ejemplo, que las mujeres asiáticas tienen significativamente menos sofocos que las occidentales y eso se explica en parte por los compuestos bioactivos de su dieta. Este beneficio es especialmente relevante en aquellas mujeres con una microbiota capaz de extraer un compuesto concreto de la soja, el equol. En este sentido, las mujeres asiáticas son más eficientes en general que las occidentales, aunque también existe la posibilidad de beneficiarse de ese compuesto mediante suplementos.[24]

Es de sobra conocido cómo, tras la menopausia, pueden agravarse o aparecer problemas de osteoporosis. En este punto, la prevención tiene una importancia clave. Lo mejor que podemos hacer para llegar a viejas con huesos fuertes es haberlos protegido toda nuestra vida. Ya os he hablado de ello en el apartado dedicado al calcio del capítulo 3 y no voy a repetirme. Solo os recuerdo que necesitamos ejercicio, exposición solar, proteínas, magnesio, vitamina K y reducir el consumo de sal para mantener unos huesos fuertes. Una vez diagnosticadas osteopenia u osteoporosis, hincharse a lácteos u otros alimentos ricos en calcio poco va a arreglar. Así que no esperéis hasta ese momento para adoptar un buen estilo vida que os proteja. En cualquier caso, los consejos de estilo de vida serían los mismos que ya hemos comentado.

Proteína vegetal y mujeres posmenopáusicas

Es cierto que a menudo la población de más de sesenta años tiene un consumo proteico bajo y que asegurar un aporte suficiente en la población mayor previene varias patologías y ayuda al pronóstico de las ya instauradas. No obstante, no se suele prestar demasiada atención a cuál es el origen de esa proteína y quizá deberíamos empezar a hacerlo, porque existen diferencias importantes entre la vegetal y la animal.

A principios de 2021 vio la luz un interesante trabajo que incluía a más de cien mil mujeres posmenopáusicas de cincuenta a setenta y nueve años a las que se siguió desde la década de 1990 hasta 2017.[25] En ese estudio, perteneciente a la Women's Health Initiative, se observó que la mayor ingesta de proteína vegetal se relacionaba directamente con menor mortalidad por todas las causas, incluida la demencia, mientras que aquellas mujeres con un mayor consumo de carne procesada o huevos tenían también los mayores índices de mortalidad por todas las causas, pero especialmente por demencia, siendo esta asociación menor cuando el consumo era de carne blanca o huevos. El consumo de carne roja, huevos o lácteos se asoció con un mayor riesgo de muerte por evento cardiovascular, y el consumo de huevo, con mayor riesgo de muerte por cáncer (aunque los mismos autores señalan que es posible que se deba a cómo se consume el huevo más que al huevo en sí, ya que en Estados Unidos es habitual que el consumo de huevo vaya ligado al de carne roja procesada, como salchichas o bacon, o a productos de pastelería). La sustitución de los productos de origen animal por proteínas vegetales –especialmente de frutos secos– disminuyó la mortalidad. Es decir, las mujeres posmenopáusicas con una dieta rica en proteínas de origen vegetal tienen menos riesgo de muerte prematura, demencia y accidente cardiovascular.

Al comparar a las mujeres con mayor y menor consumo de proteína vegetal, se vio que las primeras tenían un 9 % menos riesgo de mortalidad por todas las causas; un 12 % de riesgo de mortalidad por accidente cardiovascular, y un riesgo un 21 % menor de muerte por demencia. El grupo de investigación apuntó que sustituir tan solo el 5 % de la energía proveniente de proteína animal con proteína vegetal reducía un 14 % el riesgo de muerte por todas las causas, y señaló la necesidad de revisar las guías clínicas para incluir consejos más específicos sobre el tipo de proteína que es mejor elegir.

No parece que seguir una dieta vegetariana, con un aporte proteico adecuado, sea una mala idea, la verdad.

UN APUNTE SOBRE LA FIBROMIALGIA

Sé que la fibromialgia no es una patología exclusivamente femenina, pero sí que es mucho mayor la prevalencia entre las mujeres, que son entre un 85 y un 90 % de las personas que la padecen. Por eso he querido incluir este pequeño apunte en este capítulo. Y es que tenemos una revisión sistemática muy reciente realizada además por un equipo de investigación español sobre fibromialgia y alimentación vegana.

Tras revisar seis trabajos anteriores, concluyen que seguir patrones dietéticos vegetarianos y veganos muestra mejoras significativas en parámetros bioquímicos, calidad de vida, calidad del sueño, dolor, inflamación, composición corporal y estado de salud en general. Son resultados muy prometedores que abren la puerta a el uso de dietas veganas para manejar los síntomas de una patología que hoy en día no tiene cura. No obstante, el estudio es prudente y señala que hace falta investigar más para obtener mayores certezas.[26] No parece un mal enfoque seguir una dieta vegana bien planificada si se padece fibromialgia. Podemos obtener mejoras importantes y un alivio de la sintomatología y el único riesgo que asumimos es quedarnos como estábamos, pero contaminando menos y contribuyendo en menor medida al sufrimiento animal.

HABLEMOS UN POCO SOBRE LA SOJA

La cantidad de mitos absurdos y totalmente arraigados, incluso entre los sanitarios, que orbitan alrededor de la soja me parece un fenómeno digno de estudio. Me fascina cómo una leguminosa que el ser humano lleva consumiendo miles de años y que forma parte de la dieta habitual de millones de personas pueda generar tantas suspicacias.

Luego comemos alegremente cosas no ya mucho menos «probadas» en humanos (como la mayoría de ultraprocesados que llevan entre nosotros no más de cincuenta años), sino claramente relacionadas con aumentos del riesgo de diversas patologías. Me refiero a las copitas de vino y las cervezas, a la bollería o al chorizo. Las cuatro cosas sabemos que aumentan las posibilidades de padecer, por ejemplo, cáncer, entre otras enfermedades, y, sin embargo, mucha gente las consume a diario sin ningún temor, mientras mira alarmada al bloque de tofu y asegura que nunca le daría soja a sus hijos. Un colacao o sanjacobos, sí, pero soja, no. Así nos va, claro.

Pero no acaba aquí la incongruencia. Resulta que toda esa gente que no tiene reparo alguno en comer embutido a dos carrillos, pero teme a la soja, quizá no sepa que uno de los principales componentes del pienso que alimenta a los cerdos de granjas industriales es precisamente soja. Lo mismo ocurre con el pienso de las aves y de peces de piscifactoría. Del mito de que la soja del tofu deforesta el Amazonas os hablo en el capítulo 8. Pero os hago un pequeño *spoiler*: la soja que deforesta es principalmente para alimentar a los animales de consumo, no a las personas veganas.

Lo más sangrante es que la soja no es un alimento neutro –entendiendo por *neutro* aquel alimento que no se relaciona ni con un mayor riesgo de patologías ni con especiales beneficios–, sino que está claramente relacionada con aportes positivos a la salud, muchos de ellos asimilables a todo el grupo de las legumbres y otros específicos de la soja, gracias a sus compuestos bioactivos.

Además, es increíblemente versátil a nivel gastronómico y permite derivados tan interesantes como el tofu, el tempe, el nato, la bebida de soja, la salsa de soja o la yuba.

La composición nutricional de la soja no es solo interesante por su aporte proteico. Ya hemos hablado en el capítulo 3 de su aminograma completo, y también del aporte relevante que supone su consumo a la dieta. La cantidad de proteína depende del tipo de producto; por ejemplo, el haba de soja (sin la vaina) tiene alrededor de un 35 % de proteína, mientras que un derivado como la soja texturizada llega a rondar el 50 %. También es importante su fracción grasa, ya que contiene una pequeña cantidad de ácidos grasos de la serie omega 3; su aporte en minerales, como hierro y calcio, y sus fitoquímicos, como el equol o la genisteína, que tienen importantes implicaciones positivas en la prevención de patologías. Y también van dentro de este grupo de compuestos bioactivos las archiconocidas isoflavonas.

La soja como disruptor hormonal en hombres

Vamos directos al primer mito: seguro que habéis oído algo sobre los peligros de que los hombres tomen soja, ya que eso puede desequilibrar sus hormonas, feminizándolos. ¿A que sí? Pues no tiene el menor sustento científico. Un metaanálisis de 2020 confirma que ni el consumo de soja, ni el consumo de isoflavonas directamente cambiaron el perfil hormonal de los hombres que las consumieron, sin importar ni la dosis ni la duración de ese consumo.[27] Como si hubieran estado chupando piedras, vamos. Pero no creáis que este es un mito que derrocamos en 2020..., para nada. Solo os he querido reseñar uno de los estudios importantes más recientes, pero tenemos trabajos muy anteriores que afirman exactamente lo mismo.[28]

Tampoco afecta a la calidad de su semen, ni al volumen, ni a la concentración, ni al recuento, ni a la movilidad, ni a la motilidad, ni a la morfología de los espermatozoides.[29] Quizá el hecho de que en Asia no haya precisamente problemas de fertilidad nos habría podido hacer sospechar algo.

La soja y el cáncer de mama

Y ahora repasemos el segundo mito, aquel que dice que la soja aumenta el riesgo de cáncer de mama dependiente de estrógenos por su contenido en isoflavonas. Las isoflavonas son un tipo de fitoestrógeno, se llaman así porque su forma es parecida a la de los estrógenos, una hormona que produce nuestro cuerpo. Aunque los estrógenos los identificamos siempre con hormonas femeninas, también los hombres los producen, si bien en mucha menor cantidad.

Los fitoestrógenos pueden tener en nuestro cuerpo una actividad similar a la de los estrógenos, pero en ningún caso idéntica o equivalente. Veamos por qué.

Tenemos dos tipos de receptores de estrógenos, a unos los llamamos receptores alfa, y a otros, receptores beta. Estos receptores están divididos por el cuerpo de forma desigual y tienen funciones diferentes, incluso opuestas. Por ejemplo, los receptores beta del tejido mamario actúan con efecto antiestrogénico (y es el efecto estrogénico, es decir, el contrario, el que se relaciona con mayor riesgo de cáncer de mama), y resulta que los fitoestrógenos se unen principalmente a estos, a los beta. Es decir, inhiben el efecto carcinogénico del estrógeno.[30] Incluso con ingestas bajas de soja, de una ración, se observa una activación de los receptores beta que contrarrestan la proliferación de células cancerosas en el pecho.[31]

La idea de que la soja favorecía el cáncer de mama surgió de estudios hechos con ratones. Sucede que nosotros no somos roedores y metabolizamos la soja y sus compuestos de manera distinta a como lo hacen estos animales. Por tanto, no se pueden extrapolar al ser humano los resultados de esos estudios. Además, la cantidad de soja que consumían esos ratones era totalmente desproporcionada; en un humano, equivaldría al consumo de alrededor de 60 raciones al día,[32] cantidad totalmente descabellada y seguramente nos causaría daños independientemente del alimento. Probad a comer 60 manzanas al día, a ver qué pasa.

Sabemos además que haber consumido soja y derivados de forma regular a lo largo de la vida protege del cáncer de mama. Por ello, entre las mujeres asiáticas la prevalencia de este tipo de cáncer está muy por debajo de la de las mujeres occidentales, pero, cuando esas mujeres asiáticas viven en países occidentales, la frecuencia con la que sufren cáncer de mama aumenta a medida que se acoplan a un patrón de alimentación occidental, igualándose al de las mujeres de su entorno en una generación.

Además, el consumo de soja tras el diagnóstico del cáncer de mama se relaciona de manera significativa con menos mortalidad y menos recurrencia de la enfermedad,[33] incluyendo a las mujeres tratadas con tamoxifeno.[34]

De hecho, sabemos que no hay razón para desaconsejar el consumo de soja en pacientes de cáncer de mama desde, al menos, 2011. Hace más de diez años, así que tampoco es que sea una novedad precisamente. En esa fecha, una revisión estadounidense recogía trabajos anteriores sobre el asunto y concluía tajantemente que:

These studies, taken together, which vary in ethnic composition (two from the United States and one from China) and by level and type of soy consumption, provide the necessary epidemiologic evidence that clinicians no longer need to advise against soy consumption for women with a diagnosis of breast cancer.

Es decir, que valorando los estudios existentes en distintas etnias, y los niveles y tipos de soja consumida, tenemos la evidencia epidemiológica necesaria para que los sanitarios dejen de advertir sobre el consumo de soja a las mujeres diagnosticadas de cáncer de mama.[35]

Quien aún dude de que la soja no está contraindicada para estas pacientes, no tiene más que consultar la página web de la American Cancer Society (cancer.org) y en su documento «Nutrition and physical activity guidelines for cancer survivors» podrán leer textualmente:

Debido a que se ha demostrado que las isoflavonas de soja promueven el crecimiento *in vitro* de células de cáncer de mama y de tumores mamarios en animales de laboratorio, ha habido cierta preocupación sobre el posible efecto adverso del consumo de soja en el pronóstico de mujeres a las que se les ha diagnosticado cáncer de mama. Sin embargo, tres grandes estudios epidemiológicos en el pasado reciente no han encontrado efectos adversos de la ingesta de alimentos de soja sobre la recurrencia del cáncer de mama o la mortalidad total, ya sea sola o en combinación con tamoxifeno, y existe la posibilidad de que estos alimentos ejerzan un efecto sinérgico positivo con el tamoxifeno. Dos de estos estudios se centraron en muestras estadounidenses e incluyeron suplementos de isoflavonas en la recopilación y el análisis de datos. La evidencia actual no sugiere que el consumo de alimentos de soja pueda tener efectos adversos sobre el riesgo de recurrencia o de supervivencia.[36]

Es decir, ni la soja está desaconsejada ni interfiere negativamente en el tratamiento del cáncer con tamoxifeno (un fármaco que puede usarse para combatir la enfermedad). Nos cuentan además lo de los ratones y los humanos que hemos comentado antes y nos habla de los estudios que sustentan la afirmación.

Quien quiera seguir confirmando, puede teclear ahora en su navegador «wcrf.org» y acceder a la web del World Cancer Research Fund International (WCRF) y, en la parte de consejos de nutrición para supervivientes de cáncer de mama, podrá leer que el consumo de productos de soja se asocia con una menor mortalidad en ese grupo, tal y como se publicó en *Diet, Nutrition, Physical Activity and Cancer: A Global Perspective*, en 2018, firmado por el WCRF y el American Institute for Cancer Research (AICR).[37]

Os animo a consultar la web del AICR, que tiene un apartado donde habla de alimentos concretos. Veamos qué dice de la soja: señala que es un alimento para «consumir regularmente» y la acompaña del color verde y una carita sonriente.[38] Lo estoy consultando a finales de abril de 2021 y la web indica que el contenido está actualizado el día 8 de este mismo mes. Un poco más abajo, se indica;

Consistent findings from population studies indicate no increased risk for breast cancer survivors who consume soyfoods. In fact, limited evidence shows the potential for greater overall survival and perhaps decreased recurrence, among women a year or more after diagnosis who include moderate amounts of soy.

De nuevo, la ausencia de riesgo que supone consumir productos de soja para las supervivientes de cáncer de mama, y añade que hay evidencia limitada de que incluso puede disminuir la recurrencia y la mortalidad en mujeres que incluyan en su dieta «cantidades moderadas de soja». Un poco más abajo, indica que se consideran cantidades moderadas una o dos raciones diarias de tofu, bebida de soja o edamame, y que los estudios han demostrado que tres o más raciones al día, como puede ser habitual en Asia, no se vinculan con incremento del riesgo de cáncer de mama.

Y termino con una revisión sistemática y un metaanálisis reciente, de 2019, que concluye que tanto la soja como sus isoflavonas se relacionan con una disminución de la mortalidad general y de la mortalidad por cáncer de mama, y que la recomendación debería ser aumentar el consumo de soja para favorecer la longevidad.[39]

Si con todo esto no os he convencido, yo ya no sé.

Y sin embargo, los mitos sobre la soja y el cáncer de mama son muchas veces inexplicablemente perpetuados por los propios sanitarios. Desde las consultas de oncología nos llegan pacientes con la prohibición de tomar soja, sin sustento alguno en la evidencia actual ni en las recomendaciones de las principales instituciones de referencia. A veces, también llegan con la recomendación de tomarse una copita de vino al día, cuando el alcohol es teratogénico, y eso sí que es algo que sabemos a ciencia cierta. Y tampoco suelen venir con la advertencia de evitar la carne roja y procesada, que está relacionada con el aumento de riesgo de padecer cáncer de mama, entre otros.[40]

Pero eso sí, alejaos del tofu, que es Satanás. Es inexplicable.

Para resumir mejor todo esto, le he preguntado a mi compañero de despacho, Luis Cabañas (alias Luka), que está especializado (y doctorado) en nutrición en oncología, y que es con quien tienen la suerte de tratar los pacientes que llegan a Aleris con esta patología. Esto es lo que nos dice:

> «Mira las etiquetas por si hay lecitina de soja» o «No te preocupes, que para tener algún problema deberías comerte un camión de soja». Ambas son frases que me han transmitido en consulta pacientes de cáncer de mama (con

el mismo tipo y el mismo recorrido), atendidas por profesionales de oncología distintas, cuando les pregunto si han recibido algún consejo dietético, además del consabido «coma usted de todo» que me reconcome especialmente por dentro.

¿Cómo un alimento en un mismo contexto puede generar tanta discrepancia entre colegas de profesión?

En realidad, el origen del mito es una falsa asociación: «Dado que los estrógenos favorecen el desarrollo del cáncer de mama, los fitoestrógenos de la soja podrían tener el mismo efecto», pensó alguien. Sin embargo, en la realidad clínica, más allá del laboratorio sabemos que hay dos tipos de receptores de estrógenos (alfa y beta) y los fitoestrógenos tienen preferencia por los beta y los activan. El resultado: un efecto antiestrogénico, inhibiendo así las características carcinogénicas del estrógeno (el posible origen del problema).

Dicho de otro modo: es como si cuando quieres que salga jabón de un baño público para lavarte las manos, alguien le diera al botón por ti (bastante de agradecer en tiempos de COVID). Es algo beneficioso, que lucha contra el cáncer.

«¿Entonces? –dirás–, ¿cuál es el origen del mito?» ¿Recuerdas cuando decía «más allá del laboratorio»? Pues es que si le das a un ratón (atímico o desnudo, en concreto) su peso en genisteína (principal fitoestrógeno de la soja), lo menos que puedes esperar es que le vaya bien. Por tanto, a no ser que seas un ratón (atímico, en concreto, y comer mucho queso no convalida) no te preocupes por la soja: metabolizamos las isoflavonas de forma diferente, y podrían ayudarte tanto en la prevención como en la recuperación.

Por eso, podemos asumir que las isoflavonas de la soja ayudan a prevenir de manera activa el cáncer de mama. Y, en mujeres ya diagnosticadas con cáncer de mama, su consumo se vincula con un menor riesgo de mortalidad y recurrencia. Ojo, lo dice la Sociedad Americana contra el Cáncer, tras revisar bastantes estudios sobre el tema.

En cualquier caso, cuando trato este tema en consulta, siempre me gusta terminar con una frase de la autora que estás leyendo ahora: «¿Y si asumimos que la soja es simplemente una legumbre más...?». Y añado: «¿... Y si simplemente nos preocupamos de la alimentación en general?».

Pues eso. No os preocupéis por la soja. A no ser que seáis ratones (atímicos) y estéis consumiendo vuestro mismo peso en soja.

¿Es esto una falacia de autoridad? ¿Que me vaya a un señor doctor en nutrición en oncología para que os diga lo mismo que os venía yo contando y darle así más credibilidad a mi chapa? Pues un poco. Pero vosotros también lo habríais hecho si lo tuvierais a mano. Podéis seguirle en redes sociales como @comocuandocomo.

Soja y tiroides

Tenemos una revisión sistemática y un metaanálisis de 2019 que, tras revisar 18 estudios sobre el efecto de las isoflavonas y la soja en tiroides en adultos, concluye que la soja no tiene efectos en la función tiroidea y que aunque algún estudio muestra una ligera elevación de la tirotropina (TSH), ni siquiera está claro que tenga relevancia clínica.[41] No hay motivo para que personas sin problemas de tiroides y con un consumo de yodo adecuado limiten la ingesta de soja, como ya sabíamos desde hacía años.[42]

En pacientes con hipotiroidismo que tomen hormona tiroidea sintética, es recomendable separar el consumo de soja de la toma de medicación, para que no interfiera en su absorción, como ocurre con otros alimentos, como las crucíferas si se toman crudas. En pacientes que consumen soja habitualmente, se adecuará la dosis de medicación a su tipo de alimentación, y también en aquellos que hagan un cambio de dieta mientras se medican. En la práctica, se aconseja tomar la levotiroxina siempre en ayunas, con lo que si evitamos la soja en el desayuno y la tomamos a media mañana, de manera que transcurran cuatro horas desde la toma del medicamento, sería suficiente. No hay motivo para eliminar la soja de nuestra alimentación por completo.[43]

¿Quién no debería tomar soja?

Desde luego, no deberían comer soja las personas alérgicas a ella (una alergia mucho menos frecuente que a los lácteos, al huevo o al pescado, por cierto).[44] Tampoco tienen por qué comerla aquellas a las que no les guste el sabor. Aunque dentro de sus derivados es difícil que no guste absolutamente ninguno, sinceramente, ya que no tiene nada que ver el edamame con el tofu ahumado, el yogur de soja o una boloñesa de soja texturizada.

Aplicaremos a las habas de soja las mismas restricciones que al resto de las legumbres en determinadas patologías intestinales o en algunas fases de dietas de exclusión. En ese sentido, hay derivados de la soja que nos son muy útiles. Por ejemplo, en la primera fase de una dieta baja en oligosacáridos, disacáridos, monosacáridos y polioles fermentables (FODMAP) se limita mucho el consumo de legumbres, pero existen otros derivados de soja aptos, como el tofu normal (no el *silken*), lo que es de gran ayuda para pacientes veganos.

Espero que este breve repaso os haya quitado manías y falsas creencias sobre la soja. He incluido este apartado en este capítulo porque muchas de esas teorías sin fundamento afectan mayoritariamente a las mujeres, especialmente el mito del cáncer de mama, que además afecta a una población especialmente vulnerable, tanto por la patología en sí como por la cantidad de seudociencia que gira en torno a todo lo que tiene que ver con los procesos oncológicos.

CAPÍTULO 8
DE CRUDIVEGANISMO, MACROBIÓTICA Y SUPERALIMENTOS: FAQ

> Una ciencia privada de conciencia humanística es algo tan estremecedor como una conciencia que habla del mundo a espaldas de la ciencia.
>
> EDGAR MORIN

Ya hemos visto que el vegetariano no es un patrón de alimentación único ni estandarizado, que hay tantos tipos de dietas vegetarianas como personas y que, como cualquier otra manera de alimentarse, puede estar bien o mal planteada. Incluso sabemos que dentro de una alimentación vegetariana o vegana bien planteada existen opciones diversas que tienen en común solo algunos mínimos.

Dentro del vegetarianismo hay algunas corrientes que van uno (o varios) pasos más allá, y que son estilos de vida en sí mismos. En este caso, *más* no significa *mejor*. Ninguna de las corrientes que salen del veganismo son necesariamente más saludables que una dieta vegana bien planteada. En realidad, algunas lo son menos o son más difíciles de cuadrar adecuadamente.

Tampoco aportan ninguna ventaja desde un punto de vista ético, medioambiental, social o político. Por ejemplo, si nos dedicamos a consumir habitualmente coco y derivados, que están ahora muy de moda, «superalimentos» traídos de la otra parte del mundo como el baobab y frutas exóticas, el impacto medioambiental de nuestro consumo será bastante mayor que con una dieta vegana clásica compuesta por productos locales y de temporada.

Vamos a empezar hablando del tipo de dieta que más dudas suscita dentro de las corrientes que derivan del veganismo y que es, probablemente, la más conocida: el crudiveganismo.

¿QUÉ ES EL CRUDIVEGANISMO?

La alimentación crudivegana cumple los mismos principios que la vegana, es decir, no se consumen alimentos de origen animal, pero además se añade otro requisito, que es que todo aquello que se consuma estará crudo o, a lo sumo, deshidratado o con un tratamiento térmico que no supere nunca los 40 o 42 grados centígrados, que es, según los preceptos de esta alimentación, la temperatura máxima que alcanzaría un alimento expuesto al sol. No tengo datos para contrastar la fiabilidad de esta afirmación sobre la temperatura, pero tampoco parece muy descabellada, aunque es posible que en determinadas circunstancias pudiera subir un poco más.

¿Es saludable? ¿Se cubren todos los requerimientos nutricionales?

Si creéis que los crudiveganos solo comen fruta y ensalada, estáis muy equivocados. Además de eso, en una alimentación crudivegana se consumen legumbres y granos (ambos, germinados), frutos secos crudos o remojados y semillas.

Hay multitud de técnicas de cocina crudiveganas muy interesantes y se pueden hacer elaboraciones deliciosas que son una auténtica maravilla. Si nunca os habéis adentrado en ello, estoy segura de que os sorprenderán. Buscad en internet recetas crudiveganas (o *raw vegan,* en inglés) y echad un vistazo. Seguro que no os esperáis lo que vais a encontrar. Hay muchas técnicas e ideas que podemos usar, aunque nuestra alimentación no siga ese patrón.

A la pregunta de si una alimentación crudivegana puede cubrir los requerimientos nutricionales de un adulto sano, la respuesta es sí. Con suplemento de B12, claro, como cualquier vegano.

Ahora bien, si la pregunta es si es fácil, entonces la respuesta es no. Y os cuento las principales dificultades que yo encuentro a una alimentación crudivegana a largo plazo.

Puede ser complicado cubrir requerimientos energéticos, porque las co-midas suelen ser voluminosas y muy ricas en fibra y agua, lo que favo-rece la saciedad temprana, especialmente si se trata de una persona con requerimientos elevados, como podría ser un deportista. Así pues, si se sigue este tipo de dieta, no hay que descuidar una buena ración diaria de frutos secos, añadir a las comidas alimentos ricos en calorías, como aguacate, coco (si vivimos en el trópico o si no nos importa la sosteni-bilidad), semillas, aceitunas, frutas desecadas, dátiles… Las barritas cru-diveganas hechas con fruta desecada, coco, cacao crudo y frutos secos son una opción buenísima y muy conocida.

También puede ser más difícil cubrir requerimientos proteicos. Una dieta vegana muy pobre en legumbres a largo plazo puede provocar carencias de lisina. Por ello, es aconsejable tener siempre legumbres germinadas y añadirlas a tus comidas y disponer también de semillas, especialmente de calabaza (ricas en lisina). Los frutos secos completan el aporte pro-teico, y también algún grano germinado si lo consumes. Recordad que el remojo y el germinado aumentan la biodisponibilidad de los nutrien-tes. Es fácil que una alimentación crudivegana sea excesivamente baja en grasas, lo que puede terminar en un déficit de las vitaminas liposolubles y en alteraciones hormonales. Es relativamente frecuente que las mujeres que siguen durante un tiempo largo una dieta crudivegana acaben con amenorrea (falta de menstruación) causada por desarreglos hormonales o por un aporte energético insuficiente. Esto es fácilmente prevenible si, como decíamos antes, se comen a diario frutos secos, aguacate, semillas, aceite de oliva y coco, en su caso.

El crudiveganismo puede no ser la mejor idea para niños pequeños. De hecho, la AND desaconseja explícitamente esta dieta en la infancia. Para ellos, puede ser aún más complicado que para los adultos cubrir reque-rimientos energéticos por ser una alimentación demasiado saciante por su volumen y contenido en fibra. Además, puede ser difícil de digerir. Un niño puede llevar sin mayor problema una dieta vegana normal. Pero no os la juguéis con algo que ya es complicado de cuadrar para un adulto. En niños pequeños, no.

También es posible que un cambio brusco a una dieta crudivegana es-tricta esconda algún tipo de trastorno de la conducta alimentaria, ya que es una gran «excusa» para restringir muchos alimentos y, además, se ha vendido con frecuencia como una solución para adelgazar y hacer una dieta *detox*. Así que tened cuidado con población de riesgo, como las adolescentes, y en caso de duda recurrid a profesionales sin demora.

No todas las personas que siguen una alimentación crudivegana lo hacen todo el tiempo: muchos son un 70-80 % crudiveganos y sus comidas cocinadas suelen coincidir con las realizadas fuera de casa o disponen con esta premisa su menú semanal.

Pero ¿es más sana la dieta crudivegana?

Pues depende de con qué la compares. En vista de que la alimentación occidental tradicional es desastrosa, rica en azúcares añadidos, cereales refinados y productos altamente procesados, casi cualquier cosa es más saludable. Así que «ser más sano» no tiene mérito.

En todo caso, no creo que una alimentación crudivegana presente ventajas de salud por encima de una dieta vegana bien planteada. De hecho, creo que es al contrario, ya que puede dificultar la alimentación y aumentar el riesgo de déficits nutricionales a largo plazo si no se planea con bastante cuidado.

Todas las teorías habituales de las personas que defienden este tipo de dieta como más saludable, según las cuales los alimentos cocinados están muertos y no contienen nutrientes, son falsas. Los alimentos cocinados conservan la mayor parte de los nutrientes e incluso aumenta la biodisponibilidad de muchos de ellos.[1] Aunque algunos se destruyan o disminuya su concentración, en absoluto se convierten en serrín, que es lo que insinúan los defensores de esa teoría. Si eso fuera así, tendríamos los hospitales a rebosar de gente desnutrida. Comer tanto crudo como cocinado nos permite beneficiarnos de las ventajas de ambas opciones.

Eso sí, me encanta la idea de meter más opciones crudiveganas en la alimentación. Porque comer fruta, verdura, frutos secos y semillas siempre está bien y porque –como ya os he dicho– hay cosas muy apetecibles y buenísimas, como los *zoodles,* que son espaguetis vegetales hechos con zanahoria o calabacín, o las lasañas crudiveganas o las barritas y los postres, que son fantásticos.

Si lo que queréis son estudios científicos, tengo que deciros que hay muy poca cosa y que, además, los que hay no dejan al crudiveganismo en muy buen lugar: uno del año 1999 concluye que causa amenorrea en mujeres y que no es recomendable a largo plazo,[2] y otro más reciente, de 2005, concluye que produce pérdida de masa ósea y bajos niveles de vitamina D.[3] También hay un estudio piloto en el que, al parecer, a los participantes les sentó bien una dieta crudivegana de tres semanas, lo cual no nos dice gran cosa.[4] Y también tenemos otro que valoró la adherencia a la dieta crudivegana, sin sacar ninguna conclusión reseñable.[5] Vamos, que tenemos tan poca cosa que, más que tirar de literatura científica, hay que tirar de sentido común.

Hay un estudio curioso, de 2020, que revisó la salud dental de personas crudiveganas en Irán. Concluyó que las personas crudiveganas tenían una mejor higiene oral y, por ello, su salud dental y periodontal superaba la de la población general.[6]

La versión más extrema de la alimentación crudivegana sería la frutariana o frugívora, es decir, alimentarse solo de fruta. Es una opción necesariamente deficitaria a la larga. Hay quien incluye en esta corriente los frutos secos y quien no lo hace. En cualquier caso, no se trata de una opción realista ni recomendable y mantenerla en el tiempo causará un déficit proteico, entre otros, así que no me voy a extender sobre ella.

¿Y LA MACROBIÓTICA?

No voy a adentrarme mucho en este patrón de alimentación, pero sí me parece importante señalar un error muy habitual: la dieta macrobiótica no es necesariamente vegetariana, ya que incluye en su planteamiento más clásico el consumo de pescado e incluso de pequeñas porciones de carne.

Tampoco voy a entrar a hablar de los principios del yin y el yang que rigen la macrobiótica, ni de todo el acompañamiento espiritual y de creencias que conlleva, porque no soy una experta en el tema, ni es el objeto de este libro. Y ¡ojo!, yo sí creo que muchos principios de salud de la medicina oriental tienen sentido y no veo que sea de recibo la burla habitual y sistemática a la que los suele someter el colectivo científico o algunos divulgadores de salud o ciencia, que los tachan de poco basados en evidencia, porque a menudo son solo otra manera de explicar las cosas. Eso no quita que no haya mucho cantamañanas y estafador que se aprovecha de estos conceptos para lucrarse y hacer afirmaciones que no solo son falsas, sino peligrosas.

La macrobiótica bien planteada puede ser perfectamente saludable y también puede ser una dieta totalmente deficitaria en sus versiones más extremas, en las que se consume casi únicamente arroz integral. Como siempre, el truco está en el planteamiento. Simplemente, quería señalar el error de considerar la macrobiótica una dieta vegetariana, cuando no lo es. Sí podríamos considerarla una *plant based diet* o «dieta basada en vegetales», porque contempla solo pequeñas porciones de alimentos de origen animal. También es posible realizar una dieta macrobiótica que sea, a su vez, vegetariana. Pero ambos conceptos no van necesariamente unidos.

Por lo demás, si escogemos una alimentación macrobiótica bien planteada en su versión vegetariana, tampoco aporta ventajas de salud frente a una dieta vegana saludable.

TENGO MIEDO DE LOS ANTINUTRIENTES

Los llamados *antinutrientes* han acaparado cierta presencia en redes sociales y artículos, siendo una de las armas arrojadizas de última generación para criticar la alimentación vegetariana. Sobre todo, para meterse con las legumbres. Esto tiene su origen en la corriente de la dieta paleo, ya que uno de sus máximos impulsores, Cordain, dedicó ríos de tinta a glosar sus maldades.

Los antinutrientes son compuestos fitoquímicos naturalmente presentes en muchos alimentos como las ya mencionadas legumbres, los frutos secos, las semillas o los cereales integrales. Deben su mala fama a que son capaces de unirse a otros nutrientes, principalmente minerales, formando compuestos insolubles e impidiendo su absorción. Pero esa no es toda la historia, muchas veces, cuando se habla de ellos se olvida comentar que…

- Tienen efectos beneficiosos por su poder antioxidante y protector frente al cáncer.

– Además de secuestrar algunos nutrientes, también secuestran tóxicos, como los metales pesados, ayudándonos a expulsarlos de nuestro cuerpo.

– Son muy fáciles de desactivar con técnicas de cocina tan sencillas y habituales como la cocción, el remojo o la fermentación.

– En países desarrollados con un acceso suficiente a alimentos, no suponen el menor problema ni tienen capacidad para comprometer el valor nutricional de la dieta o causar un déficit.

Para mayor tranquilidad, vamos a echar un vistazo a los antinutrientes más comunes o de los que más se habla.

Fitatos

Los fitatos tienen capacidad de unirse sobre todo al hierro y al zinc, y en menor medida a otros minerales y vitaminas, reduciendo su biodisponibilidad. Sus propiedades antioxidantes y antiinflamatorias han sido bastante estudiadas, así como sus efectos protectores frente al cáncer y las enfermedades cardiovasculares; además, previenen la aparición de cálculos renales por su capacidad de inhibir la formación de cristales de calcio.[7] Eso se une a que su presencia se encuentra en alimentos ricos en fibra, que también tiene efectos en ese mismo sentido.

La fermentación, el remojo y la germinación son técnicas efectivas para destruir los fitatos, no así la cocción a temperaturas normales, que tiene poco efecto en ellos. Asimismo, durante la digestión son inactivados en porcentajes variables, que pueden ir del 37 al 66 %, sobre todo si se acompañan de otros alimentos ricos en fitasas (enzimas que destruyen los fitatos), como, por ejemplo, el trigo sarraceno. Sabemos que si al agua de remojo le añadimos uno o dos puñados de trigo sarraceno, la inactivación de los fitatos es más rápida y efectiva.[8]

Lectinas

Se encuentran principalmente en las legumbres, y es raro que haya tanta preocupación por un compuesto que desaparece tras una cocción a cien grados centígrados durante unos diez minutos.[9] Son especialmente sensibles al calor húmedo, haciéndose prácticamente indetectables tras remojo y cocción.[10] Salvo que tengas por costumbre comer las legumbres crudas, es bastante improbable que estas puedan perjudicarte, ya que las cocinamos durante bastante más tiempo y la parte de remojo también contribuye a su degradación de manera notable.

Se ha escrito sobre la relación de las lectinas con enfermedades autoinmunes y el aumento de la permeabilidad intestinal. No obstante, esas afirmaciones se basan en estudios en animales alimentados con legumbres crudas o aislados de lectina, así que parece cuando menos aventurado trasladarlo a humanos comiendo un potaje. La demonización de las lectinas ha venido en los últimos años envuelta en conflictos de intereses para vender supuestos suplementos contra ellas o libros con teorías dietéticas que han sido más que refutadas, como las del doctor Gundry en su libro *La paradoja vegetal,*[11] donde les atribuye la culpa de innumerables males, una obra que no resiste a una lectura crítica ni por asomo.

Saponinas

Las saponinas están presentes también en las legumbres y en otros alimentos, como la quinua o las semillas de chía. Como las lectinas, también puede disminuir la absorción del hierro entre otras acciones, pero ¿lo adivináis? Exacto, el remojo y el cocinado acaban con ellas.

Inhibidores de la tripsina y la amilasa

Los inhibidores de la tripsina y la amilasa (ATI, por sus siglas en inglés) están presentes en cereales como el trigo y en las legumbres y pueden interferir en la digestión de proteínas y carbohidratos. Uno de los más estudiados es el inhibidor de tripsina que se encuentra en la soja, que podría causar problemas si se consume cruda, ya que al cocinarla los valores se vuelven residuales.[12] Se baraja que los ATI del trigo pudieran estar detrás de lo que llamamos «sensibilidad al gluten no celíaca» y que en realidad el problema no fuera el gluten, sino esos compuestos,[13] pero aún no está claro del todo.

Goitrógenos

Son sustancias que interfieren en la absorción de yodo por parte de la tiroides y se encuentran principalmente en las crucíferas, es decir, en el brócoli, la coliflor, los repollos, las coles y los rábanos. También están en los cacahuetes y en la yuca. Los problemas que podría causar este compuesto, especialmente en personas que sufren hipotiroidismo, se solucionan con la cocción de estos alimentos o con el tostado y pelado de los cacahuetes.

También los alimentos de origen animal tienen antinutrientes; por ejemplo, la clara de huevo contiene avidina, que impide la absorción de la biotina. Pero como hemos visto que sucedía con el resto de antinutrientes, la avidina se desnaturaliza con la cocción, así que solo estaría presente en el huevo crudo. En los lácteos encontramos también lectinas y también contienen inhibidores de proteínas.

Podríamos hablar durante horas de antinutrientes e incluir muchos más en la lista, como los taninos (que ya mencionamos en el apartado sobre el hierro), los oxalatos o la propia fibra dietética, que también secuestra nutrientes, aunque sus efectos beneficiosos sean muy superiores a esa pequeña pérdida, pero las conclusiones no variarían, así que os las dejo aquí ya: la mayoría de sustancias a las que llamamos *antinutrientes* desaparecen o quedan reducidas a la mínima expresión con las técnicas de cocina habituales que usamos para hacer comestibles los productos que las contienen. Además, la mayoría tiene también una parte buena, con efectos positivos para la salud (antioxidantes, antiinflamatorios, anticancerígenos, son quelantes de metales pesados…) y que estén presentes en la dieta nos beneficia.

Si en alguna patología concreta, endocrina o digestiva, hay que tener especial cuidado con un compuesto determinado de los alimentos, es algo que se debe trabajar desde consulta y en dietoterapia, pero no hay ningún motivo para transmitir alarmismo a la población general acerca de este tema. Más teniendo en cuenta que hablamos de alimentos muy saludables, que deberíamos estar promoviendo en lugar de preocupándonos por problemas inexistentes.

Es un poco como si alarmásemos a la población porque comer almendras puede partirte los dientes y luego viéramos que se está hablando de almendras con cáscara (algo que nadie hace y que es muy fácil de solucionar).

¿SON LOS SUPERALIMENTOS NECESARIOS O RECOMENDABLES?

Esta es una moda relativamente reciente. Se trata de productos por lo general exóticos, que vienen muchas veces en polvo, listos para añadir a batidos u otras comidas, y que prometen todo tipo de beneficios y también un aporte extraordinario de diferentes nutrientes (proteínas, vitaminas, minerales, antioxidantes...).

No os voy a engañar: esos productos me ponen de bastante mal humor. Os explico por qué.

— Por lo general, no son autóctonos (baobab, maca, açai, bayas de goji, mesquite...), es decir, poco sostenibles.

— Son caros, por lo que muchas empresas están haciendo un tremendo negocio a base de exagerar sus propiedades... o inventándoselas directamente.

— Son innecesarios: no necesitamos reforzar todos esos nutrientes que dicen contener en un entorno como el nuestro, con acceso a alimentos. Todo lo podemos cubrir con una alimentación normal y, si en algún momento necesitamos un suplemento (por ejemplo, de hierro), ningún superalimento lo va a sustituir.

— Sus propiedades están exageradas. Aunque un producto tenga una elevada cantidad de proteínas o de calcio por 100 gramos, si la ración de consumo es una cucharadita de 5 gramos, el aporte neto va a ser ínfimo y no va a tener la menor relevancia en el cómputo global de nuestra dieta.

¿Qué no incluyo en esa clasificación? Por ejemplo, la levadura de cerveza, cuya producción sí puede ser cercana y cuyo precio es mucho más bajo y, además, es un producto de aprovechamiento de otra industria. Sí me parece un buen condimento y además está muy buena. Eso sí: que nadie piense que tomar levadura de cerveza va a compensar en modo alguno una mala dieta.

Yo suelo tener siempre un bote con una mezcla de levadura de cerveza y semillas rotas de sésamo y lino que espolvoreo sobre tostadas, ensaladas, cremas, aguacate… Probad con eso y dejaos de superalimentos que cuestan más de cincuenta euros el kilo (y no es exageración).

Tampoco creo que sea buena idea dar la sensación de que una dieta vegetariana precisa de todos estos carísimos y exóticos productos. Además de que es mentira, hace un flaco favor a la causa. De este tipo de cosas viene luego la creencia absurda de que ser vegetariano es caro. Depende de lo que compres, exactamente igual que con una alimentación omnívora. Si compramos merluza de pincho, gambas de Huelva, *foie,* jamón de Jabugo y ternera de Kobe, nos va a salir por un pico. Si os interesa esta cuestión del coste de una alimentación vegana versus una tradicional, en *Vegetarianos concienciados* le dedico un capítulo completo con ejemplos muy gráficos.

En realidad, los productos que conforman el grueso de una alimentación vegetariana saludable son muy asequibles: fruta y verdura de temporada y legumbres. El peor jamón york o el pollo más barato son más caros que el tofu o que la soja texturizada. Así que una dieta vegana local y saludable probablemente sea más barata que una dieta omnívora local y saludable. O por lo menos, ahí andarán. En cualquier caso, la excusa económica no cuela.

Aprovecho para recordar que muchos productos de soja están hechos con soja europea, mientras que el pienso del ganado se hace en su mayoría con soja del otro lado del mundo. Lo digo para quienes ya tenían en la punta de lengua el comentario mordaz sobre que no se debe calificar como *local* una alimentación con tofu, mientras tienen en la nevera embutidos, carne, huevos y lácteos de animales criados con la soja que deforesta el Amazonas. Por si prefieren callarse.

FAQ (PREGUNTAS FRECUENTES)

Hay algunas cuestiones y dudas recurrentes que me preguntan semana tras semana en redes sociales, en los comentarios del blog o por correo electrónico. Muchas de ellas creo que han quedado respondidas a lo largo de las páginas previas: preguntas sobre la B12, las proteínas, el hierro o los menús saludables, por ejemplo. Pero hay otras que no han tenido cabida en ninguno de los temas abordados a lo largo del libro y a las que me gustaría responder de manera breve.

En la infancia, ¿se puede llevar una alimentación vegana?

Sí. En realidad la alimentación infantil vegetariana daría para otro libro entero y por ello os remito a *¿Qué le doy de comer?*, un libro sobre alimentación infantil que tenemos publicado Aitor y yo en esta misma colección,[14] en cuyos capítulos hace las acotaciones necesarias para las familias veganas. Solo deseo remarcar que es muy importante que suplementemos con B12 la dieta de bebés y niños vegetarianos desde el momento en que se inicia la alimentación complementaria. Hasta ese momento, la obtienen de la leche materna (si la madre vegetariana se suplementa adecuadamente) o de la leche de fórmula, en su defecto.

Dice la Asociación Española de Pediatría, en su *Manual práctico de nutrición pediátrica* (sí, voy a citar un texto español, marcadlo en el calendario):

> En conjunto, de las ventajas y desventajas, hay que concluir, por [los] extensos estudios realizados, que los niños vegetarianos occidentales, cuidando su alimentación, tienen una salud por lo menos tan buena como los omnívoros. La lucha de los expertos en nutrición por advertir los posibles efectos negativos en la población infantil de las dietas más o menos vegetarianas, y cómo pueden afectar a su desarrollo, tienen enfrente también en lucha a las sociedades vegetarianas, para defender que sus dietas son mucho más saludables que las que tienen carne y pescado. Probablemente lo más oportuno sería integrar parte de las dietas vegetarianas en los omnívoros para mejorar su nutrición.[15]

Os remito también al libro publicado en 2020 por mis compañeros María Manera, María Blanquer y Julio Basulto, titulado *Alimentación vegetariana en la infancia,* que resolverá todas vuestras dudas al respecto.[16]

Ya sé que no es sano, pero quiero hacer repostería casera igualmente. ¿Cuál es el endulzante menos malo?

Si es algo esporádico (una vez cada dos o tres meses), usad azúcar normal. No va a tener un impacto significativo en vuestra dieta global ni en vuestra salud. Si es algo habitual, usad también azúcar normal. Cualquier otro endulzante (miel, sirope, azúcar de coco, panela) sigue siendo un

azúcar añadido y deberíamos limitar su consumo. Además, estos endulzantes son más caros y dan la falsa sensación de salubridad. La reposte-
ría es igual de poco recomendable uses el endulzante que uses, porque,
además, siempre va a desplazar alimentos saludables como la fruta, los
frutos secos, un sándwich integral, un yogur vegetal sin azúcar… Si queréis endulzar, emplead azúcar normal y no os consoléis con «azúcares
sanos». No hay azúcar añadido sano, vivid con ello.

No quiero comprar transgénicos. ¿Debo dejar de consumir soja y sus derivados?

En Europa, la legislación obliga a indicar en el etiquetado si un producto contiene transgénicos (organismos genéticamente modificados u
OGM) por encima del 0,9 %, que es el límite de detección en laboratorio. Si no lo indica, no los lleva. Y como suelen tener mala prensa, son
muy pocos los productos de venta directa al público que llevan soja
transgénica. Es diferente en Estados Unidos, ya que no compartimos la
misma legislación.

La inmensa mayoría de soja transgénica se destina a piensos para alimentar al ganado, ya que la legislación no obliga a indicar: «Este filete
proviene de una ternera alimentada con transgénicos».

Con esto no asumo que los transgénicos sean necesariamente insanos,
pero entiendo que no los queráis en el plato. Yo tampoco. Y no precisamente por motivos de salud.

Los productos eco o bio, ¿son más saludables desde un punto de vista nutricional?

No. Un producto puede ser ecológico y estar cargado de azúcar, harina refinada y grasa de mala calidad. Unas galletas eco siguen siendo un
producto insano. El sello eco no garantiza absolutamente nada a nivel
nutricional. Únicamente indica que los ingredientes provienen de cultivos que cumplen la normativa de la agricultura ecológica. Lo único
que podemos asumir es que, en principio, tendrán menos pesticidas de
síntesis química, pero en modo alguno que presenten un buen perfil nutricional necesariamente. Igual que con cualquier otro producto, deberemos revisar la lista de ingredientes.

¿Puedo comer vegano solo con los productos de mi supermercado cercano?

Sí. La idea de que un vegetariano consume todo tipo de productos raros y difíciles de encontrar es un mito. Con fruta, verdura, legumbres, frutos secos, cereales integrales y aceite de oliva se puede ser vegano tranquilamente. Todo ello se vende en cualquier supermercado de barrio y además es económico.

Pero es que incluso si os apetece tomar alguna bebida vegetal, yogur de soja o tofu, hoy en día cualquier súper dispone de esos productos. Además, en varias versiones…, es que tenéis hasta para elegir. En muchos encontramos también soja texturizada o seitán. Así que la excusa de «no puedo ser vegano porque en mi pueblo no venden cosas raras» no sirve de entrada, porque no se necesitan «cosas raras». Pero es que además eso que algunos llaman «cosas raras» hace ya tiempo que se comercializan hasta de marca blanca. Este tipo de gente necesita una *update,* que parece que no pisa un supermercado desde 2010.

¿Se considera vegano un producto que puede contener trazas de leche o huevo?

Aunque puede haber distintas interpretaciones, en principio, sí. La información de las etiquetas sobre las trazas va dirigida a gente alérgica y se refiere a que dicho producto se ha elaborado en unas instalaciones o en una maquinaria en la que se usan esos ingredientes en otros productos.

Es decir, el aviso de trazas no significa que el producto lleve ese ingrediente: si así fuera, constaría en la lista de ingredientes como tal. Solo que puede existir la posibilidad de contaminación. Se están curando en salud.

Pedirle a una marca que para fabricar un producto vegano compre maquinaria nueva y acondicione instalaciones separadas, si le sirven las que ya tiene, no es realista en absoluto.

Pensemos que también en la hostelería nuestro café con bebida de soja puede contener trazas de leche, porque se prepara en el mismo lugar que los cafés con leche. Solo que en ese contexto no hay obligación de indicarlo. En general, cualquier cosa que consumamos que se prepare en el mismo entorno que productos de origen animal puede tener trazas, incluso en nuestra propia casa, si convivimos con personas no vegetarianas.

Podemos afirmar, además, que las normas de higiene de la industria están muy por encima de las caseras o las de la hostelería. Por todo ello, en mi opinión, rechazar un producto vegano porque indica la posibilidad de contener trazas en el etiquetado no tiene sentido.

Otra cosa es que solo queramos consumir alimentos de empresas que únicamente fabrican productos veganos por temas políticos. Pero que el motivo no sean las trazas, porque es ridículo.

La leche de las mujeres vegetarianas, ¿es menos nutritiva para el bebé que la de las mujeres no vegetarianas?

En absoluto. En lo único que debemos insistirle a una madre lactante vegetariana, más allá de los consejos de alimentación saludable y de las precauciones básicas que daríamos a cualquier otra madre, es en que se suplemente adecuadamente la B12.

El neurodesarrollo de los niños gestados y amamantados por madres vegetarianas en el mundo occidental es normal.[17]

¿Es cierto que ser vegetariano aumenta el riesgo de padecer un trastorno de la conducta alimentaria?

No. Lo que sí es cierto es que la dieta vegetariana es a menudo usada como excusa entre quienes sufren un trastorno de la conducta alimentaria, porque es un clavo al que agarrarse para restringir alimentos.

Ser vegetariano no significa comer poco, ligero ni bajo en calorías. Las patatas fritas son veganas. Hay una gran diferencia entre querer ser vegetariano y querer alimentarse de lechuga sin aliñar. Si tenemos la sospecha de que alguien está usando el vegetarianismo como excusa para ocultar un trastorno de la conducta alimentaria, lo adecuado es recurrir inmediatamente a un equipo profesional multidisciplinar especializado en el tema y pedir ayuda. Si no sabéis adónde acudir, preguntad en vuestro centro de atención primaria.

Si queréis ahondar un poco más en este tema, en *Vegetarianos concienciados* lo he tratado más a fondo.

Si no consumo huevo, ¿nunca más tomaré merengue, ni tortilla, ni mayonesa...?

Hay una manera de hacer un merengue vegano prácticamente indistinguible del que se hace con clara de huevo. Consiste en batir la acuafaba, que así se ha dado en llamar al líquido concentrado donde se han cocido legumbres (sin sal, si vas a hacer merengue). Sirve, por ejemplo, el líquido que llevan los garbanzos de bote. Si lo batimos con varillas monta de manera similar a las claras a punto de nieve. Añadiendo azúcar obtenemos una preparación muy parecida al merengue tradicional. También se puede usar una sustancia que se obtiene cociendo semillas de lino.

Respecto a la tortilla, la más difícil de imitar es la tortilla francesa. En cambio, la tortilla de patatas sí se puede elaborar sin que se note que no lleva huevo. Buscad en internet algún tutorial sobre cómo hacerla y os sorprenderéis. Personalmente, recomiendo muchísimo la web de Virginia García (<http://www.gastronomiavegana.org>) y sus absolutamente insuperables tutoriales de técnicas de cocina vegana, así como su último libro, *Cocina vegana creativa*.[18]

Respecto a la mayonesa, a pesar de que es bastante fácil hacer una salsa tipo lactonesa con bebida de soja, ahora ya existen productos comerciales de primeras marcas en el súper totalmente veganos.

¿Es cierto que si dejo de beber leche me convertiré en intolerante a la lactosa?

Sí, puede suceder. Las personas intolerantes a la lactosa tienen déficit de una enzima, la lactasa, que es imprescindible para su correcta digestión. Gran parte de la humanidad pierde la capacidad de producir esta enzima pasado el periodo de lactancia, aunque hay poblaciones como la europea que, gracias a una mutación genética relativamente reciente, tienen persistencia del gen que regula la producción de lactasa en la vida adulta y siguen produciéndola durante toda la vida, lo que les permite seguir consumiendo lácteos ricos en lactosa. Si cesa la estimulación, por dejar de consumir lácteos durante una larga temporada, es probable que perdamos la capacidad de digerir la lactosa y nos convirtamos en intolerantes.

¿Hay que cocinar el tofu mucho tiempo antes de comerlo?

En general, el tofu que encontramos en tiendas y supermercados está listo para consumir tal cual una vez sacado del paquete. En caso de que necesite un tratamiento térmico previo, el fabricante lo indicará en el embalaje, pero yo nunca he visto un tofu que no estuviera listo para consumir.

Es como si dijéramos que «hay que hervir la leche antes de tomarla»: este sería un buen consejo en el caso de que la leche llegara directamente de la vaca a la casa de quien la consume. Evidentemente, hoy ese consejo está obsoleto y toda la leche que la gente compra se puede consumir directamente porque ya tiene tratamientos térmicos aplicados.

¿El aguacate, los frutos secos y las legumbres engordan?

Un alimento aislado ni engorda ni adelgaza: es el conjunto de la dieta, junto con la actividad física que realicemos y nuestras circunstancias personales, lo que va a determinar que ganemos peso, lo perdamos o lo mantengamos.

Así pues, dividir los alimentos en *los que engordan* y *los que no* es una estupidez. Hay alimentos muy calóricos que son a su vez muy saludables y de ningún modo deberíamos apartar de nuestra dieta juzgándolos exclusivamente por su valor calórico.

Existe un concepto mucho más importante que el del valor calórico y del que curiosamente se suele hablar poco: la *densidad nutricional*. Un alimento de alta densidad nutricional sería lo contrario a un alimento que proporciona básicamente calorías vacías. Los frutos secos son un alimento con alta densidad nutricional, mientras que, por ejemplo, los refrescos son calorías vacías (aportan solo energía y ningún nutriente).

De hecho, el consumo de frutos secos se relaciona con reducciones en el riesgo de padecer enfermedad cardiovascular, cáncer, enfermedades respiratorias, diabetes, infecciones e incluso con menos posibilidades de morir de forma prematura.[19] Además, incluirlos en la alimentación no provoca aumento de peso, a pesar de aumentar el consumo calórico total.[20] Esto es debido, por un lado, a su gran poder saciante y, por otro, a la energía que invierte nuestro cuerpo en su digestión y el aumento de la termogénesis que causan. Asimismo, sabemos que parte de sus calorías no son absorbidas por su contenido en fibra y otros compuestos.[21] De modo que al único grupo de población al que debemos desaconsejar el consumo de frutos secos, es a las personas alérgicas a los frutos secos.

Recordemos que cuando existen problemas de masticación o en niños pequeños cuando aún existe riesgo de atragantamiento, podemos consumirlos molidos o en crema.

En el caso de las legumbres, su restricción en pautas de pérdida de peso no tiene el menor sentido, siendo además un alimento con un buen poder saciante. Si los platos de legumbre presentan un elevado aporte energético se debe a su acompañamiento tradicional con chorizo, morcilla y otros embutidos, no a las legumbres en sí, que deberían estar presentes en cualquier dieta por su aporte nutricional y su sostenibilidad. Y no es mi opinión, lo confirma una revisión sistemática y un metaanálisis de RCT de 2016.[22]

¿Es malo comer fruta después de comer?

No. No hay ningún momento malo para comer fruta. Ninguno de los mitos que la envuelven es cierto. Come fruta, cualquiera (local y de temporada, mejor) y cuando quieras. Fin. Es que me niego a seguir dando pábulo a los mitos sobre la fruta.

Si tienes dudas respecto a creencias habituales como que hay que hacer cinco comidas al día, que el desayuno es la ingesta más importante o la pirámide de los alimentos, el libro que necesitas es *Mi dieta cojea*,[23] de mi prologuista, publicado en esta misma colección.

Y los zumos verdes, ¿son tan saludables como dicen?

Los zumos verdes son una tendencia en boga desde hace ya varios años. Se trata de preparaciones que suelen llevar alguna fruta y hojas verdes (espinacas, berza, col…) y, luego, en función de la receta, incluyen otras hortalizas (zanahoria, apio, remolacha…) y condimentos según el gusto de cada cual (limón, ajo, jengibre, canela, cúrcuma…). La primera propuesta de portada para la versión anterior de este libro, en 2015, fue precisamente unos zumos verdes. Me negué en redondo. Aun así los metieron como ilustración que no aporta nada dentro del libro.

Vista desde lejos, parece una tendencia saludable a la que no debería ponerse ninguna pega y es cierto que tal y como está el panorama en el ámbito de la alimentación, una moda que aboga por el consumo de fruta y verdura no debería menos que aplaudirse.

El problema viene cuando esas preparaciones se promocionan aludiendo a beneficios para la salud tales como que son «detoxificantes», «alcalinizantes», «adelgazantes», «anticáncer», «antiinflamatorios»…, además usando estrategias de *marketing* seudocientífico, como es el caso de las alegaciones *detox* o alcalinizantes. O cuando, aun teniendo efectos preventivos del cáncer o de la obesidad, se les adjudica estas etiquetas como si los mismos ingredientes sin licuar no los tuvieran, cuando de hecho los presentan en mayor medida si consideramos que precisamente la fibra que les quita en esos licuado es uno de los motivos por los que la fruta y la verdura previenen algunos cánceres y promueven la saciedad.

Si comparamos la misma verdura o fruta que tomamos en un zumo verde con consumirla entera (en una ensalada, a mordiscos, en una macedonia o incluso en una crema…), la segunda opción es claramente mejor. Estos son los motivos:

– Conservamos la fibra. Es totalmente absurdo quitar a los vegetales una de sus mejores partes para hacer un zumo y creer que hemos mejorado algo.

– Mantenemos la matriz. En un alimento entero, todos sus componentes están dónde y cómo deben estar. Cuando por medio de cuchillas o prensadores rompemos las paredes celulares, aumentamos la oxidación, se pierden nutrientes y cambia la sinergia entre ellos. No es nada grave, ni mucho menos, lo hacemos cada vez que cocinamos, pero en este caso concreto no es «mejor».

- **Masticamos.** Los zumos se saltan este paso de la digestión, la masticación es importante en el proceso digestivo: mezcla los alimentos con saliva, que contiene enzimas que empiezan a digerir el alimento, promueve la saciedad y mejora el control de las porciones que comemos. Es mucho más fácil comer de más si parte de nuestra comida nos la bebemos rápido y sin fibra.

- **No son *detox*, ni falta que hace.** El hecho de licuar vegetales no les confiere propiedades nuevas que no tuvieran estando enteros, más bien las merma. El proceso de detoxificación de nuestro cuerpo lo realizan constantemente nuestros riñones e hígado. Es más importante «no ensuciar» (no consumir tóxicos como el alcohol o el tabaco) y llevar una alimentación sana. De hecho, la fruta o verdura entera «limpia» más que un zumo, por el proceso de arrastre de sustancias que realiza la fibra.

Dicho esto, es cierto que un zumo verde sigue siendo una bebida rica en nutrientes y, desde luego, mucho mejor que otras opciones. Sin embargo, para que sean todo lo saludables posible, deberían cumplir algunos requisitos:

- **Que sean «batidos», no zumos ni licuados**, es decir, usar una máquina que no retire ni la fibra ni la pulpa, como podría ser una batidora de vaso. No una licuadora ni un extractor de zumos de esos tan caros que separan la pulpa. En caso de que usemos una de esas máquinas, recoged la pulpa y añadidla al zumo, no la descartéis.

- **Tener claro que tomarlo en forma líquida es un mero capricho**, porque está bueno, pero que no aporta ninguna ventaja a comer la fruta o la verdura enteras. Al contrario.

- **No añadir endulzantes, ni azúcar, ni panela, ni siropes ni melazas**, porque enmascaran el verdadero sabor y nos habitúan a sabores falsamente dulces y porque «azúcar añadido, cuanto menos, mejor». Esto os lo sabéis ya desde el segundo capítulo.

- **No pagar precios desorbitados por zumos verdes comercializados** por empresas que realizan publicidad engañosa exagerando o inventando sus propiedades. Hacedlos en casa con fruta y verdura de temporada. Un gazpacho sería una buena opción.

¿Por qué comen los veganos productos que se parecen a la carne, si la rechazan?

A estas alturas del libro estoy segura de que sabes la respuesta, pero por si acaso vienes directamente aquí desde el índice, voy a explicarlo.

Las personas no se hacen veganas porque no les guste la carne. De hecho, a muchas de ellas les encanta su sabor, como a la mayoría, y tienen recuerdos asociados a comidas con carne o pescado y una impronta cultural y gastronómica ligada a esos sabores.

Lo hacen porque no están de acuerdo en cómo se obtienen esos productos, no creen que tengamos derecho a explotar animales. También porque se preocupan por el medioambiente y por otros temas de justicia social. El sabor o las apetencias personales no tienen nada que ver en su decisión.

Por tanto, si hoy en día la industria alimentaria ofrece alternativas cien por cien vegetales que dan una experiencia sensorial idéntica o muy parecida a la de la carne o el queso, las consumen sin que les suponga la menor contradicción.

Hacer esa pregunta, que siempre se lanza como una pulla, lo único que denota es una profunda ignorancia por parte de quien la formula y el deseo de atacar a un colectivo sin ni siquiera tener la más remota idea de lo que persigue. Ese sentimiento de «pues si son veganos que se jodan y coman coliflor y acelgas cocidas» es algo que esta gente debería trabajar con su psicólogo, porque tiene demasiados errores y carga negativa para que yo me detenga a analizarlo.

Recordemos también que antes de que saliera al mercado la hamburguesa Beyond en 2009 (en Estados Unidos, ya que en llegar a España tardó diez años) ya había vegetarianos y veganos que vivían perfectamente sin ese consumo, sin queso vegano, sin helados veganos de marca blanca y sin bebidas vegetales en cualquier supermercado.

Nunca hubo tantas facilidades como ahora para hacer la transición dietética y tiene todo el sentido que se aprovechen.

¿La caca de los vegetarianos es igual que la de los no vegetarianos?

Aunque os parezca raro, esta es una duda muy habitual por parte de quienes hacen una transición a dieta vegetariana y, de repente, esa parte de sus vidas experimenta algunos cambios.

Y es que resulta que no, la caca de los vegetarianos no es igual que la de los no vegetarianos. Sabemos que las personas vegetarianas y veganas hacen caca con más frecuencia que la población general.[24] Esto se debe a su mayor consumo de fibra y también a que en general su comida tiene un mayor volumen y aporta más agua.

Y no solo van más al baño, sino que además sus heces suelen ser más blandas y más voluminosas, sin grietas en la superficie.[25]

Esto es importante saberlo, más allá de la curiosidad, ya que hay criterios diagnósticos que no están pensados para población vegetariana. No sé si conocéis la escala de Bristol; viene a ser una clasificación de la consistencia de las heces que se usa en consulta para que el paciente pueda indicar cómo son sus deposiciones y la profesional pueda usar el dato en la historia clínica y el tratamiento. La escala de Bristol va del tipo 1 –que sería la caca más dura, seca y en bolitas–, al tipo 7 –que sería líquida–. Se dice que lo preferible es estar entre el 3 y el 4 de la escala de Bristol; no obstante, la población vegetariana suele estar más entre el 4 y el 5. Y es perfectamente saludable, aunque podría llevar a confusión en algunas consultas que no estén acostumbradas a pacientes con este tipo de alimentación.

En realidad, ir al baño con más frecuencia y facilidad (heces más blandas) es una ventaja. La microbiota del colon suele estar contenta con el generoso aporte de fibra y, además, evitamos que muchos tóxicos pasen demasiado tiempo dentro de nuestro organismo. Viene bien no tener almacenado mucho tiempo el material de desecho. Además, la población vegetariana y vegana sufre menos estreñimiento y otras patologías digestivas, como la diverticulitis.[26]

Es decir, si hacéis caca más de una vez al día y de consistencia blanda, no os pasa nada. Millones de vegetarianos y veganos en el mundo lo hacen también. Salvo que vaya asociado a dolor, diarrea, malestar, etcétera o haya un cambio muy brusco sin que esté justificado, no deberíais preocuparos. Creo que todos sabemos cuándo algo no está yendo bien en nuestra tripa y cuándo el funcionamiento de nuestros intestinos responde a nuestro patrón habitual.

CAPÍTULO 9
LAS RAZONES QUE MÁS IMPORTAN: MALTRATO ANIMAL Y SOSTENIBILIDAD

La causa animal es la causa de la humanidad.

CORINE PELLUCHON

No digo que los dos motivos nombrados en el título de este capítulo sean equiparables o que tengan la misma importancia; de hecho, creo que solo acabar con el trato que estamos dando a los animales de consumo debería ser motivo suficiente para dejar de participar en ese infierno. Nadie diría que hay acabar con la esclavitud porque contamina o con el machismo porque ensucia los mares (imaginaos que fuera el caso), es decir, son causas con valor en sí mismas y no hace falta justificarse en sus efectos colaterales para combatirlas. Aunque los efectos estén siendo devastadores, como sabemos que es el caso.

Pero resulta que esos dos: la explotación animal y la sostenibilidad, son los motivos más nombrados o más votados en las encuestas y estudios que existen al respecto sobre qué mueve a las personas veganas a serlo. Y voy a hablar de ambos.

En España, para variar, no es que tengamos demasiados datos. Algunas webs han hecho encuestas por su cuenta; una de las más recientes es la de quintomandamiento.com, que realizó cerca de quinientas encuestas *online* en octubre de 2020. Al preguntar por las motivaciones para hacerse vegano, un 83 % de las personas encuestadas dijo que «por los animales», un 9 % eligió como motivación la sostenibilidad, y un 4 %, la salud.

274 | **Vegetarianos con más ciencia**

En 2019, en una encuesta similar, la web diamundialveganismo.org obtuvo más de novecientas respuestas. Las personas veganas eligieron los derechos de los animales como principal motivación en un 95,9 % de las respuestas. La preocupación por el medioambiente quedó en segundo lugar, con un 64,8 %, y la salud, en el tercer puesto, con un 39,1 %. En este caso, obviamente, la pregunta permitía una respuesta múltiple y por eso los resultados suman más de cien.

Como vemos, en ambas encuestas los resultados fueron similares, ganando en ambas la preocupación por los animales por goleada. Si echáramos un vistazo a encuestas de otros países, veríamos que las respuestas son parecidas. El movimiento vegano está ligado al antiespecismo y es lógico que el trato a los animales ocupe el primer lugar entre los motivos para unirse a esta lucha. Nadie debería sorprenderse, salvo quienes solo conocen el veganismo descafeinado de Instagram, que parece que consiste únicamente en hacer bonitas recetas y celebrar una fiesta cada vez que un supermercado saca un nuevo ultraprocesado vegano. No tengo nada en contra de las recetas, ojo (de las fiestas por cada nuevo ultraprocesado, sí), pero es cierto que para mucha gente que lo ve desde fuera, el veganismo se limita a eso. Y no, no es culpa de las cuentas de cocina que ayudan a mucha gente con el cambio de alimentación y realizan un trabajo enorme y muy valioso, pero es una realidad sobre lo que se transmite en gran medida a la población general, ya que es un contenido amable y fácil de monetizar.

La mayor parte de la población vegana es consciente también de que su opción dietética es más sostenible que la dieta tradicional y supone un menor gasto de recursos. Y que ese es un poderoso argumento para que todos aquellos a quienes dejar de explotar animales no les parece motivo suficiente o que aún creen que sus vidas son felices en las granjas y sus muertes plácidas en los mataderos, bajen su consumo de productos de origen animal.

Tengo una anécdota personal al respecto. En 2016, cuando abrimos Aleris Madrid, mi amigo Aitor era por entonces superomni (así es como llamamos coloquialmente a las personas que comen animales y derivados, que todos somos omnívoros, ya lo sabemos). Pero superomni, nivel pedirse *foie* en los restaurantes (y ya veis, aun así yo lo quería, para que luego digan que no soy maja o me llamen radical). Un día me puse a hablarle de este tema, de cómo vivían los animales en las granjas. ¿Sabéis qué me contestó? Que los animalitos le importaban una mierda. Literal. Con tonito despectivo burlesco incluido. Yo, que le veía potencial al chico y no quería tirar la toalla, cambié de estrategia y me puse a hablarle de sostenibilidad y medioambiente (todo esto alargado en el tiempo con pico y pala, no fue algo de un día). Y él, que lleva lo de ser *scout* por bandera, no podía mirar hacia otro lado (son un colectivo al que le importa el medioambiente y hace cosas por protegerlo), y como escéptico supercientífico (de aquella aún era muy del grupito Naukas, que incluye varios miembros destacados que alardean de burlarse del veganismo) tampoco podía ignorar la evidencia. Y gol. Del *foie* a su posición actual, que divulga en todos los medios, llegamos por la sostenibilidad. Así que para nada es un argumento que me parezca débil; de hecho, yo creo que es por el que entra mucha gente. En su defensa diré que es muy consciente de que su respuesta sobre los animales no le honra y que fue víctima de la cultura imperante en la que hemos crecido todos, sencillamente respondió sin haber pensado en el tema, recogiendo el sentir popular y el de la divulgación de pro, que por aquel entonces era mucho de defender que en las granjas se estaba de lujo y los veganos habían visto muchas películas Disney. Sí, ese era el discurso escéptico en aquel momento. Y en buena parte, lo que ha cambiado la divulgación al respecto en este país se lo debemos a Aitor. Y ahora sí le importan los animalitos, además del medioambiente.

A los escépticos que nunca van a leer este libro me gustaría que alguien les preguntara sobre lo de «ver muchas películas Disney», que al parecer nos sucede a los veganos, ya que no somos nosotros quienes bebemos leche de cartones con un prado y una vaca pastando dibujada, ni con la ilustración de una alegre granjera vestida en traje regional, ni queso de una vaca que ríe y lleva pendientes, ni huevos de un envase en el que aparece una gallina cómodamente aposentada en mullida paja, ni jamón de una empresa que en su publicidad nos cuenta chistes mientras nos dice que el cerdo es carne blanca. No sé. Que igual no somos nosotros quienes damos por reales películas de fantasía y engullimos sin pensar cuál es la realidad. Por si le quieren dar una vuelta.

Por eso, aunque este libro es de nutrición, he decidido dedicar un espacio a esos dos temas, siendo consciente de que no soy experta en ninguno de ellos y que hay personas que podrían explicarlo mucho mejor que yo y que dedican su vida profesional (y a menudo también personal, en el caso de las activistas) a estas causas. Desde aquí mi reconocimiento y aplauso para todas ellas.

Antes de meternos de lleno en el tema, me gustaría que hiciéramos un pequeño alto en el camino para reflexionar sobre una cosa muy importante: el lenguaje. Cómo nos comunicamos refleja muchas cosas, es decir, el lenguaje que empleamos influye en cómo percibimos a los animales. Yo no soy ni remotamente experta en este tema, así que le he pedido a alguien que sí lo es que nos lo explicara. Por eso, las siguientes líneas están escritas por Catia Faria, filósofa y activista que desarrolla su trabajo en el Centre for Animal Ethics de la Universitat Pompeu Fabra. Vamos a leer a Catia, no sin antes dejarle aquí mi más sincero agradecimiento por su desinteresada y generosa colaboración:

Especismo y lenguaje* por Catia Faria

En general, nos parece mal matar e infligir sufrimiento innecesario a los demás si podemos evitarlo. También nos parece que si podemos hacer algo para ayudarlos cuando están en necesidad, debemos hacerlo. Sin embargo, matamos y usamos a los demás animales para alimentación, ropa y entretenimiento, como herramientas de trabajo y experimentación. Los erradicamos en cuanto «plagas», «invasores» o «sobrepoblados» y los abandonamos en catástrofes, en el dolor y en la enfermedad. Se podría preguntar: ¿qué tenemos en la cabeza? Dado que una forma privilegiada de acceder a la cabeza de los demás es a través del lenguaje, intentemos averiguar qué tenemos en la cabeza observando cómo hablamos.

* Este artículo se ha escrito en masculino genérico, para no desplazar el foco de atención de las cuestiones lingüísticas que afectan a los animales no humanos. Sin embargo, se considera que lo más correcto, tanto lingüística como políticamente, en cualquier otro contexto, es el uso del lenguaje inclusivo, en particular, la utilización del género neutro.

Cómo hablamos de algo nos da información crucial sobre qué pensamos y sentimos, señalando nuestra predisposición para actuar de manera favorable o desfavorable hacia ese algo. Por ejemplo, si un padre dice a su hijo «Eso es cosa de chicas», su lenguaje nos da información sobre varias cosas. Entre ellas, su creencia en que hay cosas o comportamientos distintivos de chicos y chicas; su creencia en que ciertas cosas y comportamientos de chicas son malos o inapropiados para los chicos; un sentimiento de menosprecio hacia las cosas supuestamente de chicas, y una predisposición a aprobar los comportamientos de género estereotípicos y censurar los que no lo son. Además, nos da información relevante sobre cuáles son las representaciones de género dominantes en un determinado contexto. En la medida en que lo que pensamos y sentimos suele ser un resultado de nuestra experiencia y educación, el lenguaje del padre nos permite acceder tanto a su cabeza como a la cabeza más amplia que es su cultura.

Estas dos cabezas, una individual y otra colectiva, se retroalimentan de forma continua y, a menudo, inconsciente, encontrando en el lenguaje, su expresión más genuina. El lenguaje del padre resulta, así, preocupante, no solo por lo que revela de prejuicio individual, sino también, y sobre todo, por cómo, al interactuar con la cabeza colectiva, perpetúa y refuerza el sistema de discriminación y opresión por razón de género. La buena noticia es que el lenguaje es una vía de doble sentido. Lo que pensamos y sentimos impacta a cómo hablamos y cómo hablamos influye en lo que pensamos y sentimos. Por tanto, al cambiar nuestro lenguaje sobre el mundo, podemos esperar cambiar, al menos hasta cierto punto, lo que pensamos y sentimos sobre el mundo y, con ello, nuestro comportamiento. A eso aspira el lenguaje antiespecista.

El especismo es un tipo de discriminación injustificada que consiste en considerar o tratar peor a quienes no pertenecen a una determina especie, normalmente, a la especie humana.[*] El antiespecismo es la posición que rechaza este tipo de discriminación. Defiende que, dado que tanto humanos como no humanos poseen intereses fundamentales en vivir y en no sufrir, la manera en que sistemáticamente descartamos sus intereses está

---

[*] También es común el especismo no antropocéntrico, que consiste en la consideración o trato desfavorable de ciertos animales no humanos de determinadas especies respecto a animales no humanos de otras especies. Por ejemplo, en circunstancias similares, tratar peor a los cerdos que a los perros.

injustificada, tratándose, en realidad, de una injusticia similar a otras injusticias entre seres humanos y que debería preocuparnos en la misma medida que otras causas de justicia social.

Una de las formas en que esta injusticia se manifiesta en el lenguaje es, sin ir más lejos, en cómo nos referimos a los individuos de otras especies. Es decir, en cuanto *animales*. Esto no sería problemático, a no ser por cómo se presentan los *animales* en marcado contraste con los *humanos*, estableciendo una falsa distinción entre ambos grupos y ocultando que los seres humanos también son animales. Como el padre de antes, cuando alguien dice *humanos* y *animales*, nos da información relevante sobre qué piensa y siente. En particular, muestra su creencia en una naturaleza humana fundamentalmente separada de las demás formas de vida sintiente y, en consecuencia, merecedora de una consideración moral especial. Ello alimenta la representación colectiva de los otros animales como fundamentalmente distintos a nosotros, normalizando la idea de que sus vidas importan menos, por lo que estaría justificado tratarlos peor. Las alternativas antiespecistas, entre ellas, *animales no humanos* y *demás animales*, visibilizan la animalidad compartida de humanos y no humanos e invitan a la reflexión sobre qué tenemos en común, en vez de qué nos distingue, acercándonos a la idea más exacta de que, como animales sintientes, todos queremos vivir y no sufrir.

Otra forma generalizada de especismo lingüístico consiste en la utilización de términos cosificantes para referirnos a los animales no humanos bajo explotación. Entre ellos, *carne, pescado, marisco,* y tantos otros *productos animales.* Este fenómeno, extensamente analizado por autoras como Carol Adams o Joan Dunayer,[1] consiste en el proceso lingüístico mediante el cual se desposee a los demás animales de su individualidad, en cuanto sujetos con intereses propios (por ejemplo, vacas o peces) y se los transforma en un mero objeto de consumo (*carne* o *pescado*). Con ello, se invisibiliza la muerte y el sufrimiento de los animales no humanos bajo explotación y se camufla la opresión y la violencia inherente a su transformación de alguien en algo. Desde un enfoque antiespecista, debemos cuestionar el uso de estos términos, prefiriendo otros que visibilicen y traigan a nuestra consciencia los individuos no humanos en un estado no cosificado. Dependiendo del contexto, ello pude implicar diferentes cosas. Por ejemplo: «¿No comes carne?». «No, no como animales.»

«¿Y pescado?» «No, tampoco como peces.» «¿Ni siquiera marisco?» «No, ningún animal marino.» «Ah, vale. ¿Ningún producto animal, entonces?» «Nada que apoye la explotación animal.» Este último punto es crucial, ya que supone un cambio de perspectiva radical, pasando de una visión centrada en las elecciones personales de consumo a una visión ética y de justicia sobre la cuestión.[2]

Otras expresiones cosificantes son también comunes, como *animales de granja*, *vacas lecheras* o *gallinas ponedoras*, que buscan definir a los individuos por la función que realizan en la industria de la explotación. De nuevo, un lenguaje antiespecista debe rechazar estas descripciones que confunden lo que los demás animales son con la situación en la que están. No hay animales de granja, sino en granjas; no existen las vacas lecheras, sino vacas usadas para la producción de leche; no hay gallinas ponedoras, sino gallinas explotadas por sus huevos. Adoptar estos matices contribuye a tirar por tierra la representación colectiva de los demás animales como si existieran con el único propósito de servir a los intereses humanos. Lo mismo ocurre con aquellas instancias de lenguaje derogatorio o idiomático que tergiversan nuestras percepciones de los demás animales como rastreros *(rata)*, sucios *(cerdo)*, cobardes *(gallina)* o sexualmente promiscuos *(zorra o perra)* y trivializan la importancia de sus vidas *(matar dos pájaros de un tiro)*. Desde el antiespecismo debemos rechazar estas expresiones de manera contundente y construir alternativas éticas con creatividad.

Pequeños cambios en el lenguaje producen cambios importantes en nuestras mentes y, consecuentemente, en nuestro comportamiento. El antiespecismo no debe obviar las diferentes formas lingüísticas en las que perpetuamos la distancia ficcional con los demás animales y, así, legitimamos las muertes masivas y los terribles daños que sufren y de los que participamos en mayor o menor medida. Ahora bien, como señalaba la filósofa Iris Marion Young: «Las acciones de muchos individuos contribuyen diariamente a mantener y reproducir la opresión, pero esas personas suelen limitarse a hacer su trabajo o a vivir su vida, y no se entienden como agentes de opresión».[3] Entender esto es absolutamente crucial, ya que una propuesta de lenguaje antiespecista con intención de prosperar, debe, sin renunciar a exponer la verdad de los hechos, evitar alienar a quienes tenemos alrededor, renunciando, por lo menos fuera de ciertos contextos, a utilizar términos innecesariamente inflamatorios como *cadáveres, asesinos* u otros similares. Solo así parece posible aspirar a transitar hacia sociedades menos violentas, también entre animales humanos.

SOSTENIBILIDAD EN TU PLATO

En la primera versión de este libro, escribía lo siguiente:

> Tú puedes decidir a diario, por ejemplo, si quieres apoyar la producción local o si quieres consumir alimentos que han recorrido una media de más de tres mil ochocientos kilómetros y que han generado un impacto medioambiental insostenible por emisiones de dióxido de carbono, como dice el último informe sobre el impacto de las emisiones de CO_2 por transporte de alimentos en el Estado español *(Alimentos kilométricos)*, realizado por el Ministerio de Agricultura, Alimentación y Medio Ambiente junto con Amigos de la Tierra.[4]

Hoy, que tenemos muchos más trabajos que han estudiado exhaustivamente este tema, tengo que deciros que en realidad el factor transporte no tiene tanta importancia como pensábamos. Lo cierto es que esas emisiones producidas por el transporte son poco más que irrelevantes si las ponemos en contexto con todo el proceso de producción de alimentos. El consumo local no es lo más importante en términos de sostenibilidad. Importa mucho más la elección del tipo de alimento. Sí, habéis leído bien, es preferible consumir legumbres traídas del continente americano que carne de ternera proveniente de un animal criado en una explotación ganadera a pocos kilómetros de tu casa. Esta es la conclusión a la que llegó en 2018 un estudio publicado en la revista *Science* que comparó el impacto de cada paso de la cadena alimentaria de varios alimentos (uso de la tierra, emisiones de metano de la propia producción, procesamiento, transporte, distribución y empaquetado) y para sorpresa de muchos resulta que el transporte tiene un impacto ínfimo en comparación con otros factores, como el uso de tierra o la emisión de metano.[5] Lo podéis ver mejor en el gráfico interactivo de

Our World in Data, al que podréis acceder a través del siguiente código QR.

Estos son datos generales y seguro que podemos encontrar situaciones concretas en las que no se cumplan o determinadas regiones que tengan una producción en unas condiciones muy sostenibles. Pero esas situaciones no son habituales ni marcan la tónica a gran escala, ni esas regiones con esas producciones suponen ni de lejos un porcentaje relevante de la carne que se consume.

Y no me malinterpretéis, consumir localmente o, al menos, producción lo más cercana posible y de temporada, me sigue pareciendo básico si queremos ser una ciudadanía responsable, ya que no todo es transporte y sostenibilidad; ayudar al entramado agrícola local y a la supervivencia de los pequeños productores también es un valor añadido nada desdeñable y que yo apoyo totalmente. Pero ya veis que preocuparse solo de eso se queda muy corto. Está más que demostrado que consumir alimentos de origen vegetal, vengan de donde vengan, es muchísimo menos impactante que consumir alimentos de origen animal, vengan de donde vengan. Aunque el consumo local es un excelente comienzo, nosotros, quienes podemos elegir y podemos presionar porque comemos cada día, tenemos que ir más allá. Es hora de cambiar *local* y *de temporada* por *vegetal* y *de temporada*.

No sé si a vosotros os sonará esa falsa disyuntiva que nos echan a menudo en cara a las personas veganas en redes sociales, diciendo algo como «es más sostenible mi filete de la granja de mi pueblo que los aguacates de Sudamérica». Pues mira, no. Primero, es una comparación falsa, porque hay aguacate nacional y porque el aguacate no es un alimento imprescindible, se puede elegir no consumirlo. Pero es que, aun siguiéndoles el juego, resulta que no, que un alimento vegetal traído del otro confín del mundo sigue siendo más sostenible que tu filete procedente de una vaca criada en tu pueblo.

Entre carne y legumbres (por comparar alimentos proteicos y que tenga algo de sentido, ya que comparar carne con aguacates no lo tiene), las segundas ganan por goleada, al causar un impacto ambiental significativamente menor, independientemente de su origen, pero es que no tenemos por qué elegir: comprad legumbres de proximidad o nacionales y estaréis cubriendo todos los frentes. Pero si las adquirís americanas (viviendo en España), tened por seguro que su impacto es infinitamente menor que si eligierais ternera proveniente de la explotación más cercana a vuestro domicilio, aunque estuviera a un kilómetro.

Tampoco es que el impacto medioambiental de la ganadería sea un tema novedoso, ni mucho menos. Desde 2006, tras un demoledor informe de la FAO y la ONU titulado *La larga sombra del ganado*[6] sabemos, y copio literalmente de la nota de prensa, que…

> … la producción pecuaria es una de las causas principales de los problemas ambientales más apremiantes del mundo, como el calentamiento del planeta, la degradación de las tierras, la contaminación atmosférica y del agua y la pérdida de biodiversidad. Con una metodología que contempla la totalidad de la cadena del producto, el informe estima que el ganado es responsable del 18 % de las emisiones de gases que producen el efecto invernadero, un porcentaje mayor que el del transporte.

Sí. El ganado es responsable de las emisiones de gases de efecto invernadero en mayor medida que todos los medios de transporte juntos. Ahí es nada.

Y además, en estos tiempos en los que nos preocupa tanto (y con razón) el calentamiento global del planeta, el mismo informe de la FAO nos decía que el ganado genera el 65 % del óxido nitroso de origen humano, que tiene casi trescientas veces el potencial de calentamiento global del CO_2. Y que también es responsable del 37 % de todo el metano producido por la actividad humana (23 veces más perjudicial que el CO_2) y del 64 % del amoníaco, que contribuye de forma significativa a la lluvia ácida.

Han pasado quince años y no parece que hayamos arreglado gran cosa. Se siguen consumiendo cárnicos y derivados a todas horas y la demanda no deja de crecer. No parece muy sensato, ni solidario, ya que ese mundo que estamos contaminando, degradando, dejando sin acuíferos y cuya biodiversidad mermamos es de todos. No es solo nuestro: no es solo del avaricioso y sobrealimentado Primer Mundo. Ni es solo de nuestra generación. ¿En qué clase de planeta van a vivir quienes vienen detrás?

Y tampoco quiero que penséis que el auge de los productos veganos está paliando eso. En España, en 2020, el consumo de carne aumentó un

6,6 % según datos del Ministerio de Agricultura, Pesca y Alimentación. Y eso que llevaba unos años con una pequeña tendencia a la baja.

Reducir, aunque sea de manera moderada, la ingesta de productos cárnicos produce ya diferencias significativas en la emisión de gases de efecto invernadero. Tampoco me lo invento yo. Lo afirma un estudio publicado en la *American Journal of Clinical Nutrition* en 2014,[7] que establece que las emisiones de gases con efecto invernadero son un 29 % inferiores con dietas vegetarianas respecto a dietas no vegetarianas.

La producción de carne es muy poco eficiente. La revista *Public Health Nutrition* también publicó, en 2014, un informe sobre el coste medioambiental que suponen las diferentes fuentes proteicas.[8] En él indicaba que para obtener un kilo de proteína procedente de alubias se necesitan dieciocho veces menos tierra, diez veces menos agua, nueve veces menos combustible, doce veces menos fertilizante y diez veces menos pesticidas que para producir un kilo de proteína procedente de carne de ternera. Y ojo, que no hablamos de un kilo de alimento en bruto (la ternera tiene pelo, piel y huesos que no se comen), sino de un kilo de proteína. Si en lugar de con alubias, hacemos la comparación con pollo y huevos, la ternera sigue siendo seis veces menos eficiente.

En 2016, un grupo de investigadores de la Universidad de Oxford capitaneado por Springmann evaluó el impacto que tendrían algunos cambios de dieta tanto en la salud como en el medioambiente. Claramente, la transición hacia un modelo con menos productos de origen animal mejoraría la emisión de gases de efecto invernadero y reduciría la mortalidad en una previsión a futuro.[9] En 2018, el mismo investigador presentó el estudio comparativo de cómo afectaría seguir distintas dietas saludables al impacto ambiental, usando un modelo predictivo que evalúa su huella en ciento cincuenta países en los ámbitos de la salud y la sostenibilidad. El reemplazo de los productos animales por otros vegetales redujo un 84 % la emisión de gases de efecto invernadero en los países ricos.[10] Y ya en 2020, el grupo sacó una nueva publicación que animaba a los Gobiernos a mejorar las guías alimentarias, especialmente reduciendo las recomendaciones de carne de vacuno y lácteos e incrementando las de cereales integrales, frutas, verduras, frutos secos, semillas y legumbres para mejorar tanto la salud de la población como

el impacto en el medioambiente.[11] El trabajo de Springmann y sus colaboradores es recogido por el informe de la ONU de 2020 sobre el estado de la seguridad alimentaria y la nutrición en el mundo que se resume
en estos gráficos.[12] En el primero vemos una previsión hasta 2030 de lo
que pasaría si se adoptara una dieta flexitariana, pescetariana (apuntad
otro humus enranciado), vegetariana o vegana respecto a las emisiones
de gases con efecto invernadero en comparación con el modelo actual.
En el segundo, vemos la estimación del gasto sanitario. No los comento
porque creo que hablan por sí solos:

La adopción de cualquiera de los cuatro hábitos alimenticios saluda-
bles alternativos reduciría drásticamente los costos sanitarios rela-
cionados con la dieta para 2030

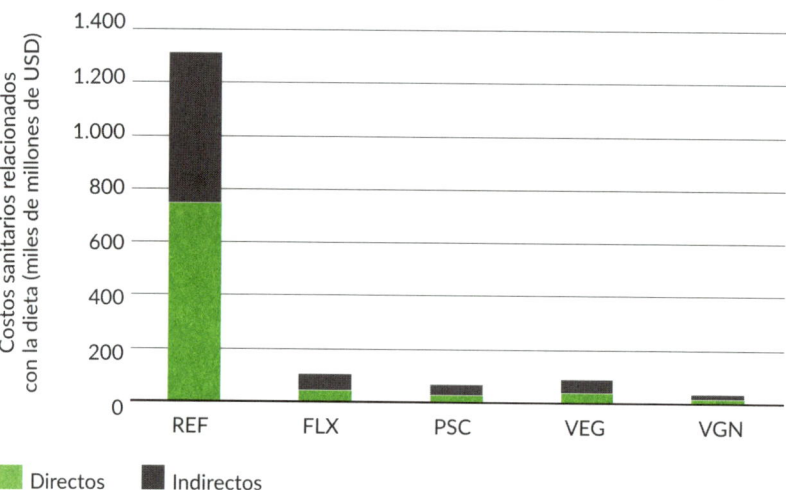

NOTAS: En la figura se muestran las previsiones de los costos sanitarios directos
e indirectos relacionados con la dieta en 2030 (en miles de millones de USD) en
el contexto de los hábitos actuales de consumo de alimentos (REF) y cuatro hábitos alimenticios saludables alternativos: dieta flexivegetariana (FLX), dieta a base
de pescado (PSC), dieta vegetariana (VEG) y dieta vegana (VGN) (para obtener más
información, véase la nota a pie de página "y" del informe). Se muestran los costos
de 157 países. Los costos directos incluyen costos médicos y de atención sanitaria
directos asociados al tratamiento de una enfermedad específica. Los costos indirectos comprenden la pérdida de productividad por días laborables y los costos de
cuidado informal asociados a una enfermedad específica. Los costos sanitarios hacen referencia a cuatro enfermedades relacionadas con la alimentación incluidas en
el análisis: cardiopatía coronaria, accidente cerebrovascular, cáncer y diabetes *mellitus* de tipo 2. Para consultar la definición de las cinco dietas y un resumen de los

métodos y las fuentes de datos, véase el Recuadro 14 del informe. Para consultar las notas metodológicas completas, véase el Anexo 7 del informe.

La adopción de hábitos alimenticios basados en vegetales reduciría el costo social de las emisiones de gei entre un 41 % y un 74 % en 2030

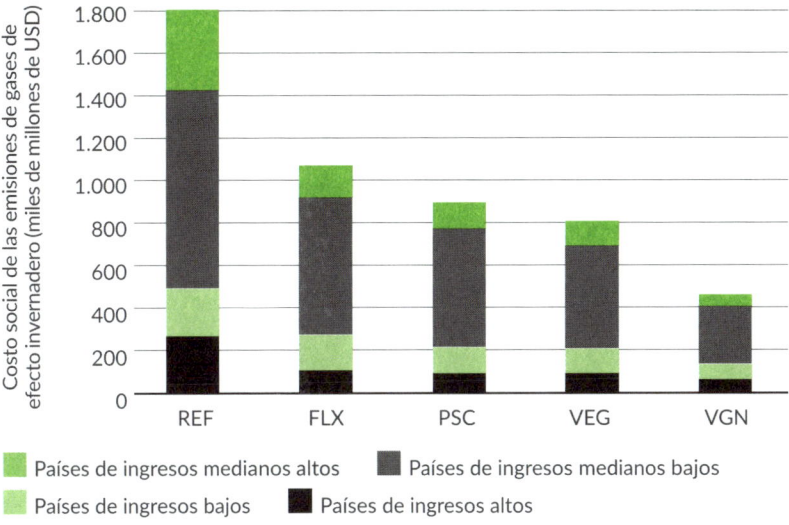

FUENTE: Springmann, M. 2020. Valuation of the health and climate-change benefits of healthy diets. Documento de antecedentes para El estado de la seguridad alimentaria y la nutrición en el mundo 2020. Roma, FAO.

No son los únicos trabajos que exponen estas cuestiones. Lo cierto es que en los últimos años se ha escrito muchísimo sobre dieta y sostenibilidad. En 2016, otra investigación británica identificaba la producción de alimentos como una de las mayores causas de la emisión de gases de efecto invernadero, empobrecimiento de la tierra y gasto de agua. E identificaba también la dieta como factor clave en el desarrollo de las enfermedades no transmisibles de las que hemos hablado en capítulos anteriores. Vuelve a incidir en cómo los cambios en los patrones dietéticos tienen un gran potencial en la mejora de la salud y del medioambiente y señala que la reducción del impacto medioambiental está directamente relacionada con la reducción del consumo de alimentos de origen animal.[13] A una conclusión similar llega un estudio holandés publicado al año siguiente, que sugiere que seguir las guías de alimentación saludable del país no mejora sustancialmente las emisiones contaminantes respecto a la dieta habitual de los habitantes de los Países Bajos, pero que lo que sí lo hace es dejar la carne y, por ello, anima a revisar esas guías.[14]

Por su parte, Grupo Intergubernamental de Expertos sobre el Cambio Climático (IPCC, por sus siglas en inglés) de Naciones Unidas, en su informe especial de 2019 sobre cambio climático y uso de la tierra, también recoge el guante y señala que adoptando una dieta *plant based* damos uno de los mayores pasos para luchar contra el cambio climático.[15] La revista *Nature* comenta el informe con el titular «Eat les meat» [«Coma menos carne»] y nos deja otra representación gráfica más que evidente.[16]

¿QUÉ PASARÍA SI COMIERAMOS MENOS CARNE? El Grupo Intergubernamental de Expertos sobre el Cambio Climático examinó el impacto estimado en las emisiones de gases de efecto invernadero según el tipo de dieta que siguiera la población mundial.

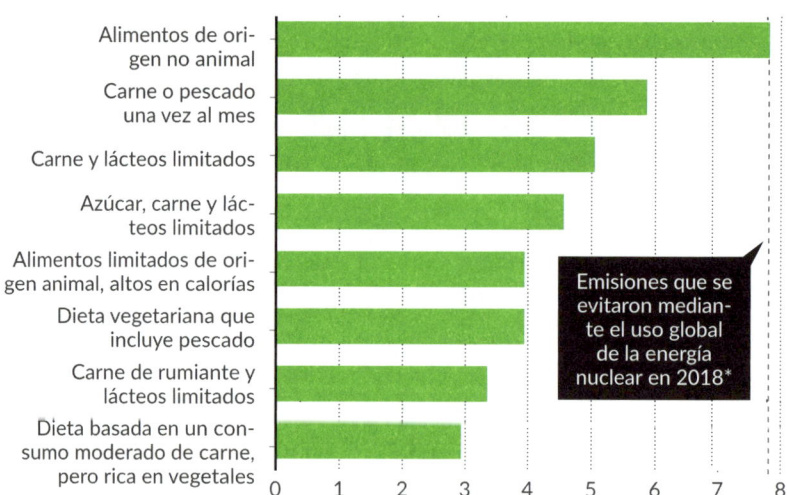

Potencial de mitigación de gases de efecto invernadero (equivalente en CO_2, giga-toneladas/año).

*Da por hecho que las plantas de energía nuclear han reemplazado los combustibles fósiles; información extraída de la Asociación Nuclear Mundial.

Y mientras merendamos un bocata de jamón e ignoramos el despilfarro actual de recursos y lo que podríamos hacer para solucionarlo, alrededor de 690 millones de personas no tienen acceso a suficientes alimentos, según el último informe de la FAO, que vio la luz en 2020.[17] Están desnutridos. Se mueren de hambre. Y si continúa la tendencia actual, serán 840 millones en 2030, predice el mismo informe.

Pero es que qué rico está el bacon, ¿eh?

El tofu que coméis los veganos deforesta el Amazonas

Perdonad, pero es que nos tenemos que reír. Esa soja de cultivos sudamericanos, mayormente transgénica y que está contribuyendo de forma masiva a la deforestación es en su mayor parte para fabricar pienso para alimentar, adivinad qué…, animales de granja. Principalmente cerdos y aves. Es la carne la que deforesta, no el tofu. *Sorry.*

El 77 % de la producción mundial de soja está destinada a la alimentación de animales de granja. Solo el 19,2 % se usa para consumo humano directo, en su mayor parte aceite de soja (producto que no es consumido especialmente por la población vegana, sino por la población general en los lugares en los que ese aceite es más habitual o en su uso en ultraprocesados). ¿Sabéis qué porcentaje se usa en producir tofu? Un 2,6 %.

El resto, un 3,8 %, se destina a usos industriales y producción de biodiésel.

Los datos son del Food Climate Research Network (FCRN) y de la Universidad de Oxford, recogidos por Our World in Data,[18] y corresponden al periodo 2017-2019.

Ahora sí que podemos sentarnos a hablar sobre qué vamos a hacer para evitar el descalabro medioambiental que el cultivo desmedido de soja está causando en ciertas partes del mundo. ¿Qué creéis que es prioritario reducir, el consumo de tofu o el de carne? Argumentad vuestras respuestas.

También es interesante saber que gran parte de los productos de soja de consumo directo humano (tofu, tempe, bebida de soja, carnes vegetales…) se elaboran con soja europea de cultivos no transgénicos por temas de imagen, ya que la legislación europea obliga a indicar en el etiquetado que un producto está elaborado con soja transgénica y, como esta no tiene buena aceptación entre la ciudadanía, las marcas intentan evitarlo a toda costa usando soja de cultivos no transgénicos.

¿Y los peces?

Tenemos alertas sanitarias gubernamentales sobre el consumo de ciertas especies de pescado azul por la elevada contaminación con metales pesados. Eso debería darnos una idea de lo que le estamos haciendo al mar, ya que esa contaminación la hemos causado nosotros.

La extinción de especies, la pesca de arrastre que esquilma fondos marinos y la destrucción de economías de subsistencia de pesca local deberían ser motivos suficientes para decir «no» a los animales marinos en el plato. En 2018, la producción mundial de la pesca de captura alcanzó la cifra récord de 96,4 millones de toneladas, lo que supone un aumento del 5,4 % con respecto al promedio de los tres años anteriores, según el informe de la FAO de 2020 sobre el estado mundial de la pesca.[19] A ello se suman otros 12 millones de toneladas, pescadas esta vez en aguas continentales. Pero no acaba aquí: añadid otros 82 millones de toneladas de animales de producción acuícola (de piscifactoría, para entendernos). La suma total es escalofriante.

Y esos peces no nos los comemos o, por lo menos, no todos. Millones de toneladas de peces muertos se tiran al mar: se estima que en la pesca y la acuicultura, cada año se pierde o se desperdicia el 35 % de la captura.[20] No es viable mantener la explotación actual de los océanos y las aguas continentales a largo plazo y tenemos los medios para no participar de ello.

España es un país con muchísimos kilómetros de costa, pero depende de caladeros extracomunitarios para cubrir la demanda del pescado que consume. Un informe de 2016 de New Economics Foundation señala que, a partir del 10 de mayo, el país ha agotado sus propios recursos pesqueros, incluyendo el pescado de piscifactoría. Quizá ahora ya los agote antes. Tres de cada cinco peces que se consumen en España provienen de aguas extranjeras, según explicaba uno de los investigadores que realizaron el informe, Aniol Esteban, a *El País*.[21]

La investigadora especializada en medioambiente Miren Gutiérrez decía lo siguiente en un artículo publicado en *elDiario.es* en junio de 2021:

> Las prácticas insostenibles relacionadas con las flotas de aguas distantes están vaciando los mares (al tiempo que se llenan de plásticos y vertidos). Entre ellas destaca la captura incidental, es decir, la pesca no intencionada de especies no deseadas o sin valor comercial. Se calcula, por ejemplo, que la captura incidental mata trescientas mil pequeñas ballenas y delfines, doscientas cincuenta mil tortugas marinas en peligro de extinción y trescientas mil aves marinas cada año. Víctimas colaterales.
>
> Las consecuencias para las comunidades en países en desarrollo son graves: se las priva de trabajo y de fuentes de proteína en su alimentación, además de dañar el medioambiente. [...]
>
> Gran parte de las flotas internacionales eligen aguas de países en desarrollo con poca capacidad para negociar buenos acuerdos, vigilar sus aguas o imponer sanciones a quienes violan la ley. En general, la migración de las operaciones pesqueras está impulsada por el agotamiento de los recursos pesqueros de países desarrollados, las preferencias de las y los consumidores en estos países ricos, las preocupaciones sobre la seguridad alimentaria, los intereses económicos y geopolíticos, el acceso a mano de obra barata, la falta de vigilancia, la deficiente gobernanza y el escaso riesgo legal.[22]

No parece que el consumo actual de pescado sea demasiado compatible ni con la sostenibilidad, ni con la soberanía alimentaria y la justicia social. Y todo esto sin necesidad de irnos a la pesca de especies en peligro de extinción o a la caza de ballenas. No estamos hablando de la sopa de aleta de tiburón, sino del pez que vende cualquier supermercado o el que se sirve en cualquier restaurante.

Tampoco estoy entrando en cómo es la muerte agónica de esos peces ni la vida en las piscinas de acuicultura donde se encuentran totalmente hacinados. Entiendo que con los peces es más difícil empatizar, pero tampoco hace falta para ser conscientes del sufrimiento que causamos también a esos millones de animales.

Este libro es de nutrición, así que no voy a extenderme demasiado sobre este tema. Espero que con las pinceladas que os he dado podáis ser conscientes del enorme impacto medioambiental que tienen nuestras elecciones alimentarias y de que es indiscutible cuanto más vegetal sea la dieta, menor será su impacto en el planeta. En cualquier caso, si queréis ahondar en el tema de la sostenibilidad y empaparos a fondo, el libro que debéis leer después de este es el último de mi amigo Aitor Que Ya No Come Foie, titulado *Tu dieta puede salvar el planeta*,[23] y lo tenéis en esta misma colección, publicado en mayo de 2020. Espero que entre los dos os convenzamos para dejar a los animales en paz. Y eso que aún no he sacado la artillería pesada.

Hasta ahora solo hemos esgrimido motivos egoístas: cuidar la salud y no seguir cargándonos el planeta es algo que nos beneficia directamente o, mejor dicho, nos deja de perjudicar. Incide en nuestro bienestar y nuestra calidad de vida. Pero son motivos que no hacen falta, como os decía al principio de este capítulo, porque debería sobrar con uno: dejar de hacer que millones de animales pasen vidas enteras de completo sufrimiento, porque bajo ninguna óptica podemos justificar que tenemos derecho a ello.

Y no, salir a cazar con un arco y una flecha para la supervivencia de la tribu no tiene nada que ver con ir a recoger una bandeja de un animal –que se ha criado y matado en condiciones horribles– troceado a la nevera del súper. Este último es un acto que forma parte de una escalada de consumo que no tiene nada que ver con la supervivencia de nadie en nuestro entorno y nuestra época. Así que haced el favor de ahorraros las comparativas y las justificaciones sin sentido.

MALTRATO ANIMAL

Me dejo para el final la parte más importante de las motivaciones asociadas al veganismo: la explotación animal. Probablemente, la animalista es la reivindicación más llamativa y que más cobertura mediática tiene, gracias a los actos multitudinarios y provocadores de organizaciones internacionales como Personas por el Trato Ético de los Animales (PETA), Igualdad Animal o, en España, AnimaNaturalis. También en los últimos años han tenido mucha repercusión imágenes obtenidas de manera clandestina o por cámaras ocultas en granjas y mataderos (algunos de ellos españoles) o incluso en laboratorios donde se usan animales para experimentación, como fue el sonado caso de Vivotecnia, un laboratorio madrileño del cual, en abril de 2021, salieron a la luz grabaciones espeluznantes realizadas por una valiente exempleada y activista, Carlota Saorsa (pseudónimo que ha decidido usar), que provocaron una respuesta enorme del colectivo animalista español durante meses. A principios de junio, los animales seguían dentro del laboratorio y no se sabía qué iba a ocurrir con ellos, a pesar de que desde el primer momento varias organizaciones y santuarios se ofrecieron a darles casa y atención veterinaria sin coste para la Comunidad de Madrid, organismo responsable de ellos.

Pero volvamos a las granjas. No por ser ahora un poco más mediática es menos sobrecogedora la manera en la que la industria trata a los animales para consumo. Os voy a ahorrar detalles. Si alguno creéis todavía que viven en alegres granjas soleadas pastando hierba fresca o picoteando granos de maíz en un bucólico corral, os invito a visitar las webs de las organizaciones que realizan este tipo de investigaciones. Es probable que no podáis terminar de leer los textos ni de ver algunas fotos y vídeos, si es que tenéis sangre en las venas.

Y si aún pensáis que eso no pasa aquí, que son cosas de países lejanos, y que los animales que vosotros coméis han vivido y muerto dignamente (si es que tal cosa es posible), estáis en un enorme error. Os invito a salir de él leyendo el último informe sobre granjas de cerdos en el Estado español realizado por el fotoperiodista vasco Aitor Garmendia en 2019,[24] y ver también las fotos y el documental, está todo en su web traslosmuros.com. Es un trabajo que ha sido galardonado con numerosos premios, entre ellos el World Press Photo 2021. Hacedlo antes de bajar al súper, porque es posible que os haga cambiar algo vuestra lista de la compra.

Y es que en la industria ganadera hay hacinamiento, aislamiento, sobremedicación para paliar los efectos de la falta de movimiento y se priva a los animales de su comportamiento social normal, así que a menudo terminan teniendo comportamientos extraños, dicho de otro modo, se vuelven locos. Además, se les transporta al matadero en condiciones espantosas, a menudo sin comida y sin agua, y muchos mueren en el camino.

Por no hablar del transporte de largo recorrido en barcos hacia otros países, porque es más barato transportar reses vivas que muertas:

suben solas al barco, no necesitan refrigeración ni tampoco ser descargadas a la llegada. De lo que sucede con estos animales tuvimos buena muestra el primer trimestre de 2021 con los dos barcos llenos de terneros que regresaron al puerto de Cartagena para ser sacrificados tras semanas de vueltas por el Mediterráneo. Esto decía el informe veterinario del buque Elbeik, con 1.600 terneros a bordo, recogido por *El País*:

> Los 1.610 animales que quedan –han muerto 179 de 1.789 terneros– se encuentran en unas condiciones tan lamentables que los veterinarios sostienen que «no son aptos para ningún tipo de transporte», por lo que el Ministerio de Agricultura ha ordenado a la empresa responsable que se sacrifiquen. [...]
>
> En muchos corrales los animales están «hacinados y sin posibilidad de tumbarse», además de existir «un mal estado de limpieza con acúmulo de heces y orina», describe el informe. En varios de estos cubículos hay tal cantidad de purines líquidos que llegan a «cubrir en su totalidad las pezuñas de los animales, sin posibilidad para estos de tumbarse en una zona seca». En uno de los corrales, marcado como «Hospital», han localizado siete cadáveres, un animal moribundo, otro con una fractura abierta en una extremidad y nueve animales más que se podían mover, pero que «debido al hacinamiento pisaban los cadáveres y a los moribundos». El acta añade que «en al menos tres corrales se aprecian animales muertos y semienterrados en el estiércol de sus congéneres».[25]

Insisto, este no es un informe realizado por una organización animalista, sino por los inspectores veterinarios. Hablan también de desnutrición extrema, problemas oculares y motores, falta de agua, etcétera. Esto ha pasado aquí, hace nada. No en China. Aquí.

En el informe sobre las granjas de cerdos españolas, podéis leer qué tipo de prácticas son perfectamente legales en la Unión Europea. Se os pondrán los pelos de punta. Tenemos cerdas que pasan meses en jaulas en las que no pueden ni darse la vuelta, lechones a los que se castra, se les amputa el rabo y se les seccionan los dientes sin anestesia (y esto es legal hacerlo antes del séptimo día de vida según, la Directiva 2008/120/CE), animales con heridas abiertas, fracturas, tumores…, sin atención veterinaria, etcétera. Es decir, que una explotación cumpla a rajatabla toda la normativa vigente en cuanto a bienestar animal no evita que siga siendo un infierno, porque esa normativa es deplorable. Pero es que ni siquiera se cumple y las inspecciones son poquísimas. El *bienestar animal* sencillamente no existe en ese contexto. No es compatible con la cría intensiva ni con el rendimiento económico que se necesita sacar de los animales. Los sellos de bienestar animal son sencillamente papel mojado.

Además, la industria ganadera blinda sus instalaciones y no deja entrar a la prensa salvo en actos totalmente controlados. No sabríamos lo que pasa ahí dentro si no es por investigaciones clandestinas que implican jugarse el tipo a los equipos de activistas que las realizan, que se enfrentan a posibles consecuencias legales. Y la industria ganadera no es precisamente un *lobby* poco poderoso.

Y cada vez que sale a la luz un reportaje, las condiciones que muestran son horripilantes. Aún no ha sucedido que una investigación en granjas acabe con un «pues estaban todos los animales relajadísimos, sanos, felices y disfrutando de su vida».

Mientras todo esto sucede, la Unión Europea destina un presupuesto de más de 775 millones de euros entre 2016 y 2020 para promocionar determinados alimentos, de los cuales más del 32 % va a la promoción de productos cárnicos y lácteos,[26] haciendo caso omiso del impacto de la ganadería intensiva en el territorio, el cambio climático y la vida de los animales. Y, por supuesto, dejando de lado cualquier criterio lógico de salud pública, ya que esos alimentos no son ni de lejos aquellos que es prioritario y pertinente promocionar, pues su consumo ya está por encima del recomendado. Con ese dinero hemos tenido que ver vergonzosas campañas del *lobby* cárnico de la mano de corporaciones como Interporc o Provacuno, con mensajes falsos sobre nutrición, promoviendo el negacionismo del cambio climático, con tintes machistas y discriminatorios incluidos. ¿Le han quitado a alguno la subvención? No, que yo sepa.

¿Sabéis qué porcentaje de ese presupuesto se gastó la Unión Europea en promoción de frutas y verduras? Un miserable 19 %. ¿Os recuerdo lo que dice la OMS del consumo de fruta y verdura? Lo tenéis en el primer capítulo.

El resto fue para campañas mixtas que incluían productos de origen vegetal junto a más carne y lácteos.

Pero mi tía tiene unas gallinas que...

Cuando una persona se hace vegana, inmediatamente empieza a aparecer a su alrededor un montón de gente que tiene una tía o un abuelo que cría gallinas felicísimas, alojadas en el Ritz y que mueren de viejas. O vacas que pastan felices en un campo verde bañado por el sol (bueno, eso nos lo enseñan hasta en la publicidad de las grandes corporaciones lácteas y viene dibujado en los tetrabriks) o cerdos que viven en la gloria, siendo abrazados y queridos por el personal de las granjas y por niñas rubias con trenzas. Y, por supuesto, esa es la única carne y esos son los únicos huevos que comen. Y aunque fuera cierto que su tía o su abuelo tienen animales en esas condiciones, serían excepciones demasiado excepcionales. Aunque las gallinas de su tía dejaran cada día sus huevos en la puerta con una nota con su nombre y un lacito, no dejaría de ser una anécdota. Y no tomamos decisiones vitales basándonos en anécdotas adornadas (y poco creíbles, si me permitís), sino en la más que apabullante generalidad.

El 99 % (siendo generosa con el 1 % que dejo fuera) de los huevos, lácteos o productos de origen animal que consumimos no vienen de una pequeña granja cuidada por una abuelita que conoce a cada animal por su nombre y le rasca tras las orejas cada mañana mientras le da los buenos días. Vienen de la industria ganadera, que es de todo menos bucólica, y los animales viven en una tortura continua. Si queréis participar y podéis vivir con ello, adelante, pero dejad de engañaros.

E incluso los animales de la granja bucólica terminan en el mismo matadero que todos los demás. Por si quedaban dudas.

Y aún queda el argumento de «lo tradicional». Podemos comprar productos locales y de proximidad, pero no comemos comida «tradicional», entendiendo por tal aquella que no ha sufrido el paso por un sistema industrial. Comemos fiambre de pavo bajo en grasa hecho por grandes compañías, y yogures elaborados por una multinacional en un envase reciclable. Es lo que hay: el pienso que comen las gallinas y los cerdos de esa tía cercana que nos servía de ejemplo es el mismo que comen todos los demás. Hecho con soja y maíz de monocultivos que están deforestando zonas del planeta que nos quedan lejos y donde hay gente que no tiene acceso a una alimentación saludable ni suficiente porque sus tierras son expoliadas para que a ti no te falte jamón.

CÓMO SEGUIR UNA DIETA VEGANA EN UNA ISLA DESIERTA

Todas las personas veganas han sido alguna vez interrogadas acerca de qué harían si estuvieran en una isla desierta y solo hubiera en ella cerdos, vacas, conejos, pollos (el tipo de animal varía según el gusto de quien formula la pregunta). Esa situación tan absurda se ha convertido ya casi en un meme y es una broma recurrente entre el colectivo. Estamos deseosos de encontrarnos todos en esa isla desierta en la que si hay plantas, seguro que también sienten.

Obviamente, es una pregunta que no tiene sentido, ya que baraja una situación francamente improbable con una directamente imposible, ya que si esa isla solo poblada por alguno de los animales mencionados existiera, debería tener también vegetales comestibles, ya que esos animales no viven del aire. Salvo que pasemos directamente a usar la magia para poner pegas al veganismo.

La isla desierta sirve para ejemplificar cómo se usan de manera recurrente argumentos totalmente rebuscados e incluso fantasiosos para cuestionar a una persona vegana. Hay otras versiones que incluyen tener una enfermedad muy atípica y muchas alergias a la vez, estar a punto de ser devorada por un león y tener que elegir entre que te coma o disparar, un mundo en el que hemos sido invadidos por las vacas, al dejar de comerlas, o aludir a las condiciones de vida de algún país a miles de kilómetros de distancia para justificar lo que come un señor de Guadalajara.

Yo, personalmente, creo que no es necesario lidiar con este tipo de argumentos. No me parece que quien los emite haya dedicado el tiempo y las neuronas suficientes para elaborarlos como para que merezca un esfuerzo de vuelta por nuestra parte. A nivel general, debemos tener en cuenta una obviedad: las personas veganas tienen el mismo instinto de supervivencia que el resto de la humanidad, así que si un león está a punto de devorarlas intentarán defenderse con lo que tengan, incluso a costa de la vida del león. Y no por eso deja de tener validez la postura antiespecista. Del mismo modo, si quien intenta matarnos o dañarnos es otro humano (cosa que, por cierto, es bastante más probable que el ataque de un león, especialmente si vives en Europa), también nos vamos a defender e incluso podemos matar en defensa propia o de nuestros seres queridos en una situación límite. Y no por eso invalida nadie la Declaración Universal de Derechos Humanos.

Las personas veganas también son conscientes de que dañan y matan animales. Saben que mueren infinidad de insectos contra el parabrisas del coche, que los pisamos al andar, etcétera. Saben que los medicamentos están testados en animales y saben que la agricultura también daña y mata animales. De verdad, no son idiotas.

Pero todo eso no les parece argumento para justificar maltratar sin necesidad ni para obligar a millones de animales a una vida de miseria como la que llevan en las granjas, ni para tenerlos encerrados en un zoo o un acuario, ni para clavarles pinchos en el lomo en un supuesto «espectáculo», ni para cazarlos por diversión. De verdad, no me parece tan difícil de comprender el matiz.

Del mismo modo, las personas veganas son conscientes de que hay lugares del planeta en los que llevar una alimentación vegana puede ser complicado o personas con circunstancias concretas a las que les suponga grandes dificultades. Pero esos condicionantes no afectan a la mayoría, que está estupenda y tiene toda la información en ese móvil del que no se despega y un Mercadona debajo de casa.

En cualquier caso, para ahondar en este tema os recomiendo el libro de Óscar Horta *Un paso adelante en defensa de los animales,*[27] que acabará con todas las pegas y argumentos que se pueden esgrimir frente al especismo y el uso de animales.

CIENCIA Y CONCIENCIA

No quería cerrar el libro sin volver a la idea del primer capítulo, que es en realidad el principal concepto que me gustaría transmitir con este texto.

Ya hemos hablado de que la alimentación vegana se escoge por motivos que van más allá de los puramente egoístas o que solo suponen un beneficio individual, como es el cuidado de la salud. Al menos en la inmensa mayoría de casos –y hablando con propiedad–, a alguien que es vegano «por salud» no lo llamaríamos *vegano*, diríamos que esa persona es *vegetariana estricta*.

Y esta característica es la que diferencia la dieta vegana de otras opciones dietéticas que se defienden solo basándose en argumentos científicos relacionados con la salud, con mayor o menor sesgo…, y con mayor o menor tergiversación, también hay que decirlo (dieta paleo, *low carb*, ayuno intermitente, etcétera). Y se diferencia también de los estilos de alimentación marcados por la tradición religiosa (*kosher*, halal, jainismo, cuaresma católica, etcétera), en la que se siguen unos preceptos, sin cuestionarlos, que muchas veces tienen poco o ningún sentido hoy en día o sencillamente nunca lo tuvieron.

La opción vegetariana se basa, en general, en una decisión vital meditada y consciente. No en el acatamiento de unas normas religiosas incuestionables, ni en una hipótesis científica egoísta. E insisto en lo de egoísta, porque los nuevos planteamientos dietéticos únicamente basados en la ciencia, más o menos solventes, solo tienen en cuenta el beneficio del propio individuo, como decíamos. Si se cree que tal o cual producto es el óptimo, carece de importancia el coste medioambiental que se pague para producirlo, las vidas que cueste, cómo sean esas vidas o que haya que transportarlo desde la otra punta del planeta, y carece también de importancia el hecho de que sea un estilo dietético solo al alcance del privilegiadísimo Primer Mundo: no olvidemos que los privilegios de unos pocos se apoyan siempre sobre las espaldas de unos muchos y sobre la destrucción de sus derechos.

En este punto voy a añadir otra obviedad: una alimentación vegana basada en el consumo de frutas, verduras, legumbres y cereales es viable en gran parte del planeta. Y en aquellas zonas en las que por desgracia no lo es, sigue siendo una opción más asequible, sostenible y saludable que la dieta occidental.

Nosotros, que podemos elegir, tenemos el deber moral de hacerlo bien. Bien para todos. Hasta donde esté en nuestra mano.

La visión de la alimentación solo desde el punto de vista nutricional es muy reduccionista. Algo con tantas implicaciones no puede verse solo desde un ángulo. La comida no es solo comida. Nuestras decisiones alimentarias repercuten en nuestra salud, qué duda cabe, pero también tienen repercusiones económicas, políticas, sociales, medioambientales y, sobre todo, éticas. Elegir lo que comemos obviando todas esas facetas no parece muy responsable. Ni muy solidario. Ni muy inteligente.

Por eso, la eterna discusión «veganismo sí o no» basada únicamente en marcadores de salud y epidemiología carece de sentido. Nos cansa, nos aburre, miramos a quien tenemos delante pensando: «*Otra* vez, *otra* persona que no se ha enterado de nada». La lucha hace mucho tiempo que ha dejado de ser esa. Ya nadie se plantea si ser vegano en el mundo desarrollado es viable, porque la respuesta es obvia. Querer discutir ese punto aún a estas alturas denota falta de información o simplemente necesidad de reafirmarse en estar haciendo lo correcto cuando se sospecha bastante que no es así.

Y es lógico que la competición se baje a esos niveles, a los de ver quién gana el pulso mirando valores plasmáticos de nutrientes o prevalencia de patologías. Es en el único plano en el que se puede competir. Si nos medimos en el terreno social, político, medioambiental o ético, ¿qué opción dietética nos planta clara aquí y ahora, en el Primer Mundo? Dejo la pregunta abierta, que tampoco es plan de avasallar.

Es ahí donde la opción vegana marca la diferencia. Aunque se puede defender a golpe de estudio científico, como he hecho en los capítulos 3 y 4, lo cierto es que no lo necesitamos. Salvo que nos toquen mucho las narices, claro. Que a veces, ante algunas actitudes, es necesario apilar diez metaanálisis frente a la cara de alguien, tampoco lo voy a negar.

No lo necesitamos, porque su viabilidad está más que probada, tenemos grandísimos grupos de población que llevan este tipo de alimentación durante todo el ciclo vital sin que existan diferencias sustanciales en cuanto a mortalidad o comorbilidad respecto al resto de individuos de su entorno y, cuando existen, resulta que van casi siempre a favor. Y, en el momento en que consigamos que todo vegetariano se suplemente la B12, en el higienizado Primer Mundo es muy probable que los resultados epidemiológicos mejoren todavía más, si no se los cargan los ultraprocesados veganos. El reto hoy en día, en el mundo desarrollado, es más evitar los desastres dietéticos típicos de la occidentalización (azúcar, sedentarismo, productos muy procesados) que cuadrar al milímetro una alimentación vegetariana saludable. Con unas precauciones básicas, no hay mayor problema. Y esto lo podemos aplicar también a una alimentación omnívora tradicional, también es necesario tomar algunas precauciones básicas con ella, por si a estas alturas de libro aún queda alguien pensando que con comer carne y pescado ya tiene la dieta saludable resuelta.

Es probable que si mañana dicen a gran parte de las personas veganas: «Tu alimentación va a hacer que vivas cinco años menos», siguieran siéndolo. Porque creen que la causa es lo suficientemente justa como para ello. Que vivir unos años más no justifica la vida y la muerte a la que se somete a los animales de consumo, y no están dispuestas a participar de ello. Pero es que no es el caso, ni remotamente.

Y no quiero que a nadie le parezca exagerado, no lo es. De hecho, las personas renuncian a años de vida de manera voluntaria y con cosas que sí está realmente probado que aumentan la mortalidad y reducen la esperanza y la calidad de vida; si no, no habría fumadores, ni bebedores ni sedentarismo. Que alguien pudiera hacerlo por ética no debería extrañarnos tanto, y mucho menos deberíamos criticarlo.

Pero insisto, este no es el caso. Imaginad lo absurdas que suenan todas las pegas que se siguen poniendo a las personas veganas.

Por pura estadística, la inmensa mayoría de quienes hayáis leído este libro y llegado hasta aquí no seréis veganos, ni vegetarianos siquiera. Ni os plantearéis serlo, soy realista y sé que mi poder de convicción es limitado. Pero sí confío en dos cosas.

La primera, que haya cambiado en algo vuestra visión. Tanto si sois *proveg* y teníais la cabeza llena de mitos y pájaros, como si sois *veganhaters* y nunca habíais mirado más allá de los *papers* (los que os son favorables, claro), como si sois neutros y considerabais el tema más bien un capricho o moda de niños/as pijos/as que no va con vosotros, gente sensata que sabe que hay que comer de todo y no ser extremista (la autora pone los ojos en blanco).

La segunda, que cuando vayáis a coger un paquete de fiambre del estante del supermercado o a pedir el entrecot poco hecho al personal de sala de algún restaurante, os venga algún recuerdo de este texto y hagáis una elección mejor. Mejor para vosotros y mejor para todos los implicados. Mejor para el planeta y para quienes lo habitan ahora y quienes lo habitarán en el futuro, sean de la especie que sean.

AGRADECIMIENTOS

A Xim, que se esforzó por hacer unos dibujos lo bastante *dark* para que nos gustaran a nosotros y lo bastante cuquis para que me los aceptara la editorial. En cualquier caso, les faltan arañas.

A Luka, que siempre me ayuda, a escribir de cáncer y a lo que necesite. Le podéis leer en la página 244.

A Catia, que desinteresadamente y sin casi conocerme no dudó un momento en prestarme sus conocimientos para hablar de lenguaje y antiespecismo. Tenéis su texto en la página 276.

A Aitor 1, que además de hacerme prólogos, pone los medios para cosas cuando yo no los tengo.

A Aitor 2, que se revisó la parte menos nutricional con lupa para que no me sacaran ni un fallo.

A Xusa y a Victoria, que revisaron la parte de «mujer», que es toda nueva y me ayudaron a pulirla.

El resto os prometo que lo escribí yo sola.

NOTAS Y REFERENCIAS BIBLIOGRÁFICAS

CAPÍTULO 1. De vegetarianos y veganos.
Política, salud y ciencia, aquí y ahora

1   Martínez, L., «Menús 100 % vegetarianos en comedores de la Adminis-
    tración Pública. ¿Será una realidad?», *elDiario.es*, 1 de diciembre de 2021.

2   Barcelona, Paidós, 2019.

3   Véase «Position of the American Dietetic Association and Dietitians of
    Canada: Vegetarian diets», *J Am Diet Assoc.*, 103(6), 2003, págs. 748-765;
    y Craig, W., Mangels, R., «Position of the American Dietetic Association:
    Vegetarian Diets», *J Am Diet Assoc.*, 109(7), 2009, págs. 1266-1282.

4   Melina, V., Craig, W. y Levin, S., «Position of the : Vegetarian diets», *J Acad
    Nutr Diet*, 116(12), 2016, págs. 1970-1980.

5   Agnoli, C., Baroni, L., Bertini, I., *et al.*, «Position paper on vegetarian
    diets from the working group of the Italian Society of Human Nutrition»,
    NMCD, 27(12), 2017, págs. 1037-1052.

6   Baroni, L., Goggi, S. y Battino, M., «VegPlate: A Mediterrancan-based food
    guide for Italian adult, pregnant, and lactating vegetarians», *J Acad Nutr
    Diet*, 118(12), 2018, págs. 2235-2243

7   Burkert, N. T., Muckenhuber, J., Großschädl, F., Rásky, E. y Freidl, W.,
    «Nutrition and health – The Association between eating behavior and vari-
    ous health parameters: A matched sample study», *PLoS One*, 9(2), 2014,
    e88278.

8   Segovia-Siapco, G. y Sabaté, J., «Correction: Health and sustainability out-
    comes of vegetarian dietary patterns: A revisit of the EPIC-Oxford and the
    Adventist Health Study-2 Cohorts», *Eur J Clin Nutr*, 73(6), 2019, pág. 968.

9   Martínez, L., «¿Por qué el juicio a la alimentación vegana es tan virulen-
    to?», *El País*, 9 de septiembre de 2019.

10 Tong, T. Y. N., Appleby, P. N., Bradbury, K. E., *et al.*, «Risks of ischaemic
    heart disease and stroke in meat eaters, fish eaters, and vegetarians over 18

years of follow-up: results from the prospective EPIC-Oxford study», *BMJ,* septiembre de 2019.

11 Ingenbleek, Y. y McCully, K. S., «Vegetarianism produces subclinical malnutrition, hyperhomocysteinemia and atherogenesis», *Nutrition,* 28(2), 2012, págs. 148-153.

12 Ortega Anta, R. M., Requejo Marcos, A. M. y Varela Moreiras, G. (comps.), *Libro blanco de la nutrición en España,* Madrid, Fundación Española de la Nutrición, 2013.

13 VV. AA., *Manual práctico de nutrición en pediatría,* Madrid, Comité de Nutrición de la AEP, 2007, págs. 195-208.

14 Agència de Salut Pública de Catalunya, *L'alimentació saludable en l'etapa escolar: guia per a famílies i escoles*, Barcelona, Departament de Salut. Generalitat de Catalunya, 2020, pág. 25, en <https://scientiasalut.gencat.cat/bitstream/handle/11351/1751.3/alimentacio_saludable_etapa_escolar_guia_families_escoles_2020.pdf?sequence=5&isAllowed=y>

15 Agència de Salut Pública de Catalunya, Informe i posicionament sobre la dieta vegetariana i vegana en el context del servei de menjador escolar, Departament de Salut. Generalitat de Catalunya, 2020, en <https://salutpublica.gencat.cat/web/.content/minisite/aspcat/promocio_salut/alimentacio_saludable/02Publicacions/pub_alim_inf/dieta_vegetariana_menjador_escolar/Vegetarianisme_09032020.pdf>.

CAPÍTULO 2. No somos especiales... Bueno, un poco, sí

1 Aune, D., «Plant foods, antioxidant biomarkers, and the risk of cardiovascular disease, cancer, and mortality: A review of the evidence», *Adv Nutr,* 10(Sup. 4), págs. S404-S421.

2 Aune, D., Giovannucci, E., Boffetta, P., *et al.,* «Fruit and vegetable intake and the risk of cardiovascular disease, total cancer and all-cause mortality – A systematic review and dose-response meta-analysis of prospective studies», *Int J Epidemiol,* 46(3), 2017, págs. 1029-1056.

3 Ruiz, E., Rodríguez, P., Valero, T., *et al.,* «Dietary intake of individual (free and intrinsic) sugars and food sources in the Spanish population: Findings from the ANIBES Study», *Nutrients,* 9(3), 2017, pág. 275.

4 Ministerio de Agricultura, Pesca y Alimentación, *Informe del consumo de alimentación en España*, Madrid, 2019, en <https://www.mapa.gob.es/en/alimentacion/temas/consumo-tendencias/informe2019_v2_tcm38-540250.pdf>.

5 Monteiro, C. A., Cannon, G., Lawrence, M., Costa Louzada, M. L. da y Pereira Machado, P., *Ultra-Processed Foods, Diet Quality, and Health Using the NOVA Classification System,* Roma, FAO, 2019.

6 Fiolet, T., Srour, B., Sellem, L., *et al.,* «Consumption of ultra-processed foods and cancer risk: results from NutriNet-Sante prospective cohort», *BMJ,* 360, 2018.

7   Hall, K. D., Ayuketah, A., Brychta, R., *et al.,* «Ultra-processed diets cause excess calorie intake and weight gain: An inpatient randomized controlled trial of ad libitum food intake», *Cell metabolism,* 30(1), 2019, págs. 67-77. e3.

8   Schnabel, L., Kesse-Guyot, E., Allès, B., *et al.,* «Association between ultraprocessed food consumption and risk of mortality among middle-aged adults in France», *JAMA Internal Medicine,* 179(4), 2019, págs. 490-498.

9   Anderson, P., Møller, L., y Galea, G. (comps.), *Alcohol in the European Union. Comsumption, harm and policy aproaches,* Copenhague, OMS, 2011.

10   OMS, *Guideline: sodium intake for adults and children,* Ginebra, OMS, 2012.

11   Key, T. J., Fraser, G. E., Thorogood, M., *et al.,* «Mortality in vegetarians and nonvegetarians: detailed findings from a collaborative analysis of 5 prospective studies», *Am J Clin Nutr,* 70(Sup. 3), 1999, págs. 516s-24s.

12   Appleby, P. N., Key, T. J., Thorogood, M., Burr, M. L. y Mann, J., «Mortality in British vegetarians», *Public Health Nutr,* 5(1), 2002, págs. 29-36.

13   Chang-Claude, J., Hermann, S., Eilber, U. y Steindorf, K., «Lifestyle determinants and mortality in German vegetarians and health-conscious persons: results of a 21-year follow-up» *Cancer Epidemiol Biomarkers Prev,* 14(4), 2005, págs. 963-968.

14   Huang, T., Yang, B., Zheng, J., Li, G., Wahlqvist, M. L. y Li, D., «Cardiovascular disease mortality and cancer incidence in vegetarians: a meta-analysis and systematic review», *Ann Nutr Metab,* 60(4), 2012, págs. 233-240.

15   Orlich, M. J., Singh, P. N., Sabate, J., *et al.,* «Vegetarian dietary patterns and mortality in Adventist Health Study 2», *JAMA Intern Med,* 173(13), 2013, págs. 1230-1238.

16   Sorct, S., Mejia, A., Batech, M., Jaceldo-Siegl, K., Harwatt, H. y Sabate, J., «Climate change mitigation and health effects of varied dietary patterns in real-life settings throughout North America», *Am J Clin Nutr.,* 100(1), 2014, págs. 490S-495S.

17   Appleby, P. N., Crowe, F. L., Bradbury, K. E., Travis, R. C. y Key, T. J., «Mortality in vegetarians and comparable nonvegetarians in the United Kingdom», *Am J Clin Nutr,* 103(1), 2015, págs. 218-230.

18   Appleby, P. N. y Key, T. J., «The long-term health of vegetarians and vegans», *Proc Nutr Soc,* 75(3), 2015, págs. 287-293.

19   *Ibidem.*

20   Dinu, M., Abbate, R., Gensini, G. F., Casini, A. y Sofi, F., «Vegetarian, vegan diets and multiple health outcomes: a systematic review with meta-analysis of observational studies», *Crit Rev Food Sci Nutr,* 57(17), 2016, págs. 3640-3649; en <http://dxdoiorg/101080/1040839820161138447>.

21 Appleby, P. y Key, T., «The long-term health of vegetarians and vegans», *Proc Nutr Soc,* 75(3), 2016, págs. 287-293.

22 Mihrshahi, S., Ding, D., Gale, J., Allman-Farinelli, M., Banks, E. y Bauman A. E., «Vegetarian diet and all-cause mortality: Evidence from a large population-based Australian cohort – The 45 and Up Study», *Prev Med,* 97, 2017, págs. 1-7.

23 *Ibidem.*

24 Dinu, M., Abbate, R., Gensini, G. F., Casini, A. y Sofi, F., «Vegetarian, vegan diets and multiple health outcomes: A systematic review with meta-analysis of observational studies», *Crit Rev Food Sci Nutr,* 22;57(17), 2017, págs. 3640-3649.

25 Fraser, G. E., «Associations between diet and cancer, ischemic heart disease, and all-cause mortality in non-Hispanic white California Seventh-day Adventists», *Am J Clin Nutr,* 70(3), 1999, págs. 532S-538S.

26 Crowe, F. L., Appleby, P. N., Travis, R. C. y Key, T. J., «Risk of hospitalization or death from ischemic heart disease among British vegetarians and nonvegetarians: results from the EPIC-Oxford cohort study», *Am J Clin Nutr,* 97(3), 2013, págs. 597-603.

27 Kim, H., Caulfield, L., Garcia-Larsen, V., Steffen, L. M., Coresh, J. y Rebholz, C. M., «Plant-based diets are associated with a lower risk of incident cardiovascular disease, cardiovascular disease mortality, and all-cause mortality in a general population of middle-aged adults», *J Am Heart Assoc,* 8(16), 2019, e012865.

28 Petermann-Rocha, F., Para-Soto, S., Gray, S., *et al.,* «Vegetarians, fish, poultry, and meat-eaters: who has higher risk of cardiovascular disease incidence and mortality? A prospective study from UK Biobank», *Eur Heart J,* 42(12), 2021, págs. 1136-1143.

29 Barnard, N. D., Alwarith, J., Rembert, E., *et al.,* «A Mediterranean diet and low-fat vegan diet to improve body weight and cardiometabolic risk factors: A randomized, cross-over trial», *J Am Coll Nutr,* 5, 2021, págs. 1-13.

30 Baden, M. Y., Wang, F., Yanping, L., *et al.,* «Quality of plant-based diet and risk of total, ischemic, and hemorrhagic stroke», *Neurology,* 96(15), 2021, págs. 1940-1953.

31 Marrone, G., Guerreiro, C., Palazzetti, D., *et al.,* «Vegan diet health benefits in metabolic syndrome», *Nutrients,* 13(3), 2021, pág. 817.

32 Kahleova, H., Levin, S. y Barnard, N. D., «Vegetarian dietary patterns and cardiovascular disease», *Prog Cardiovasc Dis,* 61(1), mayo-junio de 2018, págs. 54-61.

33 Trapp, C. B. y Barnard, N. D., «Usefulness of vegetarian and vegan diets for treating type 2 diabetes», *Curr Diab Rep,* 10(2), 2010, págs. 152-8.

34 Tonstad, S., Stewart, K., Oda, K., Batech, M., Herring, R. P. y Fraser, G. E., «Vegetarian diets and incidence of diabetes in the Adventist Health Study-2», *Nutr Metab Cardiovasc Dis,* 23(4), 2013, págs. 292-299.

35 Trepanowski, J. F. y Varady, K. A., «Veganism is a viable alternative to conventional diet therapy for improving blood lipids and glycemic control», *Crit Rev Food Sci Nutr,* 55(14), 2015, págs. 2004-2013.

36 Kahleova, H. y Pelikanova, T., «Vegetarian diets in the prevention and treatment of type 2 diabetes», *J Am Coll Nutr,* 34(5), 2015, págs. 448-458.

37 Chen, Z., Zuurmond, M., Schaft, N. Van der, *et al.,* «Plant versus animal based diets and insulin resistance, prediabetes and type 2 diabetes: the Rotterdam Study», *Eur J Epidemiol,* 33(9), 2018, págs. 883-893; véase además Satija, A., Bhupathiraju, S., Rimm, E. B., *et al.,* «Plant-based dietary patterns and incidence of type 2 diabetes in US men and women: Results from three prospective cohort studies», *PLoS Medicine,* 13(6), 2016, e1002039.

38 Chiu T. H. T., Wen-Hart, P., Lin, M. N. y Lin, C. L., «Vegetarian diet, change in dietary patterns, and diabetes risk: a prospective study», *Nutr Diabetes,* 8(1), 2018, pág. 12.

39 Kahleova, H., Tura, A., Hill, M., Holubkov, R. y Barnard, N. D., «A plant-based dietary intervention improves beta-cell function and insulin resistance in overweight adults: A 16-week randomized clinical trial», *Nutrients,* 10(2), 2018, pág. 189.

40 Kahleova, H., Tura, A., Klementova, M., *et al.,* «A plant-based meal stimulates incretin and insulin secretion more than an energy and macronutrient matched standard meal in type 2 diabetes: A randomized crossover study», *Nutrients,* 11(3), 2019, pág. 486.

41 Jardine, M. A., Kahelova, H., Levin, S. M., Ali, Z., Trapp, C. B. y Barnard, N. D., «Perspective: Plant-based eating pattern for type 2 diabetes prevention and treatment: efficacy, mechanisms, and practical considerations», *Adv Nutr,* 10 de junio de 2021.

42 Yokoyama, Y., Nishimura, K., Barnard, N. D., *et al.,* «Vegetarian diets and blood pressure: a meta-analysis», *JAMA Intern Med,* 174(4), 2014, págs. 577-587.

43 Lee, K. W., Loh, H., Ching, S. M., Devaraj, N. K. y Hoo, F. K., «Effects of vegetarian diets on blood pressure lowering: A systematic review with meta-analysis and trial sequential analysis», *Nutrients,* 12(6), 2020, pág. 1604.

44 Schwingshackl, L., Schwedhelm, C. y Hoffmann, G., «Food groups and risk of hypertension: A systematic review and dose-response meta-analysis of prospective studies», *Adv Nutr,* 8(6), 2017, págs. 793-803.

45 Strilchuk, L, Cincione, R. I., Fogacci, F. y Cicero, A. F. G., «Dietary interventions in blood pressure lowering: current evidence in 2020», *Kardiologia Polska,* 78(7-8), 2020, págs. 659-666.

46 Huang, R. Y., Huang, C. C., Hu, F. B. y Chavarro, J. E., «Vegetarian diets and weight reduction: A meta-analysis of randomized controlled trials», *J Gen Intern Med,* 31(1), 2015, págs. 109-116.

47 Barnard, N. D., Levin, S. M. y Yokoyama, Y., «A systematic review and meta-analysis of changes in body weight in clinical trials of vegetarian diets», *J Acad Nutr Diet,* 115(6), 2015, págs. 954-969.

48 Moore, W. J., McGrievy, M. E. y Turner-McGrievy, G. M., «Dietary adherence and acceptability of five different diets, including vegan and vegetarian diets, for weight loss: The New DIETs study», *Eat Behav,* 19, 2015, págs. 33-38.

49 Sofi, F., Dinu, M., Pagliai, G., Cesari, F., Marcucci, R. y Casini, A., «Mediterranean versus vegetarian diet for cardiovascular disease prevention (the CARDIVEG study): Study protocol for a randomized controlled trial», *Trials,* 17(1), 2016, pág. 233.

50 Sofi, F., Dinu, M., Pagliai, G., *et al.,* «Low-calorie vegetarian versus mediterranean diets for reducing body weight and improving cardiovascular risk profile: CARDIVEG Study (Cardiovascular Prevention With Vegetarian Diet)», *Circulation,* 137(11), 2018, págs. 1103-1113.

51 Kahleova, H., Dory, S., Holubkov, R. y Barnard, N. D., «A plant-based high-carbohydrate, low-fat diet in overweight individuals in a 16-week randomized clinical trial: The role of carbohydrates», *Nutrients,* 10(9), 2018, pág. 1302.

52 Garousi, N., Tamizifar, B., Pourmasoumi, M., *et al.,* «Effects of lacto-ovo-vegetarian diet vs. standard-weight-loss diet on obese and overweight adults with non-alcoholic fatty liver disease: a randomised clinical trial», *Arch Physiol Biochem,* 9, 2021, págs. 1-9.

53 Najjar, R. S. y Feresin, F. R., «Plant-based diets in the reduction of body fat: physiological effects and biochemical insights», *Nutrients,* 11(11), 2019, pág. 2712.

54 Kahleova, H., Fleeman, R., Hlozkova, A., Holubkov, R. y Barnard, N. D., «A plant-based diet in overweight individuals in a 16-week randomized clinical trial: Metabolic benefits of plant protein», *Nutr Diabetes,* 8(1), 2018, pág.58.

55 Tantamango-Bartley, Y., Jaceldo-Siegl, K., Fan, J. y Fraser, G., «Vegetarian diets and the incidence of cancer in a low-risk population», *Cancer Epidemiol Biomarkers Prev,* 22(2), 2013, págs. 286-294.

56 Key, T. J., Appleby, P. N., Crowe, F. L., Bradbury, K. E., Schmidt, J. A. y Travis, R. C., «Cancer in British vegetarians: Updated analyses of 4998 incident cancers in a cohort of 32,491 meat eaters, 8612 fish eaters, 18,298 vegetarians, and 2246 vegans». *Am J Clin Nutr,* 100(Sup. 1), 2014, págs. 378s-385s.

57 Dinu, M., Abbate, R., Gensini, G. F., Casini, A. y Sofi, F., «Vegetarian, vegan diets and multiple health outcomes», art. cit.

58 Watling, C. Z., Schmidt, J. A., Dunneram, Y., Tong, T. Y. N., Kelly. R. K., Knuppel, A., Travis, R.C., Key, T. J. y Perez-Cornago, A., «Risk of cancer in regular and low meat-eaters, fish-eaters, and vegetarians: a prospective analysis of UK Biobank participants», *BMC Med*, 2022 Feb 24; 20(1):73. doi: 10.1186/s12916-022-02256-w. PMID: 35197066; PMCID: PMC8867885.

59 Crowe, F. L., Appleby, P. N., Allen, N. E. y Key, T. J., «Diet and risk of diverticular disease in Oxford cohort of European Prospective Investigation into cancer and nutrition (EPIC): Prospective study of British vegetarians and non-vegetarians», *BMJ*, 343, 2011, d4131.

60 Appleby, P. N., Allen, N. E. y Key, T. J., «Diet, vegetarianism, and cataract risk», *Am J Clin Nutr*, 93(5), 2011, págs. 1128-1135.

61 Tonstad, S., Nathan, E., Oda, K. y Fraser, G., «Vegan diets and hypothyroidism», *Nutrients*, 5(11), 2013, págs. 4642-4652.

62 Hyunju, K., Rebholz, C. M., Hegde, S., *et al.*, «Plant-based diets, pescatarian diets and COVID-19 severity: a population-based case–control study in six countries», *BJM*, 2021; en <https://nutrition.bmj.com/content/bmjnph/early/2021/05/18/bmjnph-2021-000272.full.pdf>.

CAPÍTULO 3. «Te van a faltar nutrientes» (I)

1 Mariotti, F. y Gardner, C., «Dietary protein and amino acids in vegetarian diets-a review», *Nutrients*, 11(11), 2019, pág. 2661.

2 «Scientific opinion on dietary reference values for protein», Parma, Italia, EFSA, Panel on Dietetic Products, Nutrition and Allergies (NDA); 2012, actualizado en febrero 2015.

3 Norris, J., «Protein recomendations for vegetarians 2016», disponible en <http://www.veganhealth.org/articles/protein#rec>.

4 Nueva York, Ballantine Books, 1971.

5 Young, V. R. y Pellett, P. L., «Plant proteins in relation to human protein and amino acid nutrition», *Am J Clin Nutr*, 59(Sup. 5), 1994, págs. 1203s-1212s.

6 Bishnoi, S. y Khetarpaul, N., «Protein digestibility of vegetables and field peas *(Pisum sativum)*. Varietal differences and effect of domestic processing and cooking methods», *Plant Foods Hum Nutr*, 46(1), 1994, págs. 71-76.

7 Schaafsma, G., «The protein digestibility-corrected amino acid score», *J Nutr.*, 130(7), 2000, págs. 1865-1867.

8 Marsh, K. A., Munn, E. A. y Baines, S. K., «Protein and vegetarian diets», *Med J Aust*, 199(Sup. 4), 2013, págs. S7-S10.

9 Marinangeli, C. P. F. y House, J., «Potential impact of the digestible indispensable amino acid score as a measure of protein quality on dietary regulations and health», *Nutr Rev*, 75(8), 2017, págs. 658-667.

10 IOM, *Dietary Reference Intakes for Energy, Carbohydrate, Fiber, Fat, Fatty Acids, Cholesterol, Protein, and Amino Acids (Macronutrients)*. Washington D. C., The National Academies Press, 2005.

11 OMS, *Protein and Amino Acid Requirements in Human Nutrition*, Ginebra, United Nations Press, 2015.

12 Andrich, D. E., Filion, M. E., Woods, M., *et al.*, «Relationship between essential amino acids and muscle mass, independent of habitual diets, in pre- and post-menopausal US women», *Int J Food Sci Nutr*, 62(7), 2011, págs. 719-724.

13 Hevia-Larraín, V., Gualano, B., Longobardi, I., *et al.*, «High-protein plant-based diet versus a protein-matched omnivorous diet to support resistance training adaptations: A comparison between habitual vegans and omnivores», *Sports Med*, 51(6), 2021, págs. 1317-1330.

14 Schmidt, J. A., Rinaldi, S., Scalbert, A., *et al.*, «Plasma concentrations and intakes of amino acids in male meat-eaters, fish-eaters, vegetarians and vegans: a cross-sectional analysis in the EPIC-Oxford cohort», *Eur J Clin Nutr*, 70(3), 2016, págs. 306-312.

15 Norris, J., «Best study on vegan protein intakes to date», 2016; disponible en <http://jacknorrisrd.com/best-study-on-vegan-protein-intakes-to-date/>.

16 Gaitan, D., Olivares, M., Arredondo, M. y Pizarro, F., «Biodisponibilidad de hierro en humanos», *Rev Chil Nutr*, 33(2), 2006, págs. 142-148.

17 Knutson, M. D., «Iron-sensing proteins that regulate hepcidin and enteric iron absorption», *Annu Rev Nutr*, 30, 2020, págs. 149-171.

18 Hurrell, R. y Egli, I., «Iron bioavailability and dietary reference values», *Am J Clin Nutr*, 91(5), 2010, págs. 1461-1467.

19 Cook, J. D., «Adaptation in iron metabolism», *Am J Clin Nutr*, 51(2), 1990, págs. 301-308.

20 Hooda, J., Shah, A. y Zhang, L., «Heme, an essential nutrient from dietary proteins, critically impacts diverse physiological and pathological processes», *Nutrients*, 6(3), 2014, págs. 1080-1102.

21 Simcox, J. A. y MacClain, D., «Iron and diabetes risk», *Cell metabolism*, 17(3), 2013, págs. 329-341.

22 Liu, J., Qingxiu, L., Yang, Y. y Ma, L., «Iron metabolism and type 2 diabetes mellitus: A meta-analysis and systematic review», *J Diabetes Investig*, 11(4), 2020, págs. 946-955.

23 Talaei, M., Wang, Y., Yuan, J. M., Pan, A. y Koh, W. P., «Meat, dietary heme iron, and risk of type 2 diabetes mellitus: The Singapore Chinese health study», *Am J Epidemiol*, 186(7), 2017, págs. 824-833.

24 Rajpathak, S., Ma, J., Manson, J., Willett, W. C. y Hu, F. B., «Iron intake and the risk of type 2 diabetes in women», *Diabetes Care*, 29(6), 2006, págs. 1370-1376.

25 Hua, N. W., Stoohs, R. y Facchini, F. S., «Low iron status and enhanced insulin sensitivity in lacto-ovo vegetarians», *Br J Nutr,*. 86(4), 2001, págs. 515-519.

26 Bao, W., Rong, Y., Rong, S. y Liu, L., «Dietary iron intake, body iron stores, and the risk of type 2 diabetes: A systematic review and meta-analysis», *BMC Medicine,* 10, 2012, art. 119.

27 Bastide, N. M., Pierre, F. y Corpet, D. E., «Heme iron from meat and risk of colorectal cancer: A meta-analysis and a review of the mechanisms involved», *Cancer Prev Res,* 4(2), 2011, págs. 177-184.

28 OMS, *Carcinogenicidad del consumo de carne roja y de la carne procesada,* WHO, 2015.

29 Seiwert, N., Heylmann, D., Hasselwander, S. y Fahrer, J., «Mechanism of colorectal carcinogenesis triggered by heme iron from red meat», *Biochim Biophys Acta Rev Cancer,* 1873(1), 2020, 188334.

30 Yang, W., Bin, L., Dong, X., *et al.,* «Is heme iron intake associated with risk of coronary heart disease? A meta-analysis of prospective studies», *Eur J Nutr,* 53(2), 2014, págs. 395-400.

31 Haider, L. M., Schwingshackl, L., Hoffmann, G. y Ekmekcioglu, C., «The effect of vegetarian diets on iron status in adults: A systematic review and meta-analysis», *Crit Rev Food Sci Nutr,* 58(8), 2018, págs. 1359-1374.

32 Ball, M. J. y Bartlett, M. A., «Dietary intake and iron status of Australian vegetarian women», *Am J Clin Nutr,* 70(3), 1999, págs. 353-358.

33 Saunders, A. V., Craig, W. J., Baines, S. K. y Posen, J. S., «Iron and vegetarian diets», *Med J Aust,* 199(Sup. 4), 2013, S11-S16.

34 Pawlak, R., Berger, J. y Hines, I., «Iron status of vegetarian adults: A review of literature», *Am J Lifestyle Med,* 12(6), 2018, págs. 486-498 (publicado *online* en 2016).

35 Śliwińska, A., Luty, J., Aleksandrowicz-Wrona, E. y Małgorzewicz, S., «Iron status and dietary iron intake in vegetarians», *Adv Clin Exp Med,* 27(10), 2018, págs. 1383-1389.

36 Fesnad, «Ingestas dietéticas de referencia (IDR) para la población española», *Act Diet,* 14(4), 2010, págs. 196-197.

37 Norris, J., *Iron in Vegetarian Diets. RD Resources for Consumers,* AND, 2013.

38 Cook, J. D., Dassenko, S. A. y Lynch, S. R., «Assessment of the role of nonheme-iron availability in iron balance», *Am J Clin Nutr,* 54(4), 1991, págs. 717-722.

39 EFSA, «Scientific opinion on dietary reference values for iron», *EFSA Journal,* 13(10), 2015, pág. 4254.

40 Hunt, J. R. y Roughead, Z. K., «Adaptation of iron absorption in men consuming diets with high or low iron bioavailability», *Am J Clin Nutr,* 71(1), 2000, págs. 94-102.

41 Ball, M. J. y Bartlett, M. A., «Dietary intake and iron status», art. cit., Alexander, D., Ball, M. J. y Mann, J., «Nutrient intake and haematological status of vegetarians and age-sex matched omnivores», *Eur J Clin Nutr,* 48(8), 1994, págs. 538-546.

42 Cook, J. D., Dassenko, S. A. y Lynch, S. R., «Assessment of the role of nonheme-iron availability in iron balance», *Am J Clin Nutr,* 54(4), 1991, págs. 717-722.

43 Yusimy, R., Sarmiento, R. y Selva, A., «Importance of the iron and vitamin C consumption for the prevention of iron-deficiency anemia», *Medisan,* 13(6), 2009; disponible en <http://scielo.sld.cu/scielo.php?script=sci_art text&pid=S1029-30192009000600014>.

44 Siegenberg, D., Baynes, R. D., Bothwell, *et al.,* «Ascorbic acid prevents the dose-dependent inhibitory effects of polyphenols and phytates on nonheme-iron absorption», *Am J Clin Nutr,* 53(2), 1991, págs. 537-541.

45 Storcksdieck Genannt Bonsmann, S., Walczyk, T., Renggli, S. y Hurrell, R. F., «Oxalic acid does not influence nonhaem iron absorption in humans: A comparison of kale and spinach meals», *Eur J Clin Nutr,* 62(3), 2008, págs. 336-341.

46 Lonnerdal, B., «Soybean ferritin: implications for iron status of vegetarians», *Am J Clin Nutr,* 89(5), 2009, 1680-1685.

47 Brittin, H. C. y Nossaman, C. E., «Iron content of food cooked in iron utensils», *J Am Diet Assoc,* 86(7), 1986, págs. 897-901.

48 Armstrong, G. R., Dewey, C. y Summerlee, A. J., «Iron release from the Lucky Iron Fish®: safety considerations», *Asia Pac J Clin Nutr,* 26(1), 2017, págs. 148-155.

49 Armstrong, G. R., «The Lucky Iron Fish: a simple solution for iron deficiency», *Blood Adv,* 1(5), 2017, pág. 330.

50 Baltimore, Jones & Bartlett Publ., 2011 (3.ª ed.).

51 Fesnad, «Ingestas dietéticas de referencia», art. cit.

52 EFSA, «Scientific opinion on dietary reference values for calcium», *EFSA Journal,* 13(5), 2015, pág. 4101.

53 «New recommended daily amounts of calcium and vitamin D», *NIH Medline Plus,* invierno de 2011, pág. 12.

54 BDA, «Calcium food fact sheet. The Association of UK Dietitians», BFWH, 2014; disponible en <https://www.bfwh.nhs.uk/wp-content/uploads/2016/04/BDA-Calcium.pdf>

55 Appleby, P., Roddam, A., Allen, N. y Key, T., «Comparative fracture risk in vegetarians and nonvegetarians in EPIC-Oxford», *Eur J Clin Nutr,* 61(12), 2007, págs. 1400-1406.

56 Ho-Pham, L. T., Nguyen, N. D. y Nguyen, T. V., «Effect of vegetarian diets on bone mineral density: a Bayesian meta-analysis», *Am J Clin Nutr,* 90(4), 2009, págs. 943-950.

57 Ho-Pham, L. T., Nguyen, P. L., Le, T. T., *et al.,* «Veganism, bone mineral density, and body composition: A study in Buddhist nuns», *Osteoporos Int,* 20(12), 2009, págs. 2087-2093.

58 Ho-Pham, L. T., Vu, B. Q., Lai, T. Q., Nguyen, N. D. y Nguyen, T. V., «Vegetarianism, bone loss, fracture and vitamin D: a longitudinal study in Asian vegans and non-vegans», *Eur J Clin Nutr,* 66(1), 2012, págs. 75-78.

59 Burckhardt, P., «The role of low acid load in vegetarian diet on bone health: A narrative review», *Swiss Med Wkly,* 146, 2016, w14277.

60 Tong, T., Appleby, P., Armstrong, M. E. G., *et al.,* «Vegetarian and vegan diets and risks of total and site-specific fractures: Results from the prospective EPIC-Oxford study», *BMC Medicine,* 18, 2020, pág. 353.

61 Karavasiloglou, N., Selinger, E., Gojda, J., Rohrmann, S. y Kühn, T., «Differences in bone mineral density between adult vegetarians and nonvegetarians become marginal when accounting for differences in anthropometric factors», J Nutr, 150(5), 2020, págs. 1266-1271.

62 Chuang, T. L., Lin, C. y Wang, Y. F., «Effects of vegetarian diet on bone mineral density», *Tzu Chi Medical Journal,* 33(2), 2020, págs. 128-134.

63 Berg, J., Seyedsadjadi, N. y Grant, R., «Increased consumption of plant foods is associated with increased bone mineral density», *J Nutr Health Aging,* 24(4), 2020, págs. 388-397.

64 Iguacel, I., Miguel-Berges, M., Gómez-Bruton, A., Moreno, L. A. y Julián, C., «Veganism, vegetarianism, bone mineral density, and fracture risk: A systematic review and meta-analysis», *Nutr Rev,* 77(1), 2019, págs. 1-18.

65 Appleby, P. N. y Key, T. J., «Letter: Veganism, vegetarianism, bone mineral density, and fracture risk: A systematic review and meta-analysis», *Nutr Rev.,* 77(6), 2019, pág. 451.

66 Ross, A. C., Taylor, C. L., Yaktine, A. L. y Valle, H. B. D., *Dietary Reference Intakes for Calcium and Vitamin D,* Washington D. C., National Academies Press, 2011.

67 Fenton, T. R., Lyon, A. W., Eliasziw, M., Tough, S. C. y Hanley, D. A., «Meta-analysis of the effect of the acid-ash hypothesis of osteoporosis on calcium balance», *J Bone Miner Res,* 24(11), 2009, págs. 1835-1840.

68 Calvez, J., Poupin, N., Chesneau, C., Lassale, C. y Tome, D., «Protein intake, calcium balance and health consequences», *Eur J Clin Nutr,* 66(3), 2012, págs. 281-295.

69 Shams-White, M. M., Chung, M., Zhuxuang, F., *et al.*, «Animal versus plant protein and adult bone health: A systematic review and meta-analysis from the National Osteoporosis Foundation», *PloS One,* 13(2), 2018, e0192459.

70 Crowe, F. L., Steur, M., Allen, N. E., Appleby, P. N., Travis, R. C. y Key, T. J., «Plasma concentrations of 25-hydroxyvitamin D in meat eaters, fish eaters, vegetarians and vegans: results from the EPIC-Oxford study», *Public Health Nutr,* 14(2), 2011, págs. 340-346.

71 Chan, J., Jaceldo-Siegl, K. y Fraser, G. E., «Serum 25-hydroxyvitamin D status of vegetarians, partial vegetarians, and nonvegetarians: the Adventist Health Study-2», *Am J Clin Nutr,* 89(5), 2009, págs. 1686s-1692s

72 Rodríguez-Rodríguez, E., Aparicio Vizuete, A., Sánchez-Rodríguez, P., Lorenzo Mora, A. M., López-Sobaler, A. M. y Ortega, R. M., «Vitamin D deficiency in Spanish population. Importance of egg on nutritional im-provement», *Nutr Hosp,* 36(3), 2019, págs. 3-7.

73 Valero Zanuy, M. y Hawkins Carranza, F., «Metabolismo, fuentes endó-genas y exógenas de vitamina D», *REEMO,* 16(4), 2007, págs. 63-70.

74 Serrano, M. A., Cañada, J., Moreno, J. C. y Gurrea, G., «Solar ultraviolet doses and vitamin D in a northern mid-latitude», *Sci Total Environ,* 574, 2017, págs. 744-750.

75 Varsavsky, M., Rozas Moreno, P., Becerra Fernández, A., *et al.,* «Recom-mended vitamin D levels in the general population», *Endocrinol Diabetes Nutr,* 64(supl. 1), 2017, págs. 7-14.

76 Tripkovic, L., Lambert, H., Hart, K., *et al.,* «Comparison of vitamin D2 and vitamin D3 supplementation in raising serum 25-hydroxyvitamin D sta-tus: a systematic review and meta-analysis», *Am J Clin Nutr,* 95(6), 2012, págs. 1357-1364.

CAPÍTULO 4. «Te van a faltar nutrientes» (II)

1 Morales, J., Valenzuela, R., González, D., *et al.,* «Nuevas fuentes dietarias de ácido alfa-linolénico: una visión crítica», *Rev Chil Nutr,* 39(3), 2012, págs. 79-87.

2 Welch, A. A., Shakya-Shrestha, S., Lentjes, M. A. H., Wareham, N. J. y Khaw, K. T., «Dietary intake and status of n-3 polyunsaturated fatty acids in a population of fish-eating and non-fish-eating meat-eaters, vegetarians, and vegans and the product-precursor ratio [corrected] of alpha-linolenic acid to long-chain n-3 polyunsaturated fatty acids: results from the EPIC-Nor-folk cohort», *Am J Clin Nutr,* 92(5), 2010, págs. 1040-1051.

3 Burdge, G. C. y Wootton, S. A., «Conversion of alpha-linolenic acid to eicosapentaenoic, docosapentaenoic and docosahexaenoic acids in young women», *Br J Nutr,* 88(4), 2002, págs. 411-420.

4   Flock, M. R., Harris, W. S. y Kris-Etherton, P. M., «Long-chain omega-3 fatty acids: time to establish a dietary reference intake», *Nutr Rev*, 71(10), 2013, págs. 692-707.

5   Saunders, A. V., Davis, B. C. y Garg, M. L., «Omega-3 polyunsaturated fatty acids and vegetarian diets», *Med J Aust*, 199(supl. 4), 2013, págs. S22-S26.

6   Sanders, T. A., «Plant compared with marine n-3 fatty acid effects on cardiovascular risk factors and outcomes: what is the verdict?», *Am J Clin Nutr*, 100(supl. 1), 2014, págs. 453S-458S.

7   Sanders, T. A., «DHA status of vegetarians», *Prostaglandins Leukot Essent Fatty Acids*, 81(2-3), 2009, págs. 137-141.

8   Harris, W. S., «Achieving optimal n-3 fatty acid status: the vegetarian's challenge… or not», *Am J Clin Nutr*, 100(supl.1), 2014, págs. 449S-452S.

9   Mangat, I., «Do vegetarians have to eat fish for optimal cardiovascular protection?», *Am J Clin Nutr*, 89(5), 2009, págs. 1597S-1601S.

10 Burns-Whitmore, B., Haddad, E., Sabaté, J., Rajaram, S., «Effects of supplementing n-3 fatty acid enriched eggs and walnuts on cardiovascular disease risk markers in healthy free-living lacto-ovo-vegetarians: a randomized, crossover, free-living intervention study», *Nutr J*, 13, 2014, pág. 29.

11 Santos, H. O, Price J. C. y Bueno, A. A., «Beyond fish oil supplementation: the effects of alternative plant sources of omega-3 polyunsaturated fatty acids upon lipid indexes and cardiometabolic biomarkers – An overview», Nutrients, 12(10), 2020.

12 Beezhold, B. L. y Johnston, C. S., «Restriction of meat, fish, and poultry in omnivores improves mood: A pilot randomized controlled trial», *Nutr J*, 11, 2012.

13 Sanders, T. A., «DHA status of vegetarians», art. cit.

14 Kuratko C. N., Barrett, E. C., Nelson, E. B. y Salem, N., Jr., «The relationship of docosahexaenoic acid (DHA) with learning and behavior in healthy children: A review», *Nutrients*, 5(7), 2013, págs. 2777-2810.

15 Heaton, A. E., Meldrum, S. J., Foster, J. K., Prescott, S. L. y Simmer, K., «Does docosahexaenoic acid supplementation in term infants enhance neurocognitive functioning in infancy?», Front Hum Neurosci, 7, 2013.

16 Sydenham, E., Dangour, A. D. y Lim, W.-S., «Omega 3 fatty acid for the prevention of cognitive decline and dementia», *Cochrane Database Syst Rev*, 6, 2012.

17 Wood, K. E., Mantzioris, E., Gibson, R. A., Ramsden, C. E. y Muhlhausler, B. S., «The effect of modifying dietary LA and ALA intakes on omega-3 long chain polyunsaturated fatty acid (n-3 LCPUFA) status in human adults: a systematic review and commentary», *Prostaglandins Leukot Essent Fatty Acids*, 95, 2015, págs. 47-55.

18 Santos, H. O, Price J. C. y Bueno, A. A., «Beyond fish oil supplementation», art. cit.

19 Wu, A., Noble, E. E., Tyagi, E., Ying, Z., Zhuang, Y. y Gomez-Pinilla, F., «Curcumin boosts DHA in the brain: Implications for the prevention of anxiety disorders», *Biochim Biophys Acta,* 1852(5), 2015, págs. 951-961.

20 Saunders, A. V., Davis, B. C. y Garg, M. L., «Omega-3 polyunsaturated fatty acids and vegetarian diets», art. cit.

21 Lane, K. E., Wilson, M., Hellon, T. G. y Davies, I. G., «Bioavailability and conversion of plant based sources of omega-3 fatty acids – A scoping review to update supplementation options for vegetarians and vegans», *Crit Rev Food Sci Nutr,* 2021, págs. 1-16.

22 Foster, M., Chu, A., Petocz, P. y Samman, S., «Effect of vegetarian diets on zinc status: a systematic review and meta-analysis of studies in humans», *J Sci Food Agric,* 93(10), 2013, págs. 2362-2371.

23 Foster, M. y Samman, S., «Vegetarian diets across the lifecycle: impact on zinc intake and status», *Adv Food Nutr Res,* 74, 2015, págs. 93-131.

24 Saunders, A. V., Craig, W. J. y Baines, S. K., «Zinc and vegetarian diets», *Med J Aust,* 199(supl. 4), 2013, págs. S17-S21.

25 *Ibidem;* véase también Gibson, R. S., Heath, A. L. y Szymlek-Gay, E. A., «Is iron and zinc nutrition a concern for vegetarian infants and young children in industrialized countries?», *Am J Clin Nutr,* 2014;100(supl. 1), págs. 459S-468S.

26 Colev, M., Engel, H., Mayers, M., Markowitz, M. y Cahill, L., «Vegan diet and vitamin A deficiency», *Clin Pediatr,* 43(1), 2004, págs. 107-109.

27 Krajcovicová-Kudláckcová, M., Simoncic R., Babinská, K., *et al.,* «Selected vitamins and trace elements in blood of vegetarians», *Ann Nutr Metab,* 39(6), 1995, págs. 334-339.

28 Thane, C. W. y Bates, C. J., «Dietary intakes and nutrient status of vegetarian preschool children from a British national survey», *J Human Nutr Diet,* 13(3), 2000, págs. 149-162.

29 Laskowska-Klita, T., Chelchowska, M., Ambroszkiewicz, J., Gajewska, J. y Klemarczyk, W., «The effect of vegetarian diet on selected essential nutrients in children», *Med Wieku Rozwoj,* 15(3), 2011, págs. 318-325.

30 Farmer, B., Larson, B. T., Fulgoni, V. L., Rainville, A. J. y Liepa, G. U., «A vegetarian dietary pattern as a nutrient-dense approach to weight management: an analysis of the national health and nutrition examination survey 1999-2004», *J Am Diet Assoc,* 111(6), 2011, págs. 819-827.

31 Sarri, K., Bertsias, G., Linardakis, M., Tsibinos, G., Tzanakis, N. y Kafatos, A., «The effect of periodic vegetarianism on serum retinol and alpha-tocopherol levels», *Int J Vitam Nutr Res,* 79(5-6), 2009, págs. 271-280.

32 Rauma, A. L., Törrönen, R., Hänninen, O. Verhagen, H. y Mykkänen, H., «Antioxidant status in long-term adherents to a strict uncooked vegan diet», *Am J Clin Nutr,* 62(6), 1995, págs. 1221-1227.

33 Turner-McGrievy, G. M., Barnard, N. D., Scialli, A. R. y Lanou, A. J., «Effects of a low-fat vegan diet and a Step II diet on macro- and micronutrient intakes in overweight postmenopausal women», *Nutrition,* 20(9), 2004, págs. 738-746.

34 Grupo de Trabajo de la Sociedad Española de Endocrinología y Nutrición (SEEN) sobre Trastornos relacionados con la Deficiencia de Yodo (TDY), «Declaración de Ponferrada sobre la deficiencia de yodo en la dieta de la población española», *Endocrinol Nutr,* 54, 2007. pág. 236.

35 López Rodríguez, M. J., Sánchez Méndez, J. I., Sánchez Martínez, M. C. y Calderay Domínguez, M., «Suplementos en embarazadas: controversias, evidencias y recomendaciones», *IT del Sistema Nacional de Salud,* 34(4), 2010, págs. 117-128.

36 Grupo de Trabajo de Trastornos por Déficit de Yodo de la Sociedad Española de Endocrinología y Nutrición, *Déficit de yodo en España, situación actual,* Madrid, Ministerio de Sanidad y Consumo/Fundación SEEN, 2007.

37 García-Morant, A., Cortés-Castell, E., Palazón-Bru, A., Martínez-Amorós, N., Gil-Guillén, V. F. y Rizo-Baeza, M., «Macronutrients and micronutrients in Spanish adult vegans (Mediterranean population)», *Nutricion Hospitalaria,* 37(3), 2020, págs. 549-558.

38 Basulto, J. y Ortí, A., «Con respuesta: ¿es conveniente tomar algas?», comeronocomer.es, 16 de septiembre de 2013.

39 González, A., Paz, S., Rubio, C., Gutiérrez, Á. J. y Hardisson, A., «Human exposure to iodine from the consumption of edible seaweeds», *Biol Trace Elem Res,* 197(2), 2020, págs. 361-366.

40 Zava, T. T. y Zava, D. T., «Assessment of Japanese iodine intake based on seaweed consumption in Japan: A literature-based analysis», *Thyroid Res,* 4, 2011.

41 Vila, L., Lucas, A., Donnay, S., *et al.,* «La nutrición de yodo en España. Necesidades para el futuro», *Endocrinología, Diabetes y Nutrición,* 67(1), 2020, págs. 61-69.

42 Farré Rovira, R., Cacho Palomar, J., Cameán Fernández, A. M., Mas Barón, A. y Delgado Cobos, P., «Informe del Comité Científico de la Agencia Española de Seguridad Alimentaria y Nutrición (Aesan) relativo a la evaluación del riesgo asociado a la posible presencia de arsénico en algas destinadas al consumo humano», *Revista del Comité Científico de la Aesan,* 10, 2009, págs. 53-72.

43 Smyth, P. P. A., «Iodine, Seaweed, and the Thyroid», *Eur Thyroid J,* 10(2), 2021, págs. 101-108.

44 Laidlaw, S. A., Shultz, T. D., Cecchino, J. T. y Kopple, J. D., «Plasma and urine taurine levels in vegans», *Am J Clin Nutr,* 47(4), 1988, págs. 660-663.

45 Lombard, K. A., Olson, A. L., Nelson, S. E. y Rebouche, C. J., «Carnitine status of lactoovovegetarians and strict vegetarian adults and children», *Am J Clin Nutr,* 50(2), 1989, págs. 301-306.

46 Dahash, B. A. y Senthilkumar, S., «Carnitine deficiency», *StatPearls,* agosto de 2021.

47 Blancquaert, L., Baguet, A., Bex, T., *et al.,* «Changing to a vegetarian diet reduces the body creatine pool in omnivorous women, but appears not to affect carnitine and carnosine homeostasis: a randomised trial», *Br J Nutr,* 119(7), 2018, págs. 759-770.

48 Lin, T. J., Tang, S. C., Liao, P. Y, Dongoran, R. A., Yang, J. H. y Liu, C. H., «A comparison of L-carnitine and several cardiovascular-related biomarkers between healthy vegetarians and omnivores», *Nutrition,* 66, 2019, págs. 29-37.

49 Edison, E. E., Brosnan, M. E., Aziz, K. y Brosnan, J. T., «Creatine and guanidinoacetate content of human milk and infant formulas: implications for creatine deficiency syndromes and amino acid metabolism», *Br J Nutr,* 110(6), 2013, págs. 1075-1078.

50 Delanghe, J., De Slypere, J. P., De Buyzere, M., Robbrecht, J., Wieme, R. y Vermeulen, A., «Normal reference values for creatine, creatinine, and carnitine are lower in vegetarians», *Clin Chem,* 35(8), 1989, págs. 1802-1803.

51 Szeto, Y. T., Kwok, T. C. Y. y Benzie, I. F. F., «Effects of a long-term vegetarian diet on biomarkers of antioxidant status and cardiovascular disease risk», *Nutrition,* 20(10), 2004, págs. 863-866.

52 Benton, D. y Donohoe, R., «The influence of creatine supplementation on the cognitive functioning of vegetarians and omnivores», *Br J Nutr,* 105(7), 2011, págs. 1100-1105.

53 Yazigi Solis, M., Salles Painelli, V. de, Giannini Artioli, G., Roschel, H., Otaduy, M. C. y Gualano, B., «Brain creatine depletion in vegetarians? A cross-sectional ^{1}H-magnetic resonance spectroscopy (^{1}H-MRS) study», *Br J Nutr,* 111(7), 2014, págs. 1272-1274.

54 Rae, C., Digney, A. L., McEwan, S. R. y Bates, T. C., «Oral creatine monohydrate supplementation improves brain performance: a double-blind, placebo-controlled, cross-over trial», *Proc Biol Sci,* 270(1529), 2003, págs. 2147-2150.

55 Kaviani, M., Shaw, K. y Chilibeck, P. D., «Benefits of creatine supplementation for vegetarians compared to omnivorous athletes: A systematic review», *Int J Environ Res Public Health,* 17(9), 2020.

56 Derbyshire, E., «Could we be overlooking a potential choline crisis in the United Kingdom?», *BMJ Nutr Prev Health,* 2(2), 2019, págs. 86-89.

57 Perrin, M. T., Pawlak, R., Allen, L. H. y Hampel, D., «Total water-soluble choline concentration does not differ in milk from vegan, vegetarian, and nonvegetarian lactating women», *J Nutr,* 150(3), 2020, págs. 512-517.

58 Leermakers, E. T. M., Moreira, E. M., Kiefte-de Jong, J. C., *et al.*, «Effects of choline on health across the life course: a systematic review», *Nutrition Reviews,* 73(8), 2015, págs. 500-522.

59 Higgins, J. P. T. y Flicker, L., «Lecithin for dementia and cognitive impairment», *Cochrane Database Syst Rev,* 3, 2003.

CAPÍTULO 5. La vitamina B12 en la alimentación vegetariana

1 Pawlak, R., Lester, S. E. y Babatunde, T., «The prevalence of cobalamin deficiency among vegetarians assessed by serum vitamin B12: a review of literature», *Eur J Clin Nutr,* 68(5), 2014, págs. 541-548.

2 Pawlak, R., Parrott, S. J., Raj, S., Cullum-Dugan, D. y Lucus, D., «How prevalent is vitamin B(12) deficiency among vegetarians?», *Nutr Rev,* 71(2), 2013, págs. 110-117.

3 EFSA, «Scientific opinion on dietary reference values for protein», art. cit.

4 Fesnad, «Ingestas dietéticas de referencia (IDR) para la población española», art. cit.

5 Watanabe, F., Yabuta, Y., Bito, T. y Teng, F., «Vitamin B_{12}-containing plant food sources for vegetarians», *Nutrients,* 6(5), 2014, págs. 1861-1873.

6 Merchant, R. E., Phillips, T. W. y Udani, J., «Nutritional supplementation with chlorella pyrenoidosa lowers serum methylmalonic acid in vegans and vegetarians with a suspected vitamin B deficiency», *J Med Food,* 18(12), 2015, págs. 1357-1362.

7 Madhubalaji, C. K., Rashmi, V., Chauhan, V. S., Shylaja, M. D. y Sarada, R., «Improvement of vitamin B_{12} status with Spirulina supplementation in Wistar rats validated through functional and circulatory markers», *J Food Biochem,* 43(11), 2019, e13038.

8 Grosshagauer, S., Kraemer, K. y Somoza, V., «The true value of spirulina», *J Agric Food Chem,* 68(14), 2020, págs. 4109-4115.

9 Forrellat Barrios, M., Gómis Hernández, I. y Gautier du Défaix Gómez, H., «Vitamina B_{12}: metabolismo y aspectos clínicos de su deficiencia», *Rev Cubana Hematol Inmunol Hemoter,* 15(3), 1999, págs. 159-174.

10 Vidal-Alaball, J., Butler, C. C., Cannings-John, R., *et al.*, «Oral vitamin B12 versus intramuscular vitamin B12 for vitamin B12 deficiency», *Cochrane Database Syst Rev,* 3, 2005, CD004655.

11 Kim, H. I., Hyung, W. J., Song, K. J., Choi, S. H., Kim, C. B. y Noh, S. H., «Oral vitamin B12 replacement: an effective treatment for vitamin B12 deficiency after total gastrectomy in gastric cancer patients», *Ann Surg Oncol,* 18(13), 2011, págs. 3711-3717.

12 Paz, R. de y Hernández-Navarro, F., «Manejo, prevención y control de la anemia megaloblástica secundaria a déficit de ácido fólico», *Nutr Hosp,* 21(1), 2006, págs. 113-119.

13 McMahon, J. A., Green, T. J., Skeaff, C. M., Knight, R. G., Mann, J. I. y Williams, S. M., «A controlled trial of homocysteine lowering and cognitive performance», *N Engl J Med,* 354(26), 2006, págs. 2764-2772.

14 Dharmarajan, T. S. y Norkus, E. P., «Approaches to vitamin B$_{12}$ deficiency. Early treatment may prevent devastating complications», *Postgrad Med,* 110(1), 2001, págs. 99-105.

15 Watanabe, F., Takenaka, S., Kittaka-Katsura, H., Ebara, S. y Miyamoto, E., «Characterization and bioavailability of vitamin B12-compounds from edible algae», *J Nutr Sci Vitaminol,* 48(5), 2002, págs. 325-331.

16 Herbert, V., «The 1986 Herman award lecture. Nutrition science as a continually unfolding story: the folate and vitamin B-12 paradigm», *Am J Clin Nutr,* 46(3), 1987, págs. 387-402.

17 Pawlak, R., Parrott, S. J., Raj, S., Cullum-Dugan, D. y Lucus, D., «How prevalent is vitamin B(12) deficiency among vegetarians?», art. cit.

18 Golding, P. H., «Holotranscobalamin (HoloTC, Active-B12) and Herbert's model for the development of vitamin B12 deficiency: a review and alternative hypothesis», *Springerplus,* 5(1), 2016.

19 Remacha, A. F., Sardà, M. P., Canals, C., *et al.,* «Role of serum holotranscobalamin (holoTC) in the diagnosis of patients with low serum cobalamin. Comparison with methylmalonic acid and homocysteine», *Ann Hematol,* 93(4), 2014, págs. 565-569.

20 Hannibal, L., Lysne, V., Bjørke-Monsen, A. L., *et al.,* «Biomarkers and algorithms for the diagnosis of vitamin B$_{12}$ deficiency», *Front Mol Biosci,* 3, 2016.

21 Expert Group on Vitamins and Minerals, *Safe upper levels for vitamins and minerals,* Londres, Food Standard Agency, 2003.

22 Messina, G., «Recommended supplements for vegans», *The Vegan RD,* 28 de noviembre de 2010, <http://www.theveganrd.com/2010/11/recommend ed-supplements-for-vegans.html>.

CAPÍTULO 6. Comer vegano es fácil y sano, si sabes cómo

1 Ferreira, H., Vasconcelos, M., Gil, A. M. y Pinto, E., «Benefits of pulse consumption on metabolism and health: A systematic review of randomized controlled trials», *Crit Rev Food Sci Nutr,* 61(1), 2021, págs. 85-96.

2 Kim, S. J., Souza, R. J. de, Choo, V. L., *et al.,* «Effects of dietary pulse consumption on body weight: a systematic review and meta-analysis of randomized controlled trials», *Am J Clin Nutr,* 103(5), 2016, págs. 1213-1223.

3 FAO, *Legumbres: semillas nutritivas para un futuro sostenible,* Roma, FAO, 2016.

4 Wiebe, M. G., «Myco-protein from Fusarium venenatum: a well-established product for human consumption», *Appl Microbiol Biotechnol,* 58(4), 2002, págs. 421-427.

5   Finnigan, T. J. A., «Mycoprotein: origins, production and properties», en G. O. Philips y P. A. Williams, *Handbook of Food Proteins*, Sawston, Woodhead Publishing, 2011, págs. 335-352.

6   Monteyne, A. J., Dunlop, M. V., Machin, D. J., *et al.*, «A mycoprotein-based high-protein vegan diet supports equivalent daily myofibrillar protein synthesis rates compared with an isonitrogenous omnivorous diet in older adults: a randomised controlled trial», *Br J Nutr*, 126(5), 2020, págs. 674-684.

7   Williamson, D. A., Geiselman, P. J., Lovejoy, J., *et al.*, «Effects of consuming mycoprotein, tofu or chicken upon subsequent eating behaviour, hunger and safety», *Appetite*, 46(1), 2006, págs. 41-48.

8   Coelho, M. O. C., Monteyne, A. J., Dunlop, M. V., *et al.*, «Mycoprotein as a possible alternative source of dietary protein to support muscle and metabolic health», *Nutr Rev*, 78(6), 2020, págs. 486-497.

9   Cherta-Murillo, A., Lett, A. M., Frampton, J., Chambers, E. S., Finnigan, T. J. A. y Frost, G. S., «Effects of mycoprotein on glycaemic control and energy intake in humans: a systematic review», *Br J Nutr*, 123(12), 2020, págs. 1321-1332.

10 Finnigan, T., Needham, L. y Abbott, C., «Mycoprotein: a healthy new protein with a low environmental impact», en S. R. Nadathur, J. P. D. Wanasundara y L. Scanlin, *Sustainable protein sources*, Londres, Academic Press, 2017. págs. 305-325.

11 Souza Filho, P. F., Andersson, D., Ferreira, J. A. y Taherzadeh, M. J., «Mycoprotein: environmental impact and health aspects», *World J Microbiol Biotechnol*, 35(10), 2019.

12 ADA, «Position of the American Dietetic Association and Dietitians of Canada: Vegetarian diets», art. cit., Mangels, R., «Position of the American Dietetic Association: Vegetarian Diets», art. cit.

CAPÍTULO 7. Alimentación vegana y mujeres: género, hormonas, embarazo y menopausia

1   Díaz Carmona, E., «Perfil del vegano activista de protección animal en España (Profile of the vegan animal rights activist in Spain)», *Reis*, 139, julio-septiembre de 2012, págs. 175-188.

2   Modlinska, K., Adamczyk, D., Maison, D. y Pisula, W., «Gender differences in attitudes to vegans/vegetarians and their food preferences, and their implications for promoting sustainable dietary patterns–A systematic review», *Sustainability*, 12(16), 2020.

3   Adams, C. J., *La política sexual de la carne*, Madrid, Ochodoscuatro, 1990.

4   Fischer, O., «Masculinity and meat consumption. Historical approchaes to a current health issue». *Medizinhist J*, 50(1-2), 2015, págs. 42-65.

5   Schösler, H., Boer, J. de, Boersema, J. J. y Aiking, H., «Meat and masculinity among young Chinese, Turkish and Dutch adults in the Netherlands», *Appetite,* 89, 2015, págs. 152-159.

6   De Backer, C., Erreygers, S., De Cort, C., *et al.,* «Meat and masculinities. Can differences in masculinity predict meat consumption, intentions to reduce meat and attitudes towards vegetarians?», *Appetite,* 147, 2020.

7   Rosenfeld, D. L. y Tomiyama, A. J., «Gender differences in meat consumption and openness to vegetarianism», *Appetite,* 166, 2021.

8   Love, H. J. y Sulikowski, D., «Of meat and men: sex differences in implicit and explicit attitudes toward meat», *Front Psychol,* 9, 2018.

9   Ruby, M. B. y Heine, S. J., «Meat, morals, and masculinity», *Appetite,* 56(2), 2011, págs. 447-450.

10 Kildal, C. L. y Syse, K. L., «Meat and masculinity in the Norwegian Armed Forces», *Appetite,* 112, 2017, págs. 69-77.

11 Holsten, H. H., «Why Norwegian soldiers didn't approve of "Meat free Monday"», *Partner Science Norway,* 2017.

12 Vartanian, L. R., Herman, C. P. y Polivy, J., «Consumption stereotypes and impression management: how you are what you eat», Appetite, 48(3), 2007, págs. 265-277.

13 Allen, N. E. y Key, T. J., «The effects of diet on circulating sex hormone levels in men», *Nutr Res Rev,* 13(2), 2000, págs. 159-184; Allen, N. E., Appleby, P. N., Davey, G. K. y Key, T. J., «Hormones and diet: low insulin-like growth factor-I but normal bioavailable androgens in vegan men», *Br J Cancer,* 83(1), 2000, págs. 95-97; Kuchakulla, M., Nackeeran, S., Blachman-Braun, R. y Ramasamy, R., «The association between plant-based content in diet and testosterone levels in US adults», *World J Urol,* 39(4), 2021, págs. 1307-1311.

14 Melina, V., Craig, W. y Levin, S., «Position of the : Vegetarian diets», art. cit.

15 Baroni, L., Rizzo, G., Goggi, S., Giampieri, F. y Battino, M., «Vegetarian diets during pregnancy: effects on the mother's health. A systematic review», *Food & Function,* 12(2), 2021, págs. 466-493.

16 Sebastiani, G., Herranz Barbero, A., Borrás-Novell, C., *et al.,* «The effects of vegetarian and vegan diet during pregnancy on the health of mothers and offspring», *Nutrients,* 11(3), 2019.

17 EFSA Panel on Dietetic Products, Nutrition and Allergies (NDA), «Scientific opinion on dietary reference values for energy», *EFSA Journal,* 11(1), 2013.

18 Aesan, «Alimentación segura durante el embarazo», Agencia Española de Seguridad Alimentaria y Nutrición, Ministerio de Sanidad, Servicios Sociales e Igualdad, 2020.

19 EFSA Panel on Dietetic Products, Nutrition and Allergies (NDA), «Scientific opinion on dietary reference values for iodine», *EFSA Journal,* 12(5), 2014.

20 Donnay, S., Arena, J., Lucas, A., Velasco, I. y Ares, S., «Suplementación con yodo durante el embarazo y la lactancia. Toma de posición del Grupo de Trabajo de Trastornos relacionados con la Deficiencia de Yodo y Disfunción Tiroidea de la Sociedad Española de Endocrinología y Nutrición», *Endocrinol Nutr,* 61(1), 2014, págs. 27-34.

21 Bae, Y.-J., «Vegetarian diet and menopausal women», en F. Mariotti (ed.), *Vegetarian and plant-based diets in health and disease prevention,* Londres, Academic Press, 2017, págs. 589-597.

22 Beezhold, B., Radnitz, C., McGrath, R. E. y Feldman, A., «Vegans report less bothersome vasomotor and physical menopausal symptoms than omnivores», *Maturitas,* 112, 2018, págs. 12-17.

23 Armstrong, B. K., Brown, B. J., Clarke, H. T., Crooke, D. K., Hähnel, R., Masarei, J. R. y Ratajczak, T.,«Diet and reproductive hormones: a study of vegetarian and nonvegetarian postmenopausal women», *J Natl Cancer Inst,* 67(4), 1981, págs. 761-767.

24 Daily, J. W., Ko, B., Ryuk, J., Liu M., Zhang, W. y Park, S., «Equol decreases hot flashes in postmenopausal women: a systematic review and meta-analysis of randomized clinical trials», *J Med Food,* 22(2), 2019, págs. 127-139.

25 Sun, Y., Liu, B., Snetselaar, L. G., *et al.,* «Association of major dietary protein sources with all-cause and cause-specific mortality: prospective cohort study», *J Am Heart Assoc,* 10(5), 2021, e015553.

26 Nadal-Nicolás, Y., Miralles-Amorós, L., Martínez-Olcina, M., Sánchez-Ortega, M., Mora, J. y Martínez-Rodríguez, A., «Vegetarian and vegan diet in fibromyalgia: a systematic review», *Int J Environ Res Public Health,* 18(9), 2021.

27 Reed, K. E., Camargo, J., Hamilton-Reeves, J., Kurzer, M. y Messina, M., «Neither soy nor isoflavone intake affects male reproductive hormones: An expanded and updated meta-analysis of clinical studics», *Reprod Toxicol,* 100, 2021, págs. 60-67.

28 Hamilton-Reeves, J. M., Vazquez, G., Duval, S. J., Phipps, W. R., Kurzer, M. S. y Messina, M. J., «Clinical studies show no effects of soy protein or isoflavones on reproductive hormones in men: results of a meta-analysis», *Fertility and Sterility,* 94(3), 2010, págs. 997-1007.

29 Beaton, L. K., McVeigh, B. L., Dillingham, B. L., Lampe, J. W. y Duncan, A. M., «Soy protein isolates of varying isoflavone content do not adversely affect semen quality in healthy young men», *Fertility and Sterility,* 94(5), 2010, págs. 1717-1722.

30 Paruthiyil, S., Parmar, H., Kerekatte, V., Cunha, G. R., Firestone, G. L. y Leitman, D. C., «Estrogen receptor beta inhibits human breast cancer cell proliferation and tumor formation by causing a G2 cell cycle arrest», *Cancer Res,* 64(1), 2004, págs. 423-428.

31 Mueller, S. O., Simon, S., Chae, K., Metzler, M. y Korach, K. S., «Phytoestrogens and their human metabolites show distinct agonistic and antagonistic properties on estrogen receptor alpha (ERalpha) and ERbeta in human cells», *Toxicol Sci,* 80(1), 2004, págs. 14-25.

32 Setchell, K. D. R., Brown, N. M., Zhao, X., *et al.,* «Soy isoflavone phase II metabolism differs between rodents and humans: implications for the effect on breast cancer risk», *Am J Clin Nutr,* 94(5), 2011, págs. 1284-1294.

33 Messina, M., «Impact of soy foods on the development of breast cancer and the prognosis of breast cancer patients», *Forsch Komplementarmed,* 23(2), 2016, págs. 75-80; Shu, X. O., Zeng, Y., Cai, H., *et al.,* «Soy food intake and breast cancer survival», *JAMA,* 302(22), 2009, págs. 2437-2443; Kang, X., Zhang, Q., Wang, S., Huang, X. y Jin, S., «Effect of soy isoflavones on breast cancer recurrence and death for patients receiving adjuvant endocrine therapy», *CMAJ,* 182(17), 2010, págs. 1857-1862; Zhang, Y. F., Kang, H. B., Li, B. L. y Zhang, R. M., «Positive effects of soy isoflavone food on survival of breast cancer patients in China», *Asian Pac J Cancer Prev,* 13(2), 2012, págs. 479-482.

34 Guha, N., Kwan, M. L., Quesenberry, C. P., Weltzien, E. K., Castillo, A. L. y Caan, B. J., «Soy isoflavones and risk of cancer recurrence in a cohort of breast cancer survivors: the Life After Cancer Epidemiology study», *Breast Cancer Res Treat,* 118(2), 2009, págs. 395-405.

35 Caan, B. J., Natarajan, L., Parker, B., *et al.,* «Soy food consumption and breast cancer prognosis», *Cancer Epidemiol Biomarkers Prev,* 20(5), 2011, págs. 854-858.

36 Rock, C. L., Doyle, C., Demark-Wahnefried, W., *et al.,* «Nutrition and physical activity guidelines for cancer survivors. *CA: A Cancer Journal for Clinicians,* 62(4), 2012, págs. 243-274.

37 Disponible en <https://www.wcrf.org/wp-content/uploads/2021/02/Summary-of-Third-Expert-Report-2018.pdf>.

38 Lo tenéis en <https://www.aicr.org/cancer-prevention/food-facts/soy/>.

39 Nachvak, S. M., Moradi, S., Anjom-Shoae, J., *et al.,* «Soy, soy isoflavones, and protein intake in relation to mortality from all causes, cancers, and cardiovascular diseases: a systematic review and dose-response meta-analysis of prospective cohort studies», *J Acad Nutr Diet,* 119(9), 2019, págs. 1483-1500.

40 Wu, J., Zeng, R., Huang, J., *et al.,* «Dietary Protein Sources and Incidence of Breast Cancer: A Dose-Response Meta-Analysis of Prospective Studies», *Nutrients,* 8(11), 2016.

41 Otun, J., Sahebkar, A., Östlundh, L., Atkin, S. L. y Sathyapalan, T., «Systematic review and meta-analysis on the effect of soy on thyroid function», *Sci Rep,* 9(1), 2019.

42 Messina, M. y Redmond, G., «Effects of soy protein and soybean isoflavones on thyroid function in healthy adults and hypothyroid patients: a review of the relevant literature», *Thyroid,* 16(3), 2006, págs. 249-258.

43 Kuchakulla, M., Nackeeran, S., Blachman-Braun, R. y Ramasamy, R., «The association between plant-based content in diet and testosterone levels in US adults», art. cit.

44 Vierk, K.A., Koehler, K. M., Fein, S. B. y Street, D. A., «Prevalence of self-reported food allergy in American adults and use of food labels», *J Allergy Clinical Immunol,* 119(6), 2007, págs. 1504-1510.

CAPÍTULO 8. De crudiveganismo, macrobiótica y superalimentos: FAQ

1 Basulto, J., Baladia, E., Manera, M., *et al.,* «Pérdidas de nutrientes mediante la manipulación doméstica de frutas y hortalizas», Grupo de Revisión, Estudio y Posicionamiento de la Asociación Española de Dietistas-Nutricionistas, 2012.

2 Koebnick, C., Strassner, C., Hoffmann, I. y Leitzmann, C., «Consequences of a long-term raw food diet on body weight and menstruation: results of a questionnaire survey», *Ann Nutr Metab,* 43(2), 1999, págs. 69-79.

3 Fontana, L., Shew, J. L., Holloszy, J. O. y Villareal, D. T., «Low bone mass in subjects on a long-term raw vegetarian diet», *Arch Intern Med,* 165(6), 2005, págs. 684-689.

4 Link, L. B., Hussaini, N. S. y Jacobson, J. S., «Change in quality of life and immune markers after a stay at a raw vegan institute: a pilot study», *Complement Ther Med,* 16(3), 2008, págs. 124-130.

5 Link, L. B. y Jacobson, J. S., «Factors affecting adherence to a raw vegan diet», *Complement Ther Clin Pract,* 14(1), 2008, págs. 53-59.

6 Atarbashi-Moghadam, F., Moallemi-Pour, S., Atarbashi-Moghadam, S., Sijanivandi, S. y Baghban, A. A., «Effects of raw vegan diet on periodontal and dental parameters», *Tzu Chi Med J,* 32(4), 2020, págs. 357-361.

7 Schlemmer, U., Frølich, W., Prieto, R. M. y Grases, F., «Phytate in foods and significance for humans: food sources, intake, processing, bioavailability, protective role and analysis», Mol Nutr Food Res, 53(supl. 2), 2009, págs. S330-S375.

8 Kruger, J., Oelofse, A. y Taylor, J. R., «Effects of aqueous soaking on the phytate and mineral contents and phytate:mineral ratios of wholegrain normal sorghum and maize and low phytate sorghum», *Int J Food Sci Nutr,* 65(5), 2014, págs. 539-546.

9 Pusztai, A. y Grant, G., «Assessment of lectin inactivation by heat and digestion», *Methods Mol Med,* 9, 1998, págs. 505-514.

10 Lajolo, F. M. y Genovese, M. I., «Nutritional significance of lectins and enzyme inhibitors from legumes», *J Agricultural Food Chem,* 50(22), 2002, págs. 6592-6598.

11 Gundry, S. R., *La paradoja vegetal,* Madrid, Edaf, 2017.

12 Avilés-Gaxiola, S., Chuck-Hernández, C. y Serna Saldívar, S. O., «Inactivation methods of trypsin inhibitor in legumes: a review», *J Food Sci,* 83(1), 2018, págs. 17-29.

13 Reig-Otero, Y., Mañes, J. y Manyes, L., «Amylase-trypsin inhibitors in wheat and other cereals as potential activators of the effects of nonceliac gluten sensitivity», *J Med Food,* 21(3), 2018, págs. 207-214.

14 Martínez, L. y Sánchez García, A., *¿Qué le doy de comer?,* Barcelona, Paidós, 2019.

15 VV. AA., *Manual práctico de nutrición en pediatría, op. cit.*

16 Manera, M., Blanquer, M. y Basulto, J., *Alimentación vegetariana en la infancia,* Barcelona, Debolsillo, 2021.

17 Larsen, P. S., Nybo Andersen, A. M, Uldall, P., *et al.,* «Maternal vegetarianism and neurodevelopment of children enrolled in The Danish National Birth Cohort», *Acta Paediatr,* 103(11), 2014, e507-509.

18 García, V., *Cocina vegana creativa, op. cit.*

19 Aune, D., Keum, N., Giovannucci, E., *et al.,* «Nut consumption and risk of cardiovascular disease, total cancer, all-cause and cause-specific mortality: a systematic review and dose-response meta-analysis of prospective studies», *BMC Med,* 14(1), 2016.

20 Vadivel, V., Kunyanga, C. N. y Biesalski, H. K., «Health benefits of nut consumption with special reference to body weight control», *Nutrition,* 28(11-12), 2012, págs. 1089-1097.

21 Mattes, R. D., Kris-Etherton, P. M., Foster y Gary, D., «Impact of peanuts and tree nuts on body weight and healthy weight loss in adults», *J Nutr,* 138(9), 2008, págs. 1741S-1745S.

22 Kim, S. J., Souza, R. J. de, Choo, V. L., *et al.,* «Effects of dietary pulse consumption on body weight», art. cit.

23 Sánchez García, A., *Mi dieta cojea,* Barcelona, Paidós, 2017.

24 Sanjoaquin, M. A., Appleby, P. N., Spencer, E. A. y Key, T. J., «Nutrition and lifestyle in relation to bowel movement frequency: a cross-sectional study of 20630 men and women in EPIC-Oxford», *Public Health Nutrition,* 7(1), 2004, págs. 77-83.

25 Nath, P. y Singh, S. P., «Defecation and stools in vegetarians: implications in health an disease», en F. Mariotti (ed.), *Vegetarian and plan-based diets in health ans disease prevention,* Londres, Academic Press, 2017, págs. 473-481.

26 Crowe, F. L., Appleby P. N., Allen, N. E. y Key, T. J., «Diet and risk of diverticular disease in Oxford cohort of European Prospective Investigation into Cancer and Nutrition (EPIC): prospective study of British vegetarians and non-vegetarians», *BMJ*, 343, 2011, d4131.

CAPÍTULO 9. Las razones que más importan: maltrato animal y sostenibilidad

1 Adams, C. J., *La política sexual de la carne, op. cit.*; Dunayer, J., *Animal Equality*, Derwood (MD), Ryce, 2001.

2 Challenge Speciesism, *Language for Liberation: Animal Products*, vídeo, 1 de junio de 2019; en <https://www.youtube.com/watch?v=I6fDd2-TAx0>.

3 Young, I. M., *Five Faces of Oppression*, Princeton (NJ), Princeton University Press, 2011, págs. 39-65.

4 Amigos de la Tierra, *Alimentos kilométricos: las emisiones de CO_2 por la importación de alimentos al Estado español*, Madrid, Ministerio de Agricultura, Alimentación y Medio Ambiente/Amigos de la Tierra, 2014.

5 Poore, J. y Nemecek, T., «Reducing food's environmental impacts through producers and consumers», *Science*, 360(6392), 2018, págs. 987-992.

6 FAO-ONU, *La larga sombra del ganado*, Roma, FAO, 2009, <http://www.fao.org/docrep/011/a0701s/a0701s00.htm>.

7 Soret, S., Mejia, A., Batech, M., Jaceldo-Siegl, K., Harwatt, H. y Sabate, J., «Climate change mitigation and health effects», art. cit.

8 Sabaté, J., Sranacharoenpong, K., Harwatt, H., Wien, M. y Soret, S., «The environmental cost of protein food choices», *Public Health Nutr*, 18(11), 2015, págs. 2067-2073.

9 Springmann, M., Godfray, H. C. J., Rayner, M. y Scarborough, P., «Analysis and valuation of the health and climate change cobenefits of dietary change», *Proc Natl Acad Sci U S A*, 113(15), 2016, págs. 4146-4151.

10 Springmann, M., Wiebe, K., Mason-D'Croz, D., Sulser, T. B, Rayner, M. y Scarborough, P., «Health and nutritional aspects of sustainable diet strategies and their association with environmental impacts: a global modelling analysis with country-level detail», *Lancet Planet Health*, 2(10), 2018, e451-e461.

11 Springmann, M., Spajic, L., Clark, M. A., *et al.*, «The healthiness and sustainability of national and global food based dietary guidelines: modelling study», *BMJ*, julio de 2020, pág. 370.

12 FAO, FIDA, OMS, PMA, Unicef, *El estado de la seguridad alimentaria y la nutrición en el mundo 2020: transformación de los sistemas alimentarios para que promuevan dietas asequibles y saludables*, Roma, FAO, 2020.

13 Aleksandrowicz, L., Green, R., Joy, E. J. M., Smith, P. y Haines, A., «The impacts of dietary change on greenhouse gas emissions, land use,

water use, and health: a systematic review», *PloS One,* 11(11), 2016, e0165797.

14 Kamp, M. E. van de, Hollander, A., Geurts, M., *et al.,* «Healthy diets with reduced environmental impact? – The greenhouse gas emissions of various diets adhering to the Dutch food based dietary guidelines», *Food Res Int,* 104, 2018, págs. 14-24.

15 IPPC, *Climate change and land: an IPCC special report on climate change, desertification, land degradation, sustainable land management, food security, and greenhouse gas fluxes in terrestrial ecosystems,* Grupo Interguber-namental de Expertos sobre el Cambio Climático, 2019, <https://www.ipcc.ch/srccl/>.

16 Schiermeier. Q., «Eat less meat: UN climate-change report calls for change to human diet», *Nature,* 572(7769), 2019, págs. 291-292.

17 FAO, FIDA, OMS, PMA, UNICEF, *El estado de la seguridad alimentaria y la nutrición en el mundo 2020, op. cit.*

18 Véase <https://ourworldindata.org/soy>.

19 FAO, *El estado mundial de la pesca y la acuicultura 2020: la sostenibilidad en acción,* Roma, FAO, 2020.

20 *Ibidem.*

21 EP, «España agota sus recursos propios de pescado para todo 2016», *El País,* 8 de mayo de 2016.

22 Gutiérrez, M., «La factura ambiental y social de ir a buscar pescado a ca-laderos remotos para satisfacer la demanda local», *elDiario.es,* 11 de junio de2021.

23 Sánchez García, A., *Tu dieta puede salvar el planeta,* Barcelona, Paidós, 2021.

24 Podéis acceder al texto completo en su web, <https://traslosmuros.com/>.

25 Sánchez, E., «El Gobierno ordena sacrificar a 1.600 terneros del buque El-beik, que se encuentran en condiciones lamentables», *El País,* 22 de marzo de 2021.

26 Sini, E., *Marketing meat: how EU promotial funds favour meat and dairy,* Bruselas, Greenpeace European Unit, 2021.

27 Horta, O., *Un paso adelante en defensa de los animales,* Madrid, Plaza & Valdés, 2017.

Impreso en España